**口絵1**●遼寧省文家屯東大山積石塚出土品。

**口絵2**●山西省清涼寺墓地の玉琮（上）と玉璧（下）。

**口絵 3**●江蘇省草鞋山遺跡の水田址。

口絵4●湖北省石家河遺跡（上）と陰湘城遺跡（下）の城郭。

**口絵5**●湖北省陰湘城遺跡の城壁（上）と住居址（下）。

**口絵6**●河南省府城遺跡の東城壁（上）とその版築工具痕（下）。

**口絵 7**●河南省府城遺跡の宮殿址（上）とその版築基壇（下）。

**口絵8**●河南省鄭州城遺跡の南城壁（上）と偃師城2号宮殿址（下）。

# 中国文明　農業と礼制の考古学◉目　次

口絵

目次　i

# はじめに

いまから二一〇〇年ほど前、司馬遷《しばせん》は『史記』のなかで中国古代王朝の成立史をはじめて説いた。黄帝《こうてい》にはじまる五代の聖王が徳をもって中国を治め、国づくりにはげんだ伝説の時代、王位は禅譲によって継承された。最後の舜《しゅん》は治水と国土の開発に功績のあった禹《う》に王位を禅譲した。その禹は晩年に功臣の益《えき》に王位を禅譲したが、益は禹の子の啓に位を譲ったため、結果的に王位が父子で相続された。この世襲王権が中国最初の王朝—夏王朝である。第一七代の桀《けつ》王は失政のため殷の湯《とう》王に滅ぼされ、夏から殷へと王朝が交替した。第三〇代の紂《ちゅう》王は無道で、周の武王に滅ぼされた。王の徳が失われると、有徳の聖人に天命が革《あらた》まり、王朝が交替したというのである。

この儒教的な王朝史観は、前世紀まで二〇〇〇年あまり、儒教を国教とする歴代の王朝によって受け継がれてきた。しかし、わが国の白鳥庫吉《しらとりくらきち》や内藤湖南《ないとうこなん》らはいち早く史料批判にもとづく古代史の復元にとり組み、一九一九年の五四運動で近代的な歴史学が中国に本格的に導入されると、顧頡剛《こけつごう》ら疑古派は夏王朝を開いた禹やそれ以前の五帝の実在を否定し、伝統的な歴史家たちとの間で議論がわきおこった。いっぽう、河南省安陽市殷墟《いんきょ》から出土した甲骨文の解読が進められ、王国維《おうこくい》ら釈古派は遺跡から出土する甲骨・金文などの文字資料と『史記』など伝世の古典籍との両面から古代史を復元する実証的な方法を開拓していった。

同じころ、中国地質調査所の顧問として指導にあたっていたスウェーデンのアンダーソンは、一九二一年に河南省澠池《べんち》県仰韶《ぎょうしょう》村で新石器時代の遺跡を発掘した。彩陶を指標とする仰韶文化の発見である。一九二六年にはアメリカ留学から帰国した李済《りさい》が山西省夏県西陰《せいいん》村で彩陶の遺跡を発掘し、まもなく中央研究院歴史語言研究所による殷墟の発掘がはじまった。文献史学に疑古派や釈古派の活躍した一九二〇年代は、中国考古学の勃興したときでもあった。

ただし、わが国の鳥居龍蔵《とりいりゅうぞう》が一九〇五年より遼東や内蒙古東部において先史遺跡を調査し、その成果を『南満洲調査報告』（一九一〇年）やフランス語で報告していたことが、ほとんど知られていないのは残念である。本来ならば鳥居龍蔵こそが中国考古学の開拓者としての栄誉をうけるべきであったが、折悪しく「滅満興漢（満州族の王朝を滅ぼして漢族の政権を興す）」をスローガンとする辛亥革命（一九一一年）のときのこと、鳥居の調査地が満州族の故地であったために、「中国」考古学において顧みられることがなかったのである。その後の反日運動が鳥居の業績を闇に葬ったのも確かであろう。考古資料にたいする歴史認識のねじれは、遼東における一九六三〜一九六五年の中朝合同調査でもくりかえされた。そこで発掘された先史遺跡の解釈をめぐり、北朝鮮側は朝鮮民族の遺産とみなし、中国側はこんどは中華民族の遺産であると主張して、共同調査そのものが決裂してしまったのである。中国考古学はそのはじまりから民族主義の荒波にもまれつづけているのである。

こうした民族運動のうねりのなかで、地域集団ないしは民族の興亡として古代史を理解しようとしたのが、傅斯年《ふしねん》の夷夏《いか》東西説である。(1) 詳しくは第1章第2節に論じるが、歴史語言研究所の所長として殷墟の発掘を主導していた傅は、古代社会では東と西の対立が歴史の原動力になったと論じた。部下の徐中舒《じょちゅうじょ》はこの説に考古資料をあてはめ、夏王朝の彩陶文化圏と夷（殷）王朝の黒陶文化圏とが西と東に分かれて並立していたと主張した。(2) このような地域文化の民族史を描きだすパラダイムを文化史考古学という。

いっぽう、そのような「国学」をこえて、世界に普遍化しうるマルクス主義の唯物史観に立つ研究があらわれた。甲骨・金文の研究者で共産主義作家としても活動していた郭沫若《かくまつじゃく》は『中国古代社会研究』(3)を著し、エンゲルスの『家族・私有財産・国家の起源』を理論的な武器に、甲骨・金文と古典籍を総合して、殷代は氏族社会にもとづく原始共産制、西周代は農業を基礎とする奴隷制、春秋時代からは封建制、清末からが資本制の時代であると結論づけた。新中国の成立後、郭沫若は考古学の成果をふまえて奴隷制は殷代にはじまると修正したが、社会主義体制のもと、生産力や社会組織に焦点をあてた発展段階論は歴史学の主流となっていった。

あまり知られていないことだが、水利事業の組織化がアジアの専制国家をもたらしたとするウィットフォーゲルは、唯物史観の立場から中国先史時代の社会についても論文を発表している。(4) そこでは、農業のはじまりが人口の増加、男女の分業、共同体間の戦争をもたらし、やがて殷・西周時代までに北中国でも水田稲作、ブタとイヌの畜産からヒツジ・ウシ・ウマの牧畜、青銅器の鋳造がはじまったことに注目している。考古資料が乏しいなかで、農業生産や社会的分業に着目した議論は、文化史考古学に偏重した一九三〇年代において、きわめて新鮮な切り口であった。

　中国の古代都市は城郭に囲まれている。宮崎市定《みやざきいちさだ》はそれと古代ギリシア・ローマの都市国家との類似性に着目し、氏族制度―都市国家―領土国家―大帝国という世界史全体の発展段階を前提に、殷末から春秋時代は都市国家、戦国時代は領土国家、秦漢時代は大帝国の段階と考えた[5]。春秋時代には氏族制度が破壊され、城郭都市には市民権という観念もあったと宮崎はいう。貝塚茂樹《かいづかしげき》もまた都市国家から領土国家への発展段階を想定し、都市国家の構成要素は征服民族の戦士集団と土着民族であり、戦士集団が広場に集まる朝や市に祭祀共同体としての性格があらわれているとみた[6]。これにたいして唯物史観の立場から侯外廬《こうがいろ》は、殷末周初の征服・植民活動を通じて国・都に住む周族の貴族たちが野・鄙の氏族集団奴隷にたいする武力統治をおこなったのが都市国家であると論じた[7]。すなわち、貴族の住む都市と奴隷の住む農村との分解によって文明社会＝階級社会が成立したというのである。貝塚も侯外廬も甲骨・金文と古典籍にたいする研究を基礎にしながら、都市の内部に階級対立をみるのか、都市と農村とに階級分化をみるのかで見解を異にしていた。そのころ殷墟のほかに遺跡調査は皆無であったから、いずれの都市国家論も文献学の方法だけにもとづく限界があった。

　これにたいして松丸道雄《まつまるみちお》は、新中国における殷墟や殷前期の鄭州城遺跡の考古学調査をふまえ、直接史料というべき甲骨文にもとづいて、大邑―族邑―属邑という累層的関係が殷・西周時代の基本構造と理解する邑制《ゆうせい》国家論を提唱した。(8) すなわち、氏族制的共同体を中核とし、多くの小邑を従属せしめた族邑を単位とする邑制国家が多数、独立的に存在しながら、大邑＝殷周王室に従属する関係にあり、王都の大邑もまた鋳銅・製骨・製陶などの手工業や農業をおこなう多数の小邑をその膝下に直属せしめていたと考えたのである。

郭沫若や侯外廬らの奴隷制論にたいして、城郭の形態や集落の階層化に着目した都市国家論や邑制国家論は、考古学にも参考になる視点を多くふくんでいた。ウィットフォーゲルの手がけた課題も、マルクス主義を標榜する新中国の考古学にはふさわしい内容であった。しかし、一九八〇年代になっても、中国や日本の考古学者はもっぱら文化の編年や地域性といった文化史研究の束縛から脱却できなかったから、(9) 文献学から提起されたこれらの課題に一考することすらなかった。「奴隷制」や「氏族制」という西洋史の概念が、甲骨・金文や古典籍はもとより、考古資料から検証することがむずかしく、空虚な論争に終始していたことも、考古学と文献学とが連携できなかった一因であった。

考古学調査が進んでいた黄河中流域の中原では、一九七〇年代までに新石器時代から殷周時代にいたる文化編年が組み立てられたが、それ以外の地域で単発的に調査された考古学文化は、中原の編年に照らしあわせて一段階おくれる年代があたえられていた。このため中原はつねに中国の中心にあって周辺地域に影響をおよぼしつづけたという中原一元論が支持されていた。しかし、放射性炭素年代測定法の導入によって地域ごとの編年が組み立てられると、地方でも独自の文化が発展したとする多元論に傾いていった。前三千年紀の諸文化に広域の共通性がみられることに注目した張光直《ちょうこうちょく》は、コールドウェルの「相互作用圏 interaction sphere」概念を援用し、自律的に展開した中国各地の諸文化が拡大することによって相互の文化関係を強め、前三千年紀の龍山時代に社会組織や意識形態にも相互の関連があらわれ、やがて国家・都市・文明が形成されると主張した。(10) 厳文明《げんぶんめい》や趙輝《ちょうき》らも、地域ごとに自律的な文化が展開するなかで文化相互の交流が深まり、前二五〇〇年ごろから急速に中原へと求心力が働いて夏商（殷）周三代の王朝が形成される、という中国文明の多元一体論を提起した。(11)

近年では社会学の費孝通《ひこうつう》や考古学の蘇秉琦《そへいき》らが提起した中華民族論をふまえ、国をあげての「中華民族の偉大な復興」運動に後押しされるように、民族の興亡史を理解しようとする「古史研究」が考古学で声高に唱えられ、神話伝説の時代ですら文字記録のない新石器時代にさかのぼって議論されている。(12) 司馬遷にはじまる王朝史観は、マルクス主義をはじめとする西洋近代の社会理論におびやかされることなく、考古学によってますます発展しているのである。

しかし、政治性を帯びたその言説はさておくとしても、いつ、どこで、だれが、なにをしたかという事件史や民族史の復元だけでは、「国学」をこえた議論にはなりにくい。一九六〇年代にアメリカのビンフォードらが提起したニュー・アーケオロジーは、文化編年をもとに民族興亡史を描いていた従来の文化史考古学を批判し、普遍的な人類史としての考古学研究を主張した。なかでも重視されたのが農耕のはじまりや国家形成の研究である。人びとがいかに環境に適応し、それによって人口がどれほど増加し、社会がいかに変化したのか、そのプロセスを解明するために、動植物遺体の科学的分析を進め、セトゥルメント・アーケオロジーと呼ばれる集落遺跡の居住パターンを多角的に分析した。それはウィットフォーゲルの視角とも通底している。

このような新しい考古学理論になじんでいた張光直は、甲骨文と考古資料をもとに殷の社会・経済・文化について総合的に分析し、それを都市文明の段階と認めた(13)。王都には貴族・手工業者・農民が居住し、政治と儀礼の中核として機能したことを重視したのである。文化史考古学の古びたパラダイムに固執していた中国も、改革開放政策のもと、一九九〇年代にようやく変化のきざしがみえてきた。張光直や中国歴史博物館（いまの国家博物館）の兪偉超《ゆいちょう》らの指導によって、欧米の新しい考古学の方法論がしだいに中国に浸透していった(14)。人間文化と環境との関係を探求するために、動植物遺体の科学的な分析がはじまり、今世紀になって陸続とその成果が公表されるようになったのである。

もっとも「古史研究」のくびきから抜けだすことは容易ではない。前二千年紀前半の河南省二里頭遺跡における花粉分析によると、二里頭二期のころから水生植物や湿地性の植物が減少し、草原がひろがる環境に変化したという。調査者はその結果を『国語』周語上に「伊河と洛河が涸れて夏が滅んだ」とあるのに付会し、気候の冷涼乾燥化によって夏王朝が滅亡したと断じた(15)。その真相はむしろ二里頭遺跡の都市化と人口増加による人為的で局部的な環境変化であるとわたしは考えるが(16)、いずれにせよ、その調査者は環境の変化を「古史研究」に利用するだけで、人びとがいかに環境の変化に対応していったのかに関心がおよんでいないのである。

農業史の研究においても、動植物遺体の分析をもとに、稲作の起源や伝播、動物の家畜化が議論されるようになった。しかし、イネがどのように栽培され、どのような家畜がどのように飼育され、人びとの生活にどのような変化をもたらしたのか、という生業論や生活様式にかんする研究はきわめて少ない。文明の形成過程において、石製農具にめだった進歩がないことから、生業の変化や農業生産力の発展についても論じられることがなかった。王都に住む支配者と農民との食事がどのようにちがっていたのかすら、これまで検討されていなかったのである。本書では、遺跡から出土する動物骨や炭化種子を分析するだけでなく、そこから人びとが食べた肉や米でつくった酒に焦点をあて、生活様式の時間的・階層的変化をみることによって文明の形成過程を明らかにしたいと考える。

要するに、本書は、いまも中国でさかんな「古史研究」としての文化史考古学ではなく、ウィットフォーゲルの着目した農業生産や社会的分業、宮崎市定や松丸道雄らが唱えた都市国家論や邑制国家論、張光直の都市文明論を批判的に継承しながら、前三千年紀から前二千年紀にいたる中国文明の形成プロセスを、最新の考古資料にもとづいて論じようとするものである。そのキーワードは、下部構造の「生業」と「生活」、上部構造の「王権」と「礼制」、そしてその全体を包括する「社会」と「国家」である。

## 新石器・殷周時代の文化編年

| | 黄河 | | | 長江 | | | 遼河 |
|---|---|---|---|---|---|---|---|
| | 上流域 | 中流域 | 下流域 | 中流域 | 下流域 | 上流域 | |
| 紀元前 4000 | 馬家窯 | 仰韶 | 大汶口 | 大渓 | 馬家浜 | | 紅山 |
| 3500 | | | | | 崧沢 | | |
| 3000 | | 廟底溝2期 | | 屈家嶺 | 薛家岡 良渚 | | 小河沿 |
| 2500 | 斉家 | 中原龍山 | 山東龍山 | 石家河 | | | |
| 2000 | | 二里頭 | 岳石 | | 馬橋 | 宝墩 | 夏家店下層 |
| 1500 | 辛店 | 二里岡 | 二里岡 | 二里岡 | | 三星堆 | |
| | | 殷墟 | 殷墟 | 殷墟 | | | |
| 1000 | 寺窪 | 西周 | 西周 | 西周 | 湖熟 | 十二橋 | 魏営子 |

# 中国文明　農業と礼制の考古学

# 第1章……中国文明とは何か

わたしたち日本人が中国文明にたいして抱くイメージは、どのようなものだろうか。みわたすかぎりの大平原、滔滔《とうとう》と流れる黄河と長江、そしてその大地にはぐくまれたスケールの大きな文化。中国を訪れた人すべてを圧倒する悠久の文明力。

いまから千数百年前、奈良・平安時代の貴族にとって中国は文明の香る大国であった。遣唐使とともに学生や僧侶たちが中国に渡り、最先端の文化や社会制度を日本に伝えた。遣唐使が廃止されてからも交易は連綿とつづき、中国から陶磁器や銅銭が大量にもたらされた。禅宗の影響も各方面におよんだ。鎖国で海外との交流が閉ざされた江戸時代にあっても、中国の書物はさかんに輸入され、漢籍の和刻本が上梓された。アジアでいち早く西洋化をなしとげ、日清戦争で中国に勝利をおさめた時代になっても、学問の素養として中国の古典が重んじられた。「文明」の語は『易経』にもとづき、「物理」「天文」などの自然科学用語も古漢語に由来する。いまも学校で教える「国語」のなかに「漢文」がはいっている。一五年にわたる不幸な戦争はあったけれども、中国文明はわが国の伝統文化に深く浸透し、なにかしら親近感をもっている人も少なくないだろう。

しかし、その中国文明の淵源は謎に満ちている。いまから二〇〇〇年あまり前、司馬遷は『史記』を著して中国の起源を説いた。その歴史観は前世紀にいたるまで守られてきた。近代的な考古学が中国にはじまって八〇年あまり、中国文明はどのように描きうるようになったのであろうか。

## 1　四〇〇〇年におよぶ中国文明

メソポタミア・エジプト・インダス・中国で花開いた「四大文明」。土に埋もれていた比類ない構造の都市、墳墓、青銅器、文字など、数千年も前の古代人がなしとげた瞠目すべき文化遺産が、考古学調査で陸続と明らかになっている。メソポタミア・エジプト・インダス文明はいずれも古代のうちに滅びてしまったが、ひとり中国文明だけは王朝がたびたび交替しても、文明の伝統はそのまま維持され、モンゴルや満州族など外来の支配者をもそのなかに包摂してきたのである（図1）。一九世紀末に甲骨文字が発見されたとき、すぐにそれが漢字のはじまりと認められ、『史記』などの伝世文献

**図1**●明王朝から清王朝に継承された紫禁城（故宮）。

と照らしあわせて解読が進められたのは、まさに四〇〇〇年もの時間をこえて文明が連綿と継承されてきたからにほかならない。埋もれた遠い過去の遺産であっても、現代に脈脈と息づいている文明なのである。

本書が対象とするのは、そうした中国文明の形成期である。比較文明史の視点から都市・青銅器・文字などを手がかりに時空間をこえて論じることよりも、ここでは四〇〇〇年の伝統をふまえ、中国固有の文明形成プロセスを描きだしてみたいと思う。

## 礼制の成立と継承

前近代における中国の支配イデオロギーが儒教である。春秋時代末の孔子を開祖とする儒教は、漢武帝のときに国教とされ、国家の支配理念として体系化されていった。その中核となる理念は「礼」である。戦国時代の法家が法律によって天下を統治しようとしたのにたいして、儒家は礼の規範で支配を秩序づけようとした。この社会・文化システムを礼制という。

儒教は古代の聖王に理想を求め、歴史や伝統を重んじた。歴史を記録し、それを教訓とする中国や日本の伝統は、まさにこの儒教イデオロギーによっている。最古の歴史書とされる『尚書《しょうしょ》』をはじめ、孔子が編纂したとされる年代記の『春秋』、それに詳しい解説を加えたという『春秋左氏伝』『春秋公羊伝《くようでん》』『春秋穀梁伝《こくりょうでん》』は、いずれも儒教経典として読み継がれてきた。礼制と伝統は中国文明を理解するキーワードである。

殷周時代から継承されてきた礼制をまとめた儒教経典が『周礼《しゅらい》』『礼記《らいき》』『儀礼《ぎらい》』である。これを三礼という。『周礼』は周王朝の制度をまとめたものとされるが、その成立は漢代に下る。前漢末の王《おう》莽《もう》が『周礼』を理想とする政治改革を断行したことからみれば、そのころには儒教の経典として広く認められていた。そして後漢の鄭玄は、三礼をはじめとする経典に系統だった注釈をほどこし、礼制を図解した『三礼図《さんらいず》』を編纂した。隋唐代の儒学はそうした儀礼にかんする礼制と経典に注釈をほどこす訓詁《くんこがく》学との両面で継承発展された。

中国のルネッサンスと呼ばれる宋代では、中世のゆきづまりを打開しようとする熱気にあふれていた。そのなかで儒教は、古代の理想的な礼制に回帰する新たな展開をみせる。『周礼』にもとづく政治を主唱する王安石の新法と連動し、古代の儒教経典と出土文物の両面から礼制の改革が進められたのである。聶崇義《じょうすうぎ》は経典をもとに古代の礼制を図解した『新定三礼図』（九六二年）を編纂し、呂大《りょたい》臨《りん》は宮廷や民間に収蔵する古銅器を実地に調査して『考古図』（一〇九二年）をまとめた（図2）。このような考古学研究をもとに宮廷では古代の祭器や楽器を範とする新しい礼器がつくられていった[17]。宋代に萌芽した考古学は、儒学の一分野として実践的な役割を担っていたのである。

満州族が明王朝を倒して建国した清王朝では、漢学や清朝考証学と呼ばれる新しい儒学がまきおこった。そこでは儒学者を中心に礼制の精緻な研究―礼学が推進されるとともに、宮廷では古式にのっ

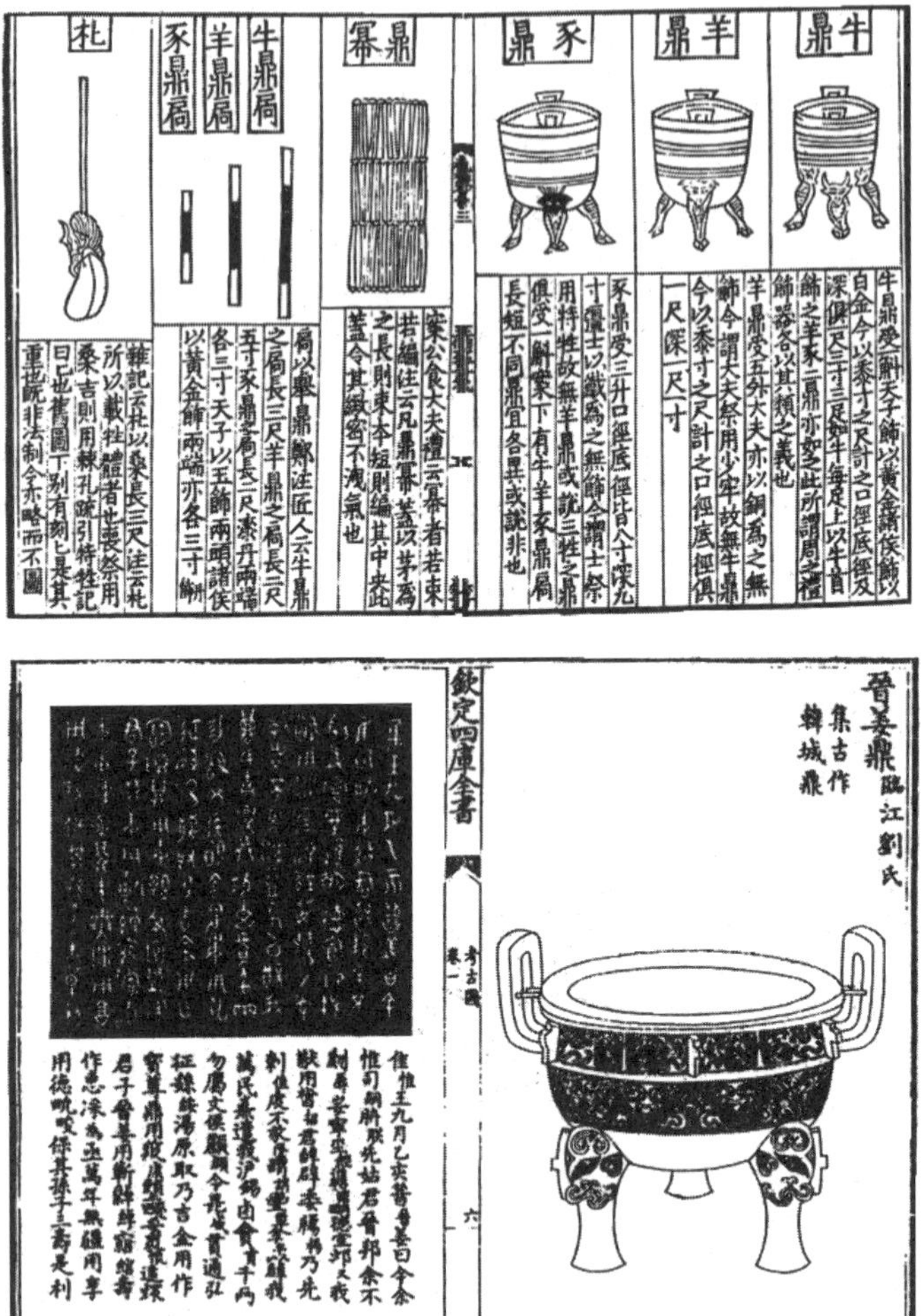


図2●宋代の考古学研究　上：『新定三礼図』、下：『考古図』。

とった儀礼がおこなわれた。たとえば北京の南郊に明代に建てられた天壇は、古代よりつづいている、天をまつり豊饒を祈る宗教施設で、清の乾隆帝のときに増築された建物がこんにちに残っている。子牛をいけにえに天をまつることも『礼記』にのっとっておこなわれた。長城をこえて侵入した外来の満州族であっても、新たな礼学の研究成果をふまえながら、朝廷の儀式は古代からの伝統を継承していたのである。乾隆帝はまた宮中に古代の銅器や玉器を収集し、学者らを動員して『西清古鑑《せいせいこかん》』（一七五五年）をはじめとする図録を編纂させた。宋代から清代までの近世において、皇帝や科挙官僚たちは儒学の教養だけでなく古代文物にたいする造詣も深く、みずから政治実践をおこなうなかで考古学研究に従事していたのである。

このように古代の礼制は、二〇〇〇年以上のときをこえて、前世紀にいたるまで歴代王朝の為政者たちによって継承されてきた。その経典に注釈がほどこされ、伝世してきたことも重要である。新しい解釈によって改変されたところも少なくないが、ほとんどの古代文明が滅亡してしまったなかで、二〇〇〇年あまり前の社会・文化システムがテキストとして保存されてきたことは、希有な財産というべきであろう。

ところが、一九二〇年代にはじまる中国考古学は、このような伝統とはまったく無関係に出発した。わが国の林巳奈夫《はやしみなお》(18)が青銅器・玉器と礼書とを総合的に分析し、シノロジーとしての中国考古学をめざしたのをのぞけば、その趨勢はいまもほとんど変わらない。

出土文物の編年や分布は、考古学の方法によって分析できる。しかし、殷周時代の社会や文化のなかで青銅器や玉器が、どのようなときに、どのような組みあわせで、どのように用いられていたのか、といったことを明らかにするには、考古学の方法だけでは限界がある。儒教経典は為政者のイデオロギーの所産であり、事実を正確に伝えているわけではないとしても、それを無視していては四〇〇〇年の伝統をもつ中国文明を正しく理解することはむずかしい。本書は中国古代をおもな対象とするものの、タイトルから「古代」をはずして「中国文明」としたのは、林巳奈夫のようにシノロジーとしての中国考古学をめざすべきだと考えたからである。

## 歴史的概念としての「中国」

いま「中国」というばあい、中華人民共和国の領土を指すのがふつうである。しかし、古代では「中心となる地域」や「王都」といった狭い意味で用いられてきた。陝西省から出土した西周前期の「何」尊（集成六〇一四）(19)の銘文に、周の成王が王都の成周（洛陽）で天をまつり、「この中国に宅《お》り、ここより民を治めん」と述べたことが記されていた。西の辺境に興った周は、東方の殷王朝を滅ぼし、その勢力を鎮めるために洛陽に王都を造営した。「何」尊のそれは洛陽の都が完成したときの祭祀における成王の祝詞《のりと》であり、周の故地ではなく、さきだつ殷王朝の領域であった東方の洛陽こそが「中国」であるというのである。あるいは、洛陽は夏王朝の故地であるため、そこに中国最初の王朝にたいする敬意と「中国」の正統な継承者であることを宣言する意図があったのかもしれない。

周代の『詩経』大雅・民労に「民また労す。ねがわくは小康すべし。この中国を恵《いつく》しみ、以て四方を綏《やす》んぜよ」とあり、漢代の注釈では「中国は京師《みやこ》なり。四方は諸夏なり」という。この「中国」は周の王都を指し、「四方」は周王から封建された諸侯の国ぐにを意味していたのである。この「中国」の範囲は「何」尊より狭い。戦国末期の『荀子《じゅんし》』王制では「北海にはよく走る馬とよく吠える犬、……南海には鳥の羽、犀の皮、銅、丹砂、……東海には紫草、葛、魚、塩、……西海には皮革や牛の尾」があり、「中国はそれを手にいれて利用している」という。周辺にある北海・南海・東海・西海から特産物が王都に貢納されることによって、王朝経済が成り立っていることをいう。内なる「中国」と外なる四方の「海」とに王朝の領域を分けることは、『詩経』民労の二分法と同じである。

ところが前漢代の『史記』孝武本紀は、斉《せい》人の公孫卿《こうそんけい》が武帝に語ったことばとして「天下の名山に八あり。しかして三は蛮夷にあり、五は中国にあり。中国（の五山）とは、華山・首山・太室・泰山・東莱なり。この五山は黄帝の常に遊び神と会うところなり」という。この五山はのちの五岳と一部異なっているが、その範囲は当時の漢王朝の領域全体を指し、蛮夷の跋扈する地域をふくんでいない。そして、湖南省長沙市から出土した前漢末期の鏡には「中国大寧」という銘文があり、その「中国」も漢帝国の全土の意味である。漢代にいたってようやく、こんにちの「中国」に近い領域観念が生まれたのである。

周代における内と外の空間概念は、『詩経』民労にみるように、王朝の勢力圏内における中央（中国）と地方（四方）の二分論であった。戦国時代に七国が相争い、それぞれの国境線が画定されても、それは「中国」であろうとする諸侯間の争いであり、周の空間領域を大きくこえるものではなかった。ところが秦漢統一帝国の出現によって、それまでの七国間の国境線がとりのぞかれると、内と外の空間観念は漢と蛮夷との二分論に転換した。すなわち、『史記』にみるように、外なる空間が蛮夷の領域に拡がり、周代では外であった領域内の空間もまた「中国」になったのである。

いっぽう、中国の山川は禹によって開拓されたという伝説が西周時代には成立しており、人びとの住むその大地は「禹迹《うせき》」とも呼ばれた。甘粛東部から出土した春秋時代の「秦公」簋《き》（集成四三一五）は、西の辺境にいた秦が周王より諸侯に封建されたときのことを、つぎのように記している。

秦公曰く、輝かしいわが皇祖は、天命を授けられて禹の迹《あと》に居を構えられた。それからの十二公は、帝のもとにあって、厳として天命をかたじけなくし、この秦を保ち、蛮と夏を治めてこられた。わたくしは小子といえども、穆穆《つつし》んで明徳を引き継ぎ、烈烈桓桓として万民をこれ安んじ、兵士たちも平穏であろう。

諸侯として秦に封ぜられた「皇祖」とは襄公《じょうこう》（前七八〇～前七六九）で、この器をつくったのは第一三代の景公（前五七七～前五三七）である。秦の襄公が周の平王に封ぜられた土地は、異民族の戎が跋扈するところであった。しかし、この銘文ではその地を「禹迹」と呼んで、天命によって正統な諸侯の一員になったことを主張したのである。

中国の大地はまた「華夏」と呼ばれることもあった。「秦公」簋は歴代の秦侯が統治してきた人びとを「蛮と夏」と呼んだ。その「夏」とは、異民族の「蛮」にたいする「夏」の人びとを指し、秦侯の領有する「禹迹」には「蛮」と「夏」が混在していたというのである。また『尚書』武成に「華夏蛮貊《ばんはく》」とあり、「華」は礼服とその文様が美しいこと、「夏」は大きい国を意味すると漢代の注釈はいう。これにたいして林巳奈夫[20]は、「華」は天の中心にある天極星の象徴で、それを戴いた地上の全世界と解釈している。その「華」はのちに「天下」と同義になる。「夏」についても、さきの『詩経』民労の注釈は「四方は諸夏なり」としているのにたいして、東晋代に下るが、『晋書』桓温伝には「むかし聖人は（天下を）九つの州に区画し、その中央を貴んで諸夏となした」とあって、中央とみる説と地方とみる説とが対立している。その「九州」の概念が成立したのは「天下」観念とほぼ同じ戦国時代のことと考えられている[21]。『尚書』禹貢によれば、禹は開拓した全土を九つの州に分け、各州からそれぞれの特産物を貢納させたという。伝説の「禹迹」は行政区画としての「九州」となり、禹は大地の開拓者から支配者たる王へと性格をかえていったのである。周王朝から秦漢帝国への推移のなかで、「中国」の概念もしだいに変容していったのであろう。

# 2　中国文明の空間動態

## 中国の北と南

広大な中国大陸は、その自然環境によっていくつかの地域に区分できる。風土と人間文化との関係について、『史記』貨殖列伝は中国の北と南とを対比してつぎのようにいう。（長江中下流域の）楚や越の地は、土地は広いのに人口は少ない。稲米を主食にして魚を副食にしている。農作業では、冬には田の枯れ草を焼いて耕し、夏には田に水を注いで除草している。果実や魚貝類は市場で商う必要のないほど十分にあり、地勢に恵まれているため、食糧は豊富で飢饉の心配がない。そのため人びとは怠けており、その日暮らしの貯蓄もない貧乏人が多い。このように長江と淮河より南には飢え凍える人がいないかわりに、千金の富豪もいないのである。これにたいして（山東南部の）沂《き》河と泗《し》河より北は、五穀と桑や麻を栽培し、馬・牛・羊・豚・犬・鶏を飼うのに適している。土地は狭いのに人口は多い。しばしば水害や干害をこうむるので、人びとは貯蓄にはげんでいる。そのため（黄河中下流域の）秦・夏・梁・魯の地では農業に精をだし、農民を重んじている。（淮河上中流域の）三河・宛・陳の地でも同じだが、商業もさかんにおこなわれている。斉（山東北部）や趙《ちょう》（河北南部）では智恵をはたらかせ、機会をうかがって利益を求め、燕《えん》（河北北部）や代（山西北部）では農耕や牧畜をおこない、養蚕もさかんである、と。

司馬遷は武帝代の人。若いころ歴史や伝説をたずねて中国の各地を探訪した経験をふまえているとはいえ、住み慣れた北よりも南にたいする偏見があるのは否めない。しかし、いまから二〇〇〇年あまり前のルポルタージュとして参考価値が高く、その後の比較文化論に大きな影響を与えたことは確かであろう。

こんにちの気候区分でみると、北中国は冷涼で乾燥した温帯から冷温帯、南中国は温暖多雨の暖温帯から亜熱帯に属している。『史記』にみるように、農業を基本とする中国文明は小地域ごとの環境に適応しつつ展開したが、大きくみれば、秦嶺山脈と淮河《わいが》をむすぶ東西線を境に、北の旱地《かんち》穀物地域と南の水稲地域とに大別するのがふつうである。ただし、中世以後の北中国ではアワ・キビなどの雑穀にかわって単位面積あたりの収穫量の多いコムギが主体を占めるようになるから、北の畑作小麦地帯と南の水田稲作地帯という呼び方もおこなわれている。近年、一部で声高に唱えられている「長江文明」論も南の稲作文化と北の畑作文化とを対立的にとらえるところから出発している。

しかし、農耕の初期段階では、狩猟採集がなお相当の比重を占め、風土に応じた多様な生業活動がおこなわれていた。この観点から、新石器時代の遺跡から出土する動植物遺体を網羅的に集成した甲元真之[22]は、稲作と漁労・狩猟とを中心とした選別的な生業の長江流域、アワを中心に多様な雑穀を組みあわせ、多種にわたる家畜の飼育と狩猟をおこなう多角的な生業の黄河流域、狩猟・漁労・採集といった自然依存の経済を根底に、多様な雑穀栽培と家畜の飼育を補助的におこなう網羅的な生業の東北アジア、という三地域の経済類型を設定した。鉄製農具や牛耕、大規模潅漑による集約的な農耕が定着する漢代以前の農村において、この理解はおおむね妥当なところであろう。

とはいえ、本書の第4章で詳しくみるように、殷代に初期国家が成立すると、黄河中流域の畜産と肉消費において都市と農村の区別が明確になり、黄土高原地帯では群居性をもつヒツジ・ウシなど草食動物の牧畜に比重をおくようになる。また、前五〇〇〇年以前の代表的な煮炊き用の土器に着目すると（図3）、長江中下流域から黄河下流域におよぶ東南系統、黄河中上流域を中心とする華北系統、遼河流域を中心とする東北系統、という三大系統に区分できる[23]。すなわち、東南系統には丸底の釜や鼎、華北系統には器面を縄目で叩く平底の罐《かん》、東北系統には器面を箆《へら》描《が》き文で飾る平底の筒形罐が分布している。東南系統に属している黄河下流域をのぞいて、これは甲元の三類型にかなりの部分で合致する。ただし、イネにせよアワ・キビにせよ、いずれも粒のまま炊飯するため、煮炊き用土器の形からみた系統は、そのまま南の稲作文化と北の畑作文化とに対応するわけではない。しかも、文化動態は時間と空間に応じて変化するものであるから、稲作文化と畑作文化とを対立的にとらえるべきではないだろう。

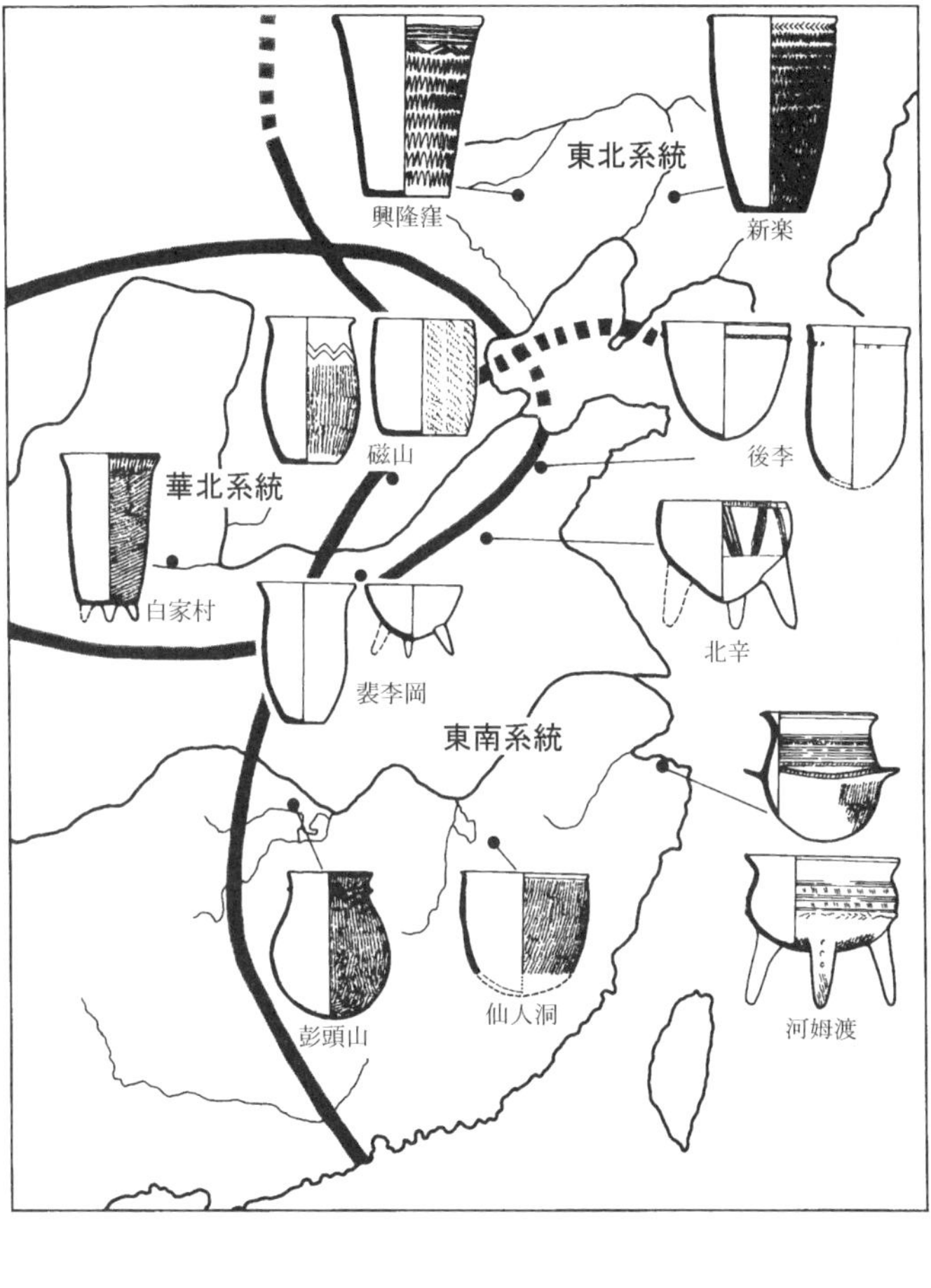


**図3**●中国新石器文化の３系統と初期の煮炊き用土器。

## 文明の地域的原動力

広大な中国における多様な風土と生業は、文明の形成にどのように作用したのであろうか。黄河中流域の二里頭文化に最初の王朝が誕生した理由について西江清高は、前二〇〇〇年前後の気候変動によって単一栽培型の農耕社会が崩壊するなかで、華北と華中の環境条件が重なりあう黄河中流域の二里頭文化では畑作と稲作とを組みあわせた農業がおこなわれたために、気候の悪化にも対応できたと考えている(24)。気候変動についてはまだ十分なデータがそろっていないので、さしあたり問題にしないとしても、二里頭文化では雑穀のほかにイネが栽培されたものの、作物全体に占めるイネの比率はあまり多くなく、それだけで生産力の低下をくい止めることができたとは考えがたい。そのうえ畑作と稲作を組みあわせた農業は河南中部よりもむしろ河南東部や山東南部で発達したから、二里頭文化だけが文明化の道を歩みだした理由としては十分ではない。本書の第4章で詳しく検討するように、前二千年紀の黄河中流域では、従来からの雑穀やイネにダイズやコムギを加えた五穀の輪作と田畑の手入れを丹念におこなう集約的な農業とをはじめている。つまり、生産力の低下をふせいだことが文明をもたらしたのではなく、農業技術の革新による生産力の向上こそが社会発展と文明化の大きな要因であったと考えるべきである。

いっぽう宮本一夫は、前二千年紀に長城地帯から内陸アジアにかけての牧畜型農耕社会(遊牧社会）と中国の農耕社会との対立が生まれ、この二つの文化軸の接触地帯に殷王朝や周王朝という新しい社会システムが生みだされたと論じている。[25]確かに殷墟に都をおいた殷後期にウマや馬車が西方から導入され、周王朝は西の辺境に興起した。牧畜文化との交流のなかで文明が変容したことはまちがいない。しかし、それでは西江の着目した二里頭文化はもとより、殷王朝の成立した二里岡文化についての評価は示しえない。いずれも黄河以南に生成した王朝であるからだが、新しい社会システムをいうのであれば、王朝の成立期をこそ問題にすべきであろう。

南北の農業のちがいに着目する西江清高も、農耕民と牧畜民との対立に着目する宮本一夫も、南北の文化圏の交わるところに文明の形成と変容がみられたことを強調している。それは従来の「黄河文明」対「長江文明」という二元論を止揚する論理としては有効である。西江はさらに周縁の地が中心地へと転化するとき、従来にない大きな関係圏が形成され、複雑な社会が生成するという。文化の周縁では、隣りあう文化からの刺激をうけて、新しい文化が形成されやすい。しかし、そうした南北軸だけでなく、東西軸でも活発な文化交流があったはずである。

学史をさかのぼるならば、傅斯年は古代史のはじまりの段階から夷と夏とが中国の東と西とに分かれて対立していたという「夷夏東西説」を提起した。[26]すなわち、北方の牧畜民の侵入によって中国が南北に分かれて対立するのは後漢末以後のことであり、長江下流域の開発が遅れた古代社会では、南と北の対立よりも東と西の対立のほうが歴史の原動力になったというのである。それは西の夏が東の夷と争い、ついで東の殷（商）が西の夏を倒し、ついで西の周が東の殷を倒し、ついで西の秦が東の六国を倒し、ついで東の項羽らが西の秦を倒し、ついで西の漢が項羽ら東の楚を倒したことに明らかで、総じてみれば、西が東に勝利することが多かった。その理由は、東の平原地帯は経済力と文化力に優れていたのにたいして、西の高原地帯は地の利があって軍事力に勝っていたからだと傅斯年はいう。この「夷夏東西説」は、彩陶文化圏と黒陶文化圏とが西と東に分かれて並立していたという徐中舒らの説と混同されたため、考古学での評判はあまりよくない。しかし、実のところ傅斯年は、そうした考古資料にはまったくふれることなく、古典籍にもとづいて殷と夏の勢力圏を考証し、東西の地勢をふまえて歴史動態を描きだしているのであって、原典にあたらずにその説を軽視する考古学者の誤解をまず解いておかねばならない。そのうえで本書の第2章第3節では、新しい考古資料をふまえ、これまで看過されてきた前三千年紀の東西交流について詳しく検討したいと思う。それが文明の形成にどのような作用をおよぼしたのかは確言できないとしても、これまで指摘されてきた南北軸の交流だけでなく、文化のいろいろな面で東西軸の交流があったこと、それを基礎として傅斯年が提言するような殷周時代における東西の権力対立が生成したことが明らかになるだろう。

# 第2章……文明の胎動——紀元前三千年紀の龍山時代

## 1　農耕社会の成立

### 粒食と土器の出現

紀元前六千年紀までに長江流域ではイネの栽培、黄河流域ではアワ・キビを主とする雑穀の栽培がはじまった。黄河流域では、前三千年紀に長江流域からイネ、西アジアからムギが伝来し、前二千年紀にはマメの栽培がはじまった。このようにして東アジアの代表的な食糧である五穀がでそろった。

アワ・キビなどの雑穀やイネを食用にするには、いずれも脱穀・精米をした米粒を煮るか蒸して調理する必要がある。つまり、コムギのように粉にひいてからパンや麺に加工するのではなく、粒のまま ご飯かお粥《かゆ》にして食べるのがふつうである。その炊飯に用いられたのが土器である。西アジアでは土や石の竈《オーブン》でパンを焼いたため、土器の出現よりもずいぶん前にムギの食用がはじまっていたが、米粒をそのまま煮炊きして食べる東アジアでは、土器が出現してはじめて穀物を食べることが可能になったのである。

栽培作物のちがいによって、中国の北と南を対比的にとらえる考え方が根強くある。「はじめに」に述べたように、中国の北と南とでは気候も風土もちがうし、雑穀の畑作と水田稲作とでは農業のあり方がずいぶんちがっている。しかし、アワ・キビなどの雑穀とイネとでは、炊いて食べるという調理方法にちがいはない。同じ土器を両方の炊飯に用いることができるし、五穀を混ぜてご飯を炊くことも可能である。田畑を耕したり、穀物の収穫に用いる農具にも、共通するものが少なくない。北と南の境界域にある前六千年紀の河南省賈湖《かこ》遺跡では、土器や石製農具の形は北の雑穀農耕文化と同じだが、炭化米やプラント・オパールなどから稲作に比重をおいていたことが確かめられている。前三千年紀後半の山東省両城鎮遺跡でも、雑穀とイネの両方を栽培していた。雑穀の畑作と稲作とは食生活において必ずしも排他的な関係にあったのではなかった。

第1章の図3（17頁）にみたように、前六千年紀ごろの煮炊き用の土器は、長江中下流域から黄河下流域の東南系統、黄河流域の華北系統、遼河流域とそれ以北の東北系統、という三大系統に分けられる。土器の底部をみると、華北系統と東北系統の土器はおおむね平底であるのにたいして、東南系統の土器は丸底で、三本足をつけた鼎と足をもたない釜とがある。煮炊きのとき、平底の土器は、炉の地面に直置《じかお》きし、周囲から火を燃やして加熱する。これにたいして底を三足で支える鼎は下から加熱でき、釜も支脚にのせて底部を加熱したのであろう。周囲から加熱する平底の土器よりも、下から加熱する丸底の土器のほうが熱効率がよいけれども、平底の土器は器腹を深くして炎を受ける表面積を広くする工夫が凝らされている。

## 畜産のはじまり

旧石器時代の人びとは、動物を捕まえ、肉を食べ、皮や骨を用いて衣服や道具をつくった。その旧石器時代が終わるころ、イヌが最初の家畜となった。狩猟犬や番犬として、あるいは食肉用として、イヌが身近に飼われはじめたのである。その経験をもとに、農耕のはじまる前六千年紀ごろには、ブタやニワトリの家畜化が試みられるようになった。

イノシシが飼いならされた家畜がブタである。イノシシは森林に棲み、人と同じ雑食性のため、エサを求めてしばしば人里に近づいてくる。人はそうしたイノシシの習性を観察し、子どもを生け捕りして身近に飼養することをはじめたのであろう。イノシシとブタとでは、骨の形質にほとんどちがいはないが、家畜化によって後胴部の肉づきがよくなり、子を多く産むようになった。のちに去勢の技術が導入されると、オスでもメスのようにおとなしくなり、肉質がよくなった。改良が重ねられて、いまではブタは一回に一〇頭近い子を産むようになった。それは草食性のシカやウシ・ヒツジが単胎であるのと対照的で、ブタはおもに食肉を目的として飼養される。雑食性のため人の食糧と競合するのが難点だが、食糧生産があるていど安定すると、米ぬかや残飯などをうまく与えることによって農業の副業として飼養することが可能となったのである。

ニワトリは山林に棲むキジ科のヤケイ（野鶏）が飼いならされた家畜である。動物学の通説では前三〇〇〇年ごろインドで家畜化がはじまり、そこから世界中に伝播したとされるが、中国では前五千年紀の陝西省北首嶺《ほくしゅれい》遺跡において墓に副葬された土器内から二羽のニワトリ骨が出土しているので、中国で独自にニワトリが家畜化されたと考えられる。こんにちでは卵や肉を主目的に飼養され、もっとも改良の進んだ卵用種はほぼ毎日一個の卵を産む。しかし、ヤケイの産卵数は一回に数個であるから、古代のニワトリが産む卵はせいぜい一年に一〇個ほどであったのだろう。しかし、数か月で大きく成長し、繁殖に必要のないオスは食肉に利用できるため、卵用よりも肉用種が農業の副業として住居の近くで飼われることが多かった。

このように東アジアでは農業の副業として小規模なブタやニワトリの畜産がおこなわれたのにたいして、西アジアでは専業的なヒツジの牧畜が成立した。ヒツジは草原に棲む草食動物で、性格はおとなしく、群れをなして生活している。草食のため人の食糧と競合することもない。また、ヒツジからはミルクが得られるし、皮や毛の利用価値も高い。アジアの西と東とで、栽培作物だけでなく、家畜の種類もちがっていたのである。

中国ではまた、黄土高原地帯をのぞいて、集落の周りには豊かな森林がひろがっていたので、畜産がはじまってもシカやイノシシの狩猟がそのままつづけられた。狩猟は偶然に左右されるとはいえ、人の食糧が飼料として消費されるブタの畜産よりはるかに経済的である。田畑の作物を荒らす害獣を駆除する効果も大きかった。このため森林の伐採がはげしくなる漢代までは、農村において狩猟がさかんにおこなわれ、動物タンパク質の主要な供給源となってきたのである。それは黄河流域でも長江流域でも状況は同じであった。

## 長江流域における水田稲作のはじまり

長江以南の湖南省玉蟾岩《ぎょくせんがん》遺跡と江西省仙人洞・吊桶環《ちょうとうかん》遺跡では、紀元前一万年にさかのぼるイネの資料が出土している。両遺跡はこんにちでも野生イネが分布する照葉樹林帯に位置し、仙人洞・吊桶環では旧石器時代から新石器時代への推移が層位的に確かめられている。このイネが野生種か栽培種かの解決は将来の検討にゆだねるとしても、原始的な土器がそれにともない、同じ地層において禾《か》本《ほん》科植物の花粉と水生動物遺体が急増している事実は重要である。それは後氷期の温暖化にともなって出現した沼沢地の縁辺で人びとが野生イネを採集し、土器で煮炊きして食べはじめ、イネの栽培へと進むきっかけとなったからである。しかし、遺跡には人びとが食べた獣・魚・亀・貝・鳥類などの野生動物の残滓が多く遺存し、この段階での食生活におけるイネの比重はまだ小さかった。

前六千年紀には、イネ籾が胎土に多く混じった土器が長江中流域の遺跡から大量に出土するようになり、そのころまでには稲作がはじまっていたらしい。湖南省彭頭山《ほうとうざん》遺跡の花粉分析によると、当時の気候はこんにちよりやや低めで、遺跡は森林と草原とが複合する環境にあった。旧石器時代の流れを引く打製石器が多く、長江に面した湖北省城背渓《じょうはいけい》遺跡では石製漁労具がとくに卓越していた。稲作をはじめたとはいえ、まだ自然資源の狩猟採集に大きく依存していたのだろう。前六千年紀後半には直径一七〇メートルほどの濠と低い土塁に囲まれた、やや規模の大きな集落が出現する。しかし、遺跡は概して小規模で、文化層は薄く、放射性炭素年代によると彭頭山遺跡の居住期間はせいぜい五〇〇年ほどであるから、集落はけっして安定していたわけではなかった。自然の沼沢地を利用する粗放な稲作の段階にあって、同じ場所で長期にイネを栽培することがむずかしかったのであろう。

前五千年紀になると、人工的な水田が営まれる。長江下流域の江蘇省草鞋山《そうあいざん》遺跡では、宮崎大学農学部の藤原宏志らを中心とした日中共同調査によって水田址が中国ではじめて明らかになった(27)(口絵3)。この遺跡は前四千年ごろにはじまる集落であり、沖積平野の微高地上が居住域、周辺の低地が水田域となっていた。発掘された水田址は、浅い谷状の低地に不定形の小さい凹みを掘り、水口《みなくち》状の

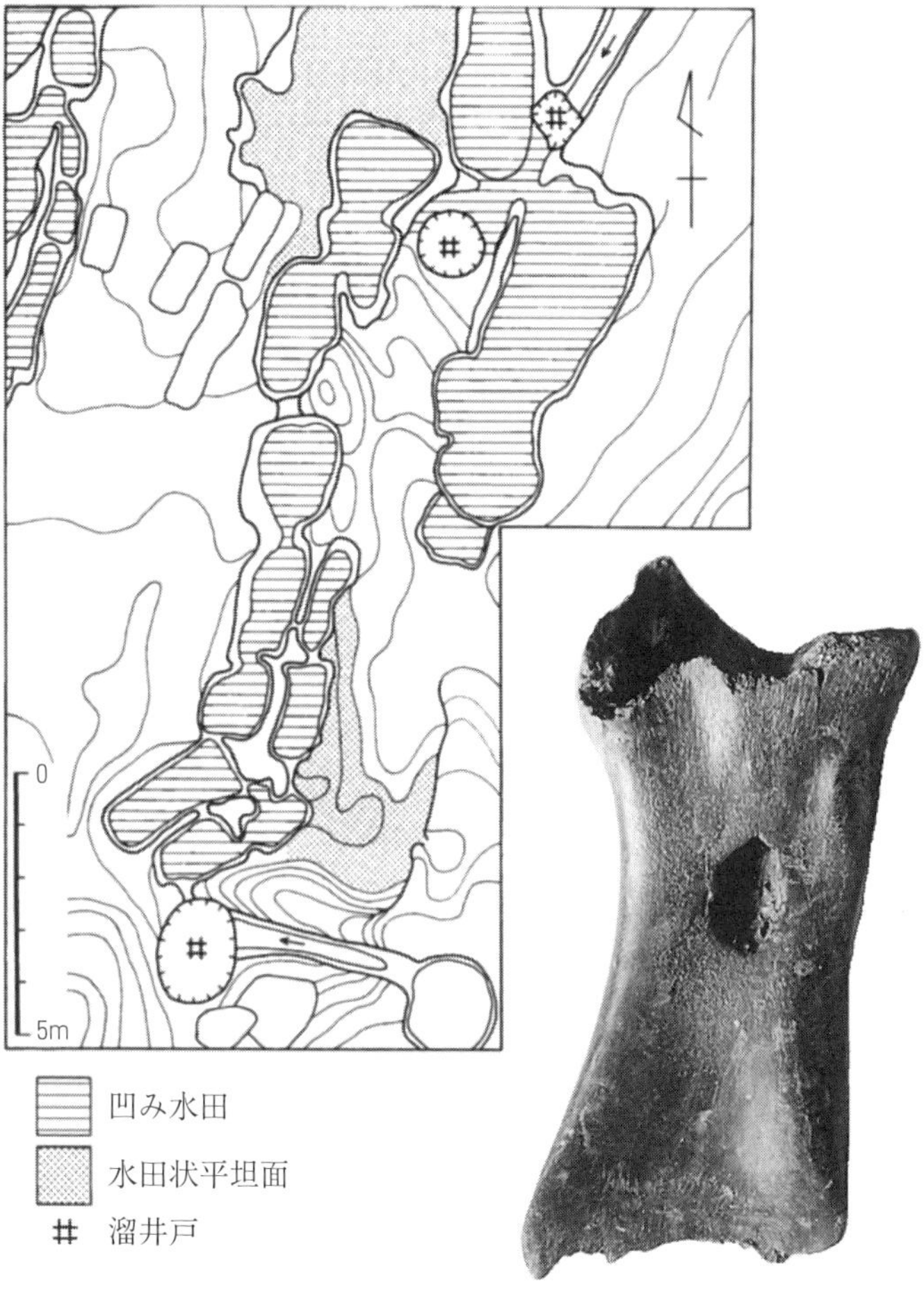


**図4**●江蘇省草鞋山遺跡の水田遺構と骨製スキ先。

細い溝でそれを列状に連接したもので、これに水を注ぐ水路と溜井戸《ためいど》がともなっている（図4）。凹みの面積はわずかに数平方メートル、この一連の遺構に水がくまなく流れる工夫がみられ、凹みにはイネのプラント・オパールが高密度にふくまれていたことから、水稲を栽培する人工的な水田施設と考えられたのである。プラント・オパールとは、イネ科植物にふくまれるガラス質の細胞のこと。植物の種類によって形が異なり、土中でも腐らずに残るため、イネ栽培の有無がわかるのである。しかも、プラント・オパールの密度から、この水田址は長期にわたって利用されたことも判明した。しかし、これは水の集まる谷状の低地だけを効率よく利用した小区画の線状水田であり、面的なひろがりをもたない水田稲作の未熟な段階のものであろう。

草鞋山の水田址からはウシの肩胛骨を加工したスキ先が出土している（図4）。これに木の棒を結わえつけて土掘り具として用いたらしく、先がいちじるしく磨り減っている。水田の開墾や耕起に用いられたものだろう。

水田址の発掘につづいて遺跡周辺のボーリング調査がおこなわれた。採取した土壌のプラント・オパール含有量を調べることにより、遺跡の周囲およそ〇・五×一キロの範囲に水田址のひろがりが確かめられた(28)。日常の行動領域にかんする人類学の研究によると、狩猟採集民は集落から二時間で行ける半径一〇キロ、農耕民は一時間で通えるおよそ半径五キロの範囲といわれているが、それに比べるとかなり狭い領域である。その五〇ヘクタールの領域のうち、かりに一〇ヘクタールが線状の水田として開かれていたとして、いま日本の北関東で一ヘクタールあたり約五〇キロの米が収穫できるという水準で計算するならば、総収穫量は五〇〇キロとなる。一人あたり一日に半升の米を食べると、一年で一八〇升あまり、重さにして二五〇キロあまりであるから、種籾として保存する分を差し引くと、それで扶養できる人口は二〇人ほどにすぎない。仮定を積み重ねた数字とはいえ、居住区の広さからみて耕作域はもっとひろがっていたにちがいない。

草鞋山に水田が営まれた前四千年紀は、こんにちよりも高温で雨が多かった。出土した動植物遺体の分析によると、集落の周辺には森林や湖沼がひろがり、シカ・イノシシ・スイギュウなどの狩猟や淡水魚の漁労も活発におこなわれていた。この良好な生態環境のなかで水田稲作がはじまり、まだ初現的な段階とはいえ、安定した農業生産が可能になった。とくに水田稲作によって連作障害がなくなり、毎年同じ水田でイネをつくることが可能になった意義はきわめて大きい。それ以前のように、地力の低下によって耕地をひんぱんにかえる必要がなくなったのである。また、単位面積あたりのイネの収穫量はアワの倍ほどもあり、農作業の集約化によって品種の改良と均質化が進められたことも推測できる。このような農業の技術革新が生産力の増大をもたらし、人口の増加、集落規模の拡大、集落の定住性を高めることになった。草鞋山遺跡では一〇〇〇年以上におよぶ継続的な居住によって、高さ一〇メートルあまりのテル状の人工丘が形成されており、そのことを裏づけている。

草鞋山に近い澄湖《ちょうこ》遺跡でも同時期の水田址が検出されている(29)。一二×一七メートルの貯水池に接して二〇筆の水田がつくられ、溜井戸や水路の灌漑システムも整っている。草鞋山より少し規模が大きいが、まだ線状にひろがる限定的な水田の段階である。

長江中流域では、草鞋山よりわずかに先行する時期の水田址が湖南省城頭山遺跡でみつかっている。(30)浅い谷に沿って三条の畦《あぜ》がほぼ平行に走り、畦と畦の間隔は三〜五メートル、西側の畦の長さは二〇メートルにおよんでいる。西の微高地上には灌漑用の水路と溜井戸がある。その立地と畦の形状、炭化米やイネのプラント・オパールが高密度に出土していることから、水田址と考えられたのである。棚田状の細長い水田を小さく区画する畦はみつかっていないが、水田の耕土を盛りあげただけの小畦をつくっていた可能性はあろう。前四千年紀になると、この水田の上に城壁が築かれる。集落を取り囲む城郭は直径三〇〇メートル、ここがちょうど集落の縁辺部にあたるため、外からもちこまれた城壁の土によって水田がそのまま封じこめられたのである。城頭山の集落は一〇〇〇年以上にわたって継続するが、城郭集落の成立と安定的な継続の背景に、こうした水田稲作による生産力の発展があったことはまちがいない。

## 黄河流域における農耕社会の成立

紀元前一万年ごろ、氷河期の終焉とともに黄河流域ではアワ・キビなどの雑穀の利用がはじまる。穀物の利用を示す最古の証拠は、前八千年ごろの河北省南荘頭《なんしょうとう》遺跡から出土した石製の磨盤《すりうす》・磨棒《すりぼう》と土器である。イネと同じようにアワやキビは粒食を基本とするため、煮炊きに用いる土器の出現は、その食料としての利用を可能にする画期的なできごとであった。磨盤・磨棒は、穀物を脱穀したり、ドングリやシイの実など堅果類をすりつぶす道具。堅果類も煮て食べるのがふつうである。遺跡で検出された花粉や動植物遺体の分析によると、当時の環境は比較的冷涼で乾燥し、付近には湖沼がひろがっていたという。

前六千年紀になると、黄河中流域ではアワと石製農具の出土により雑穀栽培が確実視できる。しだいに温暖化に向かっているものの、なお比較的冷涼で乾燥した気候であり、同時期の渭河流域や黄河下流域でも、遺跡のほとんどは森林・草原・沼沢地が複合する生態系に立地している。藤本強は、西アジアにおけるムギ類の初期農耕は季節的湖沼や沼沢地との結びつきが強く、黄河流域における雑穀農耕でも初期の段階は低湿な沖積地が利用されたと類推し、さらに農耕と畜産が未熟な段階では、狩猟・採集・漁労を組みあわせてその不足を補うために、自然資源の多様な複合生態系が必然的に選択されたと論じている(31)。

住居址の多くは直径が二〜三メートルの小さな円形竪穴住居であり、住居内には調理や暖房に用いる炉と各種の土器がそろっている。五人以下の家族を炊飯・消費単位とする居住であったのだろう。集落の規模は概して小さく、六棟の住居が出土した河南省莪溝《がこう》遺跡がその最大の例である。しかも、文化層の堆積が薄く、遺構の重複が少ないことから、集落の存続期間も短かった。河北省磁山《じざん》遺跡ではアワなどの穀物が充積した貯蔵穴群が発見されているが、狩猟・漁労・採集といった自然に依存する生業がなお相当の比重を占め、世帯を単位とした数十人ほどの小さな集団が、一定期間をおいて定住と移動をくりかえす農耕社会の萌芽段階であった。

黄河中流域では、前五千年紀に彩陶を指標とする仰韶《ぎょうしょう》文化が生成する。渭河流域を例に居住形態をみると、方形の竪穴住居が主流となり、床面積が二〇平方メートルをこえる中型住居や六〇平方メートルをこえる大型住居が出現する。

陝西省姜寨《きょうさい》遺跡では小型住居が全体の四分の三を占め、調理と暖房の機能をあわせもつ炉はすべての住居に存在する。火災に遭って生活用具がそのまま放置された中小型住居をみると、炊飯・盛食・貯蔵用の各種の土器がそろい、狩猟具・木工具などおもに男性が労働に用いる道具と、製粉具・紡織具などおもに女性が労働に用いる道具とが共存している。このため各住居の世帯は、生産から消費にいたる生活の基礎単位として独立していたと考えられる。このような住居が数戸ずつまとまって同時に存在し、陝西省半坡《はんぱ》遺跡では三戸の中型住居、陝西省北首嶺《ほくしゅれい》遺跡では三戸の小型住居、陝西省李家溝《りかこう》遺跡では中型住居一戸と小型住居三戸の計四戸からなる小群が抽出される。この小群がいくつかまとまって住区を形成し、姜寨遺跡のばあい、一住区は一〇戸前後の住居からなり、広場の周囲に五つの住区を配置することによって一集落を構成しているから、集落全体で多く見積もっても同時に五〇戸、二〇〇人ほどの居住人口が復元できる。

前五千年紀の集落は、中央に広場があり、住居はその周囲にあって出入り口を中心に向けた求心的な配置になることが特徴である。統率者の住居ないしは公共的性格をもった大型住居は、姜寨遺跡では住区に、甘粛省大地湾《だいちわん》遺跡では広場の中央に位置し、それぞれ長径二〇〇メートルほどの楕円形の環溝で居住区の全体を囲んでいた。このような求心的な集落形態は、集団の強い規制と連帯性のあらわれとみることができる。

姜寨遺跡では環溝の外に墓地がある。このなかには西向きの頭位で、副葬品をもち、小児を埋葬した土器棺をともなう成人墓群と、頭位がばらばらで、副葬品がほとんどなく、土器棺をともなわない成人墓群とがあり、前者は姜寨集落の出身者、後者は別の集落からの婚入者を埋葬したものと考えられる。出自によって墓群を分けていることは、婚姻にもとづく家族関係よりも血縁関係がその構成原理であったことを示している。さらに両墓群はともに成人の男性と女性の双方をふくむから、婚後は夫方居住と妻方居住を任意に選択する双系的な社会とみなされる。

黄河中流域では前五千年紀後半に二次合葬の風習がひろがる。これは遺体を仮埋葬によって骨化させたのち数人から数十人をまとめて改葬する風習であり、男性のみの合葬墓、女性のみの合葬墓、老若男女を混在させる合葬墓がある。性別の偏りがあることからみて、これも家族関係より血縁関係を基本とする墓制であり、居住形態にみたような集団の強い紐帯を象徴するものといえよう。

## 2　複雑化する社会

### 二世帯の拡大家族

河南省大河村《だいかそん》遺跡で発見された前三千年紀前半の住居を例に、当時の家庭生活をみることにしよう。(32)長方形平面のその住居は、周囲の壁全体で屋根を支える壁立《かべだ》ち構造で、柱で屋根を支える従来の竪穴住居や日本の在来建築とはちがっている。その建築方法は、まず地面に立て並べた細い柱を蔓《つる》や細木で網代《あじろ》に組み、藁《わら》を混ぜた粘土でその両面を塗り固めて壁をつくる。ついで同じ手法でその壁に屋根をかけ、乾燥させた後、内外の全体を火にかけて焼いている。壁や屋根の内部の木材まで炭になっても、壁土がレンガのように硬く焼きしまり、意外と頑丈な建物に仕上がっている。中国の遺跡を掘ると、赤く焼けたレンガ状の壁材がごろごろ出土するが、それはこのような住居の残骸である。

図5下に示したのは、二戸連接する一九号・二〇号住居である。二〇号住居の床面積は約一五平方メートル、一九号住居はその半分の面積で、一九号住居は東側に、二〇号住居は南側に出入り口を設けている。前三千年紀になると、ほとんどの住居は二〇平方メートル以下に小型化する。その広さからみて、二〇号住居には五人以下、一九号住居には二〜三人が住んでいたのだろう。両住居とも調理

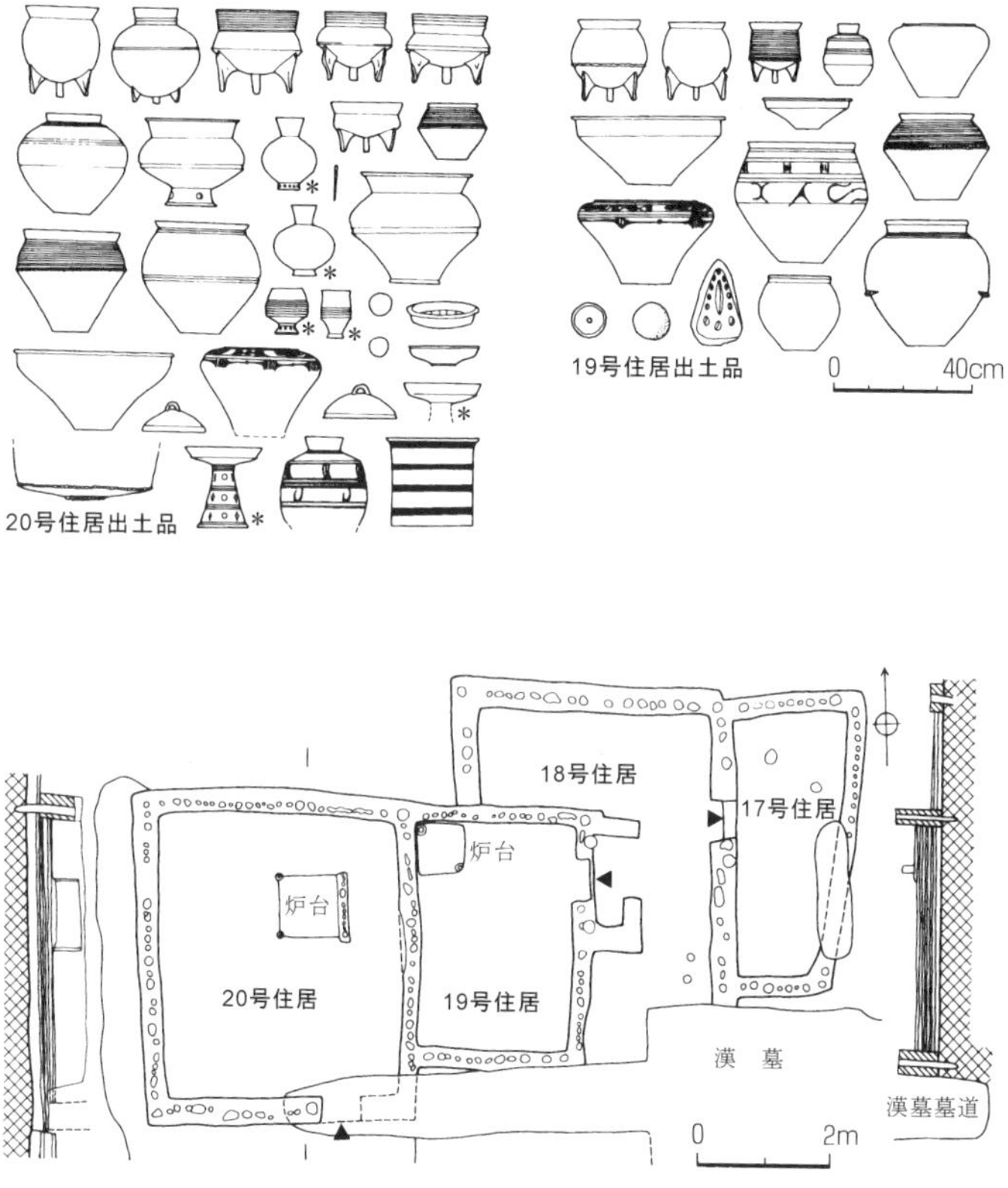


図5●河南省大河村遺跡の住居址。

用の炉台があり、それぞれが炊飯単位として独立していた。それは住居内に残された生活用品からもうかがえる。図示した土器をみると、煮炊きに用いる三足の鼎、食器の盆や鉢、貯蔵用の大甕が両住居に備わっている。なかでも口径二〇センチあまりの鉢は、口縁部を彩色の花弁文で飾った彩陶であり、両住居に一点ずつ置かれていた。『礼記』曲礼上《きょくらい》によれば、食事のとき、めいめいが自分の器で食べるのではなく、ひとつの大きな器に盛りつけたご飯やおかずを家族みんなで分けあって食べるのがよいとされた。儒教では家族の和を大切にしたからである。このように両住居には日常に用いる土器がそろっており、食生活には大きなちがいがなかったと考えられる。また、一九号住居には糸を紡《つむ》ぐ紡錘車《ぼうすいしゃ》があり、両住居ともに狩猟用の投弾が出土している。一般に紡織は女性の、狩猟は男性の労働であるから、両世帯とも成人の男女が独立して各種の生業に従事していたのだろう。

ところが、一九号住居にはなく、二〇号住居だけから出土している土器がある。それが図に＊をつけた細頸壺、杯、豆《とう》（高坏）である。三器種とも当該期に出現した外来系の土器であり、形からみて、細頸壺は酒壺、杯は酒杯、豆は肉を供える儀礼用の土器であろう。すべて飲酒肉食の祭礼に用いる土器であり、各器種とも二器ずつセットになっているのは興味深い。大河村遺跡の一号住居址に二つの壺が連結した彩陶があり、婚礼のときに新郎新婦がとり交わす酒杯の卺《きん》（『礼記』昏義）のように、二という数に象徴的な意味がうかがえるからである。一棟の長屋に壁一枚で隣りあう二戸の世帯があり、日常生活ではそれぞれが独立していたものの、しばしば二〇号住居に寄りあう二世帯共同の儀礼がおこなわれたのであろう。

　この一九号・二〇号住居に先行して一七号・一八号住居があった。一八号住居の南西部は一九号住居の下になり、南側は漢墓によって破壊されているが、一八号住居は二〇号住居とほぼ同じ大きさで、南側に出入り口があったと思われる。ここで重要なことは、一七号住居は一八号住居との隔壁に出入り口があり、外出には一八号住居を通らなければならなかったことである。一七号住居の床面積は五・五平方メートル、その広さからみても、一戸の独立した住居というより、一八号住居に付属する部屋にすぎず、一八号住居と同じ世帯の一員が半独立的に住んでいたのであろう。層位から一七号・一八号住居を改築して一九号・二〇号住居が建てられたとみるならば、一七号住居に住んでいた子供が成長し、結婚によって独立した世帯をもつことになったため、一八号住居の家族とともに一九号・二〇号住居を新築したという想定が成り立つ。新婚世帯が住む一九号住居は、東側に出入り口を新たに設けて独立した一戸とし、床面積も一七号住居より二平方メートル大きくしたのである。二〇号住居の世帯と一九号住居の世帯とは、それぞれ独立した生計を営んでいるものの、親子関係によって緊密に結ばれていた。祭礼のときには二世帯の家族が二〇号住居に集まり、礼器を用いた共同儀礼がおこなわれたのであろう。このような親子関係によって結ばれた共同体は、人類学にいう拡大家族にあたるものであろう。

## 農業の小経営

陝西省趙家来《ちょうからい》遺跡では、前三千年紀後半の窯洞《ヤオトン》式住居が発見されている。(33) 黄土台地の斜面を削ってテラス面をつくり、そこから横穴を穿って住居としている。発掘面積が狭いうえに、住居や貯蔵穴が複雑に何層にも重複しているが、最下層を例にみると、西向きの崖面に北から一一号・二号・七号住居が並んでいる（図6）。住居の床面積はいずれも一二平方メートルほどである。前面のテラスは版築した土壁で敷地を囲っており、七号住居とは別に、一一号・二号住居の二戸は同じ敷地を共有している。この二戸は二世帯からなる拡大家族であろう。前面の土壁に鍵形の区画があり、調査者はブタ小屋と推測している。農耕社会の成立以来、ブタは農村でもっとも普遍的な家畜であり、家ごとにブタを一、二頭飼うのがふつうであった。ブタは毎年春に一〇頭近い子を産み、一年足らずで大きく成長するから、繁殖に必要のないオスは秋や冬の祭礼にあわせて食用に殺された。趙家来遺跡はそうした近年までつづく農村の原風景であり、おそらく二世帯の拡大家族が共同でブタを自給自足的に飼っていたのであろう。

敷地内の地下に設けられた円形の貯蔵穴は、底のひろがったフラスコ状で、約九立方メートルの容積がある。一世帯あたり一日に一升の米を食べると、一年で三六五升、およそ六六〇リットルの米が必要である。それを籾殻つきで貯蔵すると、かりに精米の三倍の容積を見積もっても、二立方メート

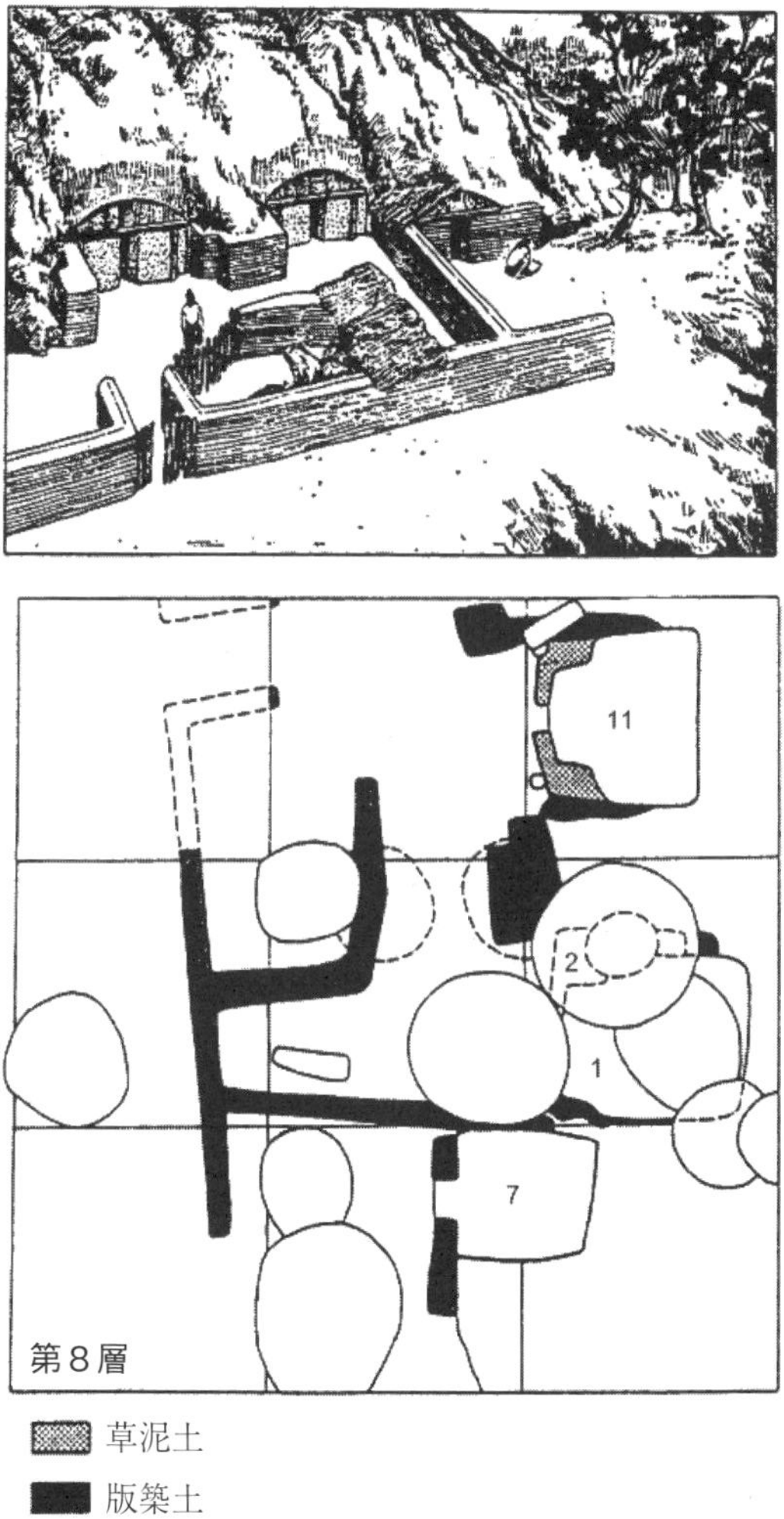


**図6**●陝西省趙家来遺跡の平面図（下）と想定復元図（上）。1方眼＝5m

ルあれば一年間の食糧をまかなうことができる。このため、種籾として保存する分を差し引いたとしても、約九立方メートルの貯蔵穴の半分も充たせば、二世帯の拡大家族を養うだけの穀物が貯蔵できた。その出納は拡大家族の共同管理もしくは家長の管理下にあったのだろう。

アワ一立方メートルの重さを六五〇キロとして計算すると、二世帯あたりの年間消費量は二六〇〇キロとなる。これだけのアワを生産するには、どれだけの面積の田畑が必要だったのだろうか。こんにちの日本の北関東におけるアワの収穫量は一ヘクタールあたり二五キロというから、その水準で計算すると、二世帯でおよそ一ヘクタールの畑が必要である。アワをはじめとする畑作物には連作障害があるうえ、第４章第１節にみるように、陝西における前三千年紀の農業は前二千年紀に比べて粗放な段階にあり、単位面積あたりの収穫量もかなり少なかったと思われるから、それに倍する広さの土地が必要であったにちがいない。黄土台地の周辺でそれだけの可耕地をさがすことは、われわれの想像以上にむずかしいものがあり、おそらく二世帯の拡大家族が助けあって零細な農業経営をおこなっていたのだろう。このほか趙家来遺跡では小型の土器窯もみつかっているが、その数からみて、土器の生産も拡大家族を単位としていたと考えられる。

## 黄河流域における城郭集落の出現

前三千年紀になると、集団間の利害にからむ争いが頻発し、大規模な戦争にいたることも少なくなかった。狩猟用の鏃《やじり》が大型化して戦闘用の武器に転化し、遺跡からそれが大量に出土するようになる。それまでの鏃は骨や貝でつくった軽いものであったが、前三千年紀前半に石の鏃があらわれ、相手に深く突き刺さって致命傷を負わせるように、前三千年紀後半には断面が正三角形で重いものに変化したのである。(34) 鉄砲の発明以前、もっとも威力のある武器が弓矢であり、わが国で武士を弓取《ゆみとり》といい、中国では兵士を控弦《こうげん》と呼ぶほど弓矢は戦いにおいて重要であった。それと同時に戦いや祭りの犠牲者を埋めた遺構もあちこちで出現する。河北省澗溝《かんこう》遺跡では、住居の基礎から石器で斬った痕跡のある四個の人頭骨が出土し、井戸からは多数の老若男女の遺体が五層に折り重なって出土した。城壁に囲まれた河南省王城岡《おうじょうこう》遺跡では一三基の犠牲坑が発見され、そのうち一号坑からは子供をふくむ七体の老若男女の骨が出土した。組織的な暴力が社会をおおい、戦いは集団どうしの武力衝突へと拡大していった。自衛のために集落全体が弓矢を中心に武装するなかで、壕や城壁で防御を固めた集落が各地に出現し、集団間の階層化と地域内の統合が進行したのである。

黄河流域でもっとも古い城郭集落は、河南省西山遺跡で発見された。(35) 鄭州市の北の黄河南岸に位置し、上述の大河村遺跡とは一四キロほど離れている。城郭は南半分が破壊されているが、版築でつくった城壁は、幅が三〜五メートル、全体の平面は直径二〇〇メートルほどのいびつな楕円形に復元できる。城壁の外に幅が五〜七メートルの壕がまわり、北と西の出入り口が確かめられている。城内には大河村遺跡と同じような長方形住居が何層にも重複し、貯蔵穴は城郭の内外に分布していた。貯蔵穴のなかには、成年男性と少女とを同時に遺棄した穴や二体のブタの足を縛って埋めた穴など、暴力的な供犠《くぎ》に転用したものがあった。

この西山遺跡をめぐって、軍事的な城塞と考える説、集団間の階層化のなかで中核的な役割をもつ拠点集落とみる説、そこから中国最初の王である黄帝の居城と推測する説などが提起された。しかし、発掘された住居や墓、出土した土器や石器などについて、周囲の半径一五キロ圏内に分布する二〇か所あまりの遺跡と比較してみると、西山遺跡には、堅固な城郭をもつことのほかに、とりたてていうほどの特徴がみあたらない。遺跡の面積は大河村遺跡よりも小さく、西山と同じような規模の集落はほかに三遺跡ほどある。大河村遺跡ではもっと精美な彩陶や石器が出土し、美術工芸の面でも西山遺跡がとくに優れていたわけではない。住居の分析からみたように、大河村遺跡はごくふつうの拡大家族からなる農村であり、西山遺跡もそうした農村のひとつであったのだろう。ところが、西山の農民たちは集落を囲う城壁を築いた。それは、集団間の緊張が高まるなかで、みずからを守るための手だてであったにちがいない。

## 中核となる城郭集落の出現

山西省陶寺《とうじ》遺跡(36)では、中国新石器時代で最大級の城郭が発見された。龍山文化前期に東西五六〇×南北一〇〇〇メートルの隅丸方形の小城が築かれ、中期には一八〇〇×一五〇〇メートルの大城に拡張されている。版築の城壁は、前期の小城が幅四メートルあまり、中期の大城は幅八〜九メートル、後期には破壊されている。大城の南には一〇ヘクタールほどの細長い城郭が付設され、そこに直径六〇メートルの巨大な円形基台址があり、調査者は天文台の遺構と推測している。城内北部の小城には宮殿区ないしは有力者の居住区が想定されているが、詳細は未確認である。

遺跡内からは暴力的に殺害されたとみられる人骨が多数出土した。後期の溝には三〇個あまりの人頭骨と四〇〜五〇体分の人骨が散乱し、その多くは青壮年の男性であった。戦争の捕虜などを殺戮したものであろう。城郭の築造とおびただしい数の犠牲者、それは龍山文化が戦乱の時代であったことをものがたる。

城内の南部には三ヘクタールにおよぶ面積の共同墓地があり、一三〇〇基あまりの墓が発掘された。その大きさと副葬品の質量から調査者はこれを三階層に区分している[37]。大型墓は全体の一パーセントあまりで、墓主は男性に限られ、工具・武器・食器・楽器など一〇〇点以上の副葬品があった。中型墓は全体の一〇パーセントあまりで、玉石器・土器・ブタ下顎骨など一〇点前後を副葬する。のこる九〇パーセント近い小型墓は木棺などの葬具や副葬品がないのがふつうである。このような墓の大きさと副葬品の質量からみて、集落内にピラミッド状の階層秩序が顕在化しつつあったことはまちがいない。しかし、大型墓は中小型墓と同じ共同墓地内にあって、大型墓に埋葬された酋長たちは集落成員から隔絶していたわけではなかった。

前期の大型墓の三〇一五号墓は、豆・盤・俎《そ》など供膳用の木器、頭と胴体を切断したブタ一体、太鼓や石磬《けい》などの楽器のほか、武器の石鉞《えつ》四点、石鏃一一一点などを副葬し、被葬者は礼楽と軍事をつかさどる酋長であったのだろう。また、中期のII区二二号墓では、多数の玉石器を副葬していたほか、縦に半切されたブタ一〇体が大きな石包丁《ほうちょう》とともに出土した。その包丁でブタを解体し、酋長の葬儀にともなって盛大な肉食儀礼がおこなわれたことがうかがえる。

墓に副葬された玉器には、地元でつくられた玉器のほか、長江下流域の良渚文化に起源する玉琮《そう》や玉璧《へき》、長江中流域の石家河文化や黄河下流域の龍山文化でつくられ運ばれてきた玉器があった。ただし、良渚《りょうしょ》文化では玉璧を棺外にまとめて副葬したのにたいして、陶寺墓地では被葬者の腕に装着して埋葬した例が多い。三ないし四つの扇面形に分割した玉璧を組みあわせた複合璧も、腕に装着した状態で出土している。

城郭が廃絶した後期には、銅器の副葬がはじまる。三二九六号墓から出土した銅鈴は、高さ二・七センチの小型品だが、日本の銅鐸と同じように、下からみた形がアーモンド形をなし、鋳型の内型と外型とを組みあわせて鋳造している。銅の含有量は九八パーセント、すでに高度な銅の鋳造技術をもっていたことを示している。出土位置からみて、被葬者の腰にぶら下げていたものだろう。北城壁の外側で発見された一一号墓は、後期の小型土坑墓で、被葬者の腕に装着した状態で玉璧と歯車形銅器が出土した。歯車形銅器はほかに例がなく、銅成分は砒素（As）青銅であるという。いずれの銅器も被葬者が身につけていた装身具ないしはそれに類する小型品で、殷周時代の青銅礼器とは性格がちがっている。これをもって中国文明のはじまりとみるのは早計であろう。

陶寺遺跡の周囲二〇キロには前中期の一四遺跡が分布している。[38] いずれも面積は陶寺遺跡の一〇分の一以下で、規模の落差はいちじるしい。しかし、後期になると、その南一五キロに陶寺に匹敵する規模の南石《なんせき》・方城《ほうじょう》遺跡が出現し、地域の中心が移動したことがうかがえる。つまり、銅器が出現する段階は、陶寺の城郭が廃絶し、地域の拠点としての地位を失った凋落期であった。

いっぽう黄河下流域では、前三千年紀後半に城郭集落が出現し、集落間の階層化が明確になる。[39] 泰山の北麓では、城壁をふくむ面積が二〇ヘクタールあまりの城子崖《じょうしがい》遺跡を中心に、面積が三～六ヘクタールの中規模の集落が六～七遺跡、面積が二ヘクタール以下の小規模な集落が三〇遺跡あまり存在している。中規模の集落には城郭をもつものがあるが、城子崖との規模の格差は大きい。同様の階層的な集落間構造は、山東西北部の茌平《じんぺい》地区と陽谷地区でも確かめられ、その中核をなす城郭集落には面積が一〇ヘクタールをこえる巨大な版築基壇もみつかっている。その分布からみると、半径二〇キロメートル前後の小地区ごとに、大規模な城郭集落を頂点に中小の集落が階層的に秩序づけられていたものと考えられる。

北方草原地帯に近い内蒙古自治区の中南部は、農業の可能な北限に位置している。前三千年紀に農耕が発達し、石積みの城壁をもつ集落が相ついで出現する。その岱海《たいかい》に臨む丘陵上には龍山文化の遺跡が点在し、大廟坡《だいびょうは》・老虎山《ろうこざん》・西白玉《せいはくぎょく》遺跡などでは石積みの城郭もみつかっている。(40) 集落の面積をみると、三〇ヘクタールの円子溝《えんしこう》遺跡を頂点に、二五ヘクタールの大廟坡、一三〜七ヘクタールの老虎山・西白玉・面坡《めんは》遺跡とつづいているが、住居の規模や出土遺物には集落間の格差はほとんどみられない。このため報告者は、集落の面積や城壁の有無がそのまま集落の序列につながったわけではないと指摘している。

以上のように前三千年紀になると、北中国の広い地域で集団間の緊張が高まり、城郭を築いて防衛する集落が出現した。同時に弓矢を主とする集団戦の武器が多くなり、暴力的に殺害された犠牲者も急増した。山西省陶寺遺跡のような二七〇ヘクタールにおよぶ巨大な城郭集落があらわれ、集落の序列化が進んだ。政体としてまとまりつつあったその秩序は、黄河下流域では半径二〇キロほどの領域をもち、集落の規模と構造とから、それぞれ少なくとも三階層に区分できる。豊富な副葬品をもつ大型墓と副葬品をもたない小型墓との格差が拡大し、集落内の階層化も顕著になってきた。しかし、陶寺遺跡では大型墓と小型墓とが同じ共同墓地内にあり、小型墓からも玉器や銅器が出土している。大型墓の被葬者は共同体から隔絶した権力を掌握していたわけではなかった。城郭の規模は殷周時代の王都に匹敵するとはいえ、強力な王権をものがたる宮殿は発見されていないし、王権を飾る手工業の実態はまだ明らかになっていない。

## 城郭内の戦時生活

前三千年紀後半になると、黄河中下流域で城郭集落が急増する。そのなかで華北平原に位置する河南省後岡《こうこう》遺跡を例に、城内の生活をかいまみることにしよう。

後岡遺跡は三面を河で囲まれた低い独立丘陵上にあり、一九三〇年代の発掘で城壁の一部が七〇メートルほど確認されている。一九七九年には遺跡の中心部を六〇〇平方メートル発掘し、三九基の住居址が四層に分かれて検出された[41]。すべて床面積二〇平方メートルに満たない壁立ちの円形住居で、中央に炉があり、それぞれ炊飯単位として独立していたとみられる（図7）。

第四層と第五層を例に住居の分布をみると、ほぼ同形同大の円形住居が近接しながら、ほぼ同じ位置にくりかえし建て替えられている。上下に重複する住居系列にはaからfまでの六系列があり、床面の張り替えなどの補修をふくめると、各系列の住居は数百年の間に一〇回前後の改築や修築をおこなっていた。各系列の占有する敷地面積はおよそ一〇〇平方メートル、これは直系の家族が数世代にわたって同じ敷地を占有しつづけたものであり、城郭内の限られた空間のなかに集住を余儀なくされた多くの世帯が均等に敷地を分けあった結果として理解できる[42]。また、第四層において、c系列の一四号住居に隣接する七号住居とf系列の二号住居に隣接する二一号・二〇号住居は、直系家族から分かれた傍系家族の住居であり、敷地の一部を暫定的に割りあてられたものであろう。このような傍系

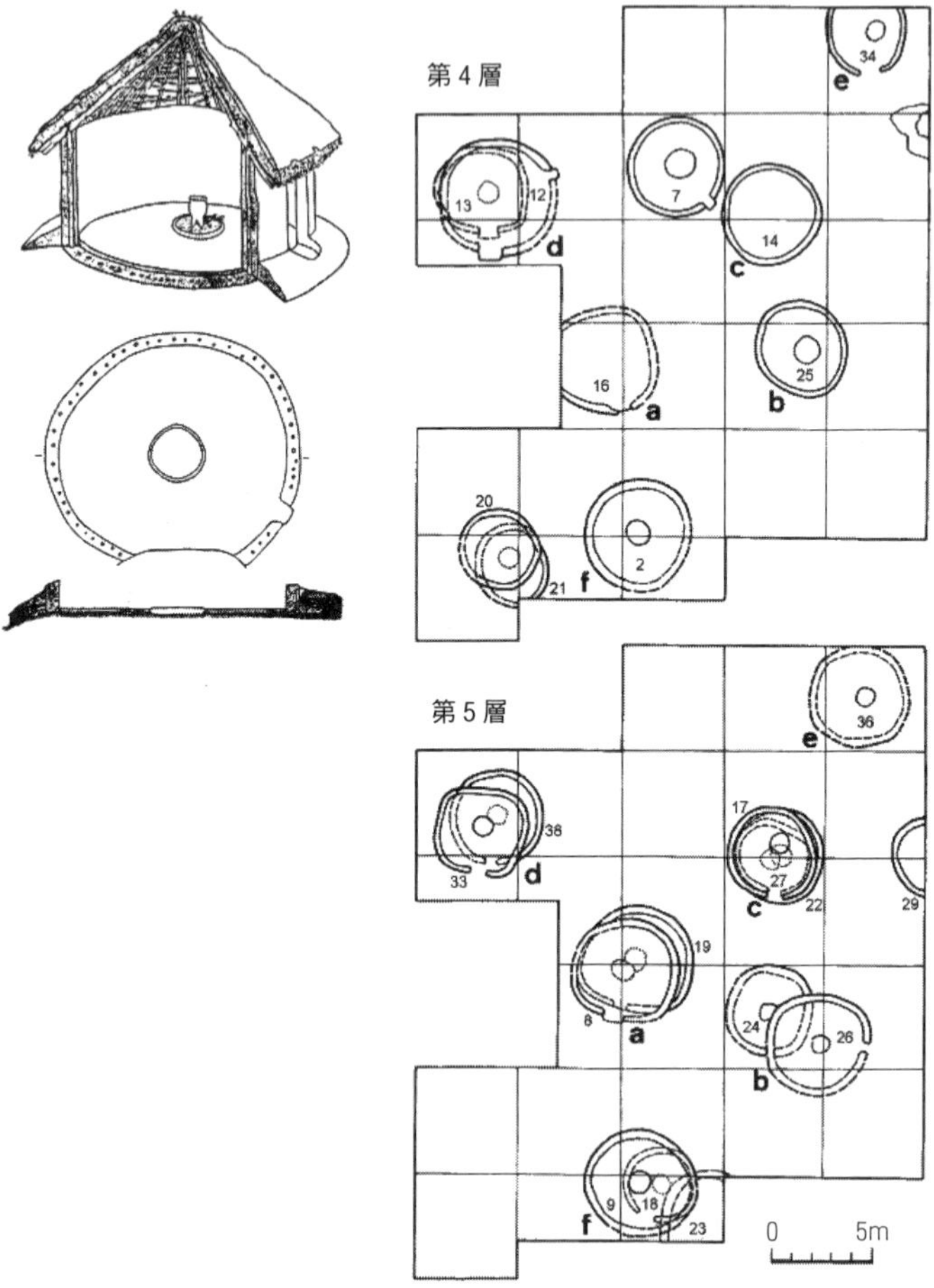


**図 7** ●河南省後岡遺跡における住居の重複。

の住居は、規模が比較的小さく、炉をもたないばあいがあり、同じ位置で修築や改築がなされることが少ない傾向がある。

丘陵上の一〇〇メートル四方を居住区とすると、集落全体で一〇〇戸ほどの住居が同時に存在した計算になる。この発掘区はそのもっとも好ましい場所であるにもかかわらず、検出された住居は格差のない小型の円形住居ばかりで、出土した土器や石器をみても一般の農耕村落と大差ない。貯蔵穴は住居の近くに一六基あり、住居ごとに管理されていたと推測されるが、これだけで居住者の全員を養う食糧が貯蔵されたとは考えがたい。家畜小屋や土器窯などは居住区外にあって、集落全体の共同管理におかれていたのであろう。

新石器時代で最大級の城郭をもつ山西省陶寺遺跡でも、居住区の一部が発掘されている。隅丸方形の竪穴住居が南東に出入り口を向けて列状に並び、ほぼ同じ位置に何度も建て替えられている。一〇基の住居のうち最大でも床面積は一七平方メートル、それぞれの敷地は八〇平方メートルあまりで、後岡遺跡よりも密集した配置となっている。

後岡遺跡や陶寺遺跡には集落を囲む城壁があり、鏃を主とする武器が多数出土していることから、集団間の争いにたいする自衛のために集落の全体が武装化したものと考えられる。城郭に囲まれた空間に住居が密集する配置となったのは、こうした戦時態勢を反映し、共同利害のために家族の自律性が抑圧され、集団としての画一性と連帯性が強化された居住形態であったのだろう。

## 長江中流域の城郭集落

長江中流域の湖南省城頭山遺跡は、水田稲作のはじまりにともない、前四千年紀に直径三〇〇メートルもの城郭集落に成長した。前三千年紀には、城郭内の面積が七九ヘクタールにおよぶ巨大な湖北省石家河《せっかが》遺跡をはじめとして、面積五四ヘクタールの湖北省陶家湖《とうかこ》遺跡、面積二五〜六ヘクタールの小型の城郭集落が各地に相ついで出現する（図8、表1）。

城郭遺跡の多くは平地にのびる低丘陵の先端に位置している。自然地形を利用して城郭を築いているために、その平面は概して不規則な形である。城壁の外周には幅数十メートルの広い濠がめぐり、自然河川を濠として利用した城郭も多い。ふつう濠を掘った土で城壁を構築し、二種類の粘土を互層に積みあげるだけで、硬く叩きしめる版築はしていない。福岡市教育委員会とわたしが荊州市博物館と共同で調査した湖北省陰湘城《いんしょうじょう》遺跡の城壁は、基底部の幅四〇メートル、残存する高さ五メートルの土塁状で、遺跡を外からみると、城と呼ぶにふさわしい威圧感がある（口絵4・5）。石家河遺跡や陰湘城遺跡は城郭内に旧地形の起伏をそのままとどめ、高いところだけが居住区や墓地として利用された。城内面積がわずか七ヘクタールの城頭山遺跡でも城内に墓地や祭壇などの非居住区がひろがり、全面に住居が建ち並んでいたわけではなかった。城郭の年代は、規模の小さい城頭山と龍嘴《りゅうし》遺跡とが前四千年紀にさかのぼるほかは、すべて前三千年紀に築城されたものであり、いずれも数百年から

| 遺　址 | 規　模（m） | 城内面積（万 $m^2$） |
|---|---|---|
| 天門　石家河 | 1100×1200 | 79 |
| 応城　陶家湖 | 1000×850 | 54 |
| 荊門　馬家院城 | 580×700 | 25 |
| 荊州　陰湘城 | 580×500 | 17 |
| 応城　門板湾 | 400×550 | 15 |
| 公安　鶏鳴城 | 430×480 | 13 |
| 澧県　鶏叫城 | 400×370 | 10 |
| 石首　走馬嶺 | 370×330 | 8 |
| 澧県　城頭山 | 直径 325 | 7 |
| 天門　龍　嘴 | 269×305 | 6 |

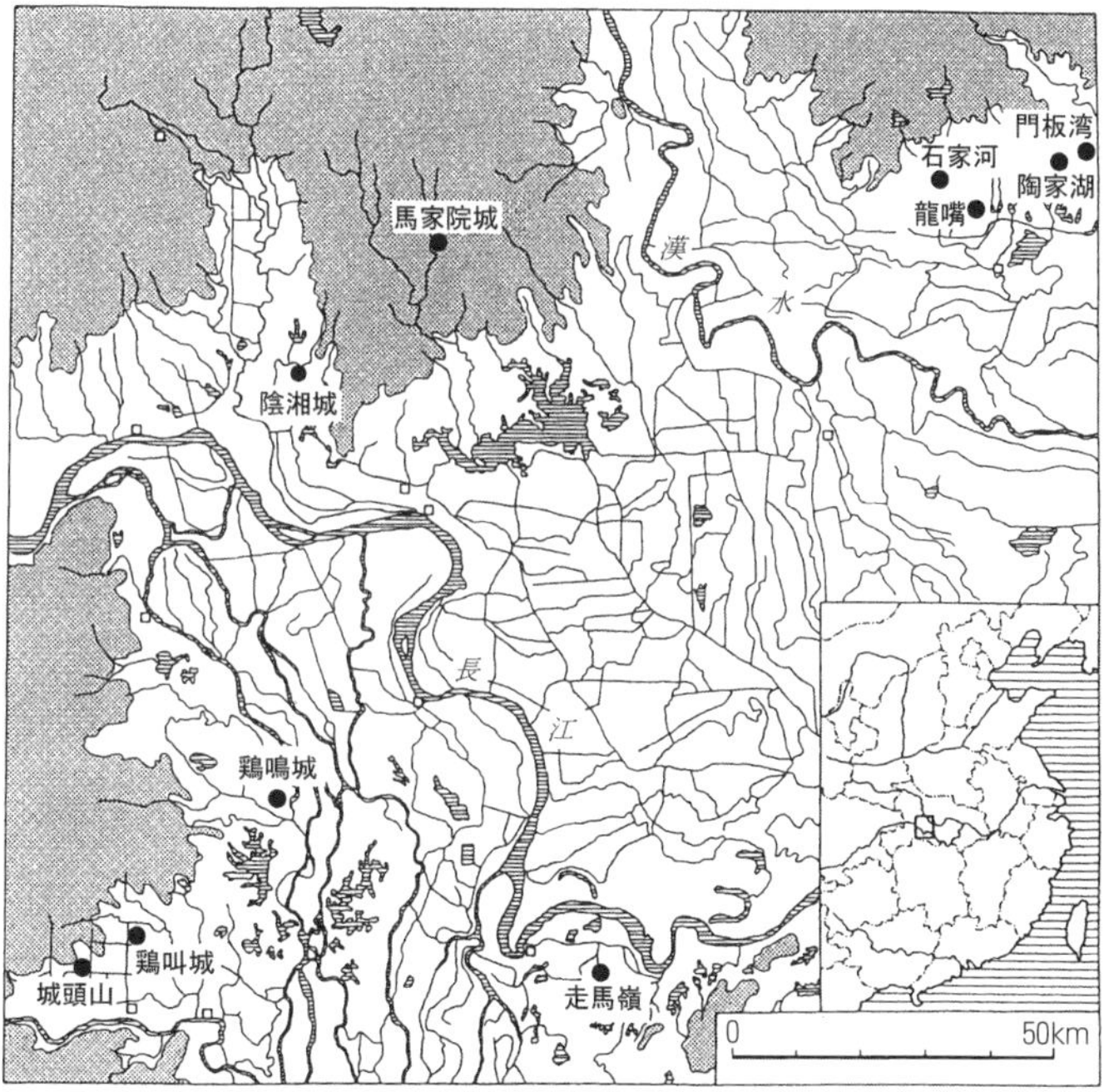


**表1**●長江中流域の城郭集落（上）。
**図8**●長江中流域の城郭集落（下）。

一〇〇〇年におよぶ存続期間があった。城頭山の城壁は四度にわたって修築され、陰湘城は前四千年紀の環濠集落から城郭集落に発展した。陰湘城では城壁と同じ土を用いて城内も広く整地しており、築城にともなう土木工事はきわめて大がかりなものであった(43)。

規模の小さな城頭山遺跡でも城壁の総盛土量は二〇万立方メートル以上と推算される。かりに一日に一人が一立方メートルの土を掘って城壁をつくるとして一日五〇〇人が休みなく労働しても、城壁の構築に一年以上を要する計算になる。城頭山の居住区の広さからみて一日五〇〇人の労働力を集めることは困難なうえ、生活にかかわる土木事業をふくめると、それは一集落の労働力だけでなしうるものではなかった。

城頭山の周囲八キロメートル圏内には、やや小規模な同時期の小遺跡が点在している。そのうち環濠をもつ宋家台《そうかだい》遺跡は、発掘された住居址や墓が城頭山と比べて遜色がなく、平時にあっては農業共同体として自立しつつ、さまざまな利害関係において城頭山の集団に従属していたと考えられる。城郭集落を中心とする集団関係のなかで、城頭山の城壁の修築や維持などに、宋家台のような周辺の小集落からも相応の労働力が提供されたのであろう。

## 中核となる石家河遺跡群

長江中流域で最大の城郭をもつ湖北省石家河遺跡は、一三〇〇×一一〇〇メートルの隅丸長方形の城郭をもつ。西北角の鄧家湾《とうかわん》で発掘された初期の城壁は、幅が三〇メートルである。城内はもとより、城外の微高地にも同時期の集落が分布し、城郭内外の四〇遺跡からなる複合集落である（図9）。そのひろがりは東西二・四×南北三・〇キロにおよぶ。前三千年紀前半の屈家嶺《くつかれい》文化に集落の形成がはじまり、ほどなくして城壁が造営されるが、前三千年紀末の石家河文化後期には城郭の機能を失って城内より衰退をむかえている。

石家河遺跡の東南七キロで二〇〇五年に発掘された龍嘴遺跡は、東西二六九×南北三〇五メートルの不規則な円形の城郭をもつ(44)。石家河遺跡よりわずかに先行し、石家河の築城に前後して廃絶していることから、石家河集団の母村であった可能性がある。

石家河の城郭西北角に位置する鄧家湾遺跡では、城壁の上に墓地があり、その東側で祭祀遺構が発見された(45)。屈家嶺文化には火で焼かれた二基の土台があり、周囲に焼けた獣骨や彩陶杯などが散乱していた。なかでも注目されるのが異形の筒形土器であり、鉛筆のキャップ形のもの、十数本の凸帯をめぐらせた円錐台形のもの、中央が球形にふくらみ、釘状の突起がつきでた塔形のものがある。円錐台形の筒形器は上部が受け口状をなし、キャップ形のものや塔形のものと組みあわせて用いたものであろう。単体でも高さ一メートル足らずのものがあり、鄧家湾の一五か所から三二点が出土した。同時代のほかの遺跡には例がなく、中核集落の石家河だけに特有の祭祀土器であったらしい。つづく石家河文化には、砲弾形の土器を土管状に連ねた遺構が二か所で発見されている。一か所では三列に一〇メートル以上に連なり、もう一か所は二列に九メートルあまりの長さがある。この土器は砂を混ぜた荒い胎土で、器壁が分厚く、高さ五〇センチ前後、山東の大汶口《だいぶんこう》文化に特徴的な器形をもち、完形のものだけで一三〇点も出土した。その周囲からはまた数千点にのぼる土偶が出土している。それにはイヌ・ゾウ・ニワトリが多く、ほかにヒツジ・ブタなどの家畜、サル・ウサギ・キツネなどの野獣、踊る人、魚を膝にのせて座る人なども発見されている。これらは儀礼にかかわる司祭や犠牲をかたどったものであり、砲弾形土器の外面に鎌や杯などの図形を刻んだものがあることから、全体として収穫祭の儀礼にかかわるものと推測されている。

いっぽう、城内南部の三房湾《さんぼうわん》では七〇×九〇メートルの狭い範囲から数万点以上にのぼる粗製の紅陶杯が出土している。正式に発掘されていないが、それを焼いた窯場の痕跡がないことから、ここは飲酒後に杯を廃棄したところで、多数の共同体成員が集まって飲酒する儀礼が恒常的におこなわれたことがうかがえる。

巨大な城郭をもつ石家河遺跡をめぐっては、その規模と城郭の築造に投下された労働力の大きさから、人びとを使役する強権力を想定し、都市と評価する意見がある。しかし、集落規模の格差をのぞけば、住居や墓などに石家河とそれ以外の集落とのちがいはほとんど認められない。石家河の城外にある羅家柏嶺《らかはくれい》では三〇メートルあまりの壁をもつ石家河文化の大きな住居址が発見されているのに、城内中央の譚家嶺《たんかれい》では、城郭内の最適地にもかかわらず、屈家嶺文化の小型住居址から日常的な土器

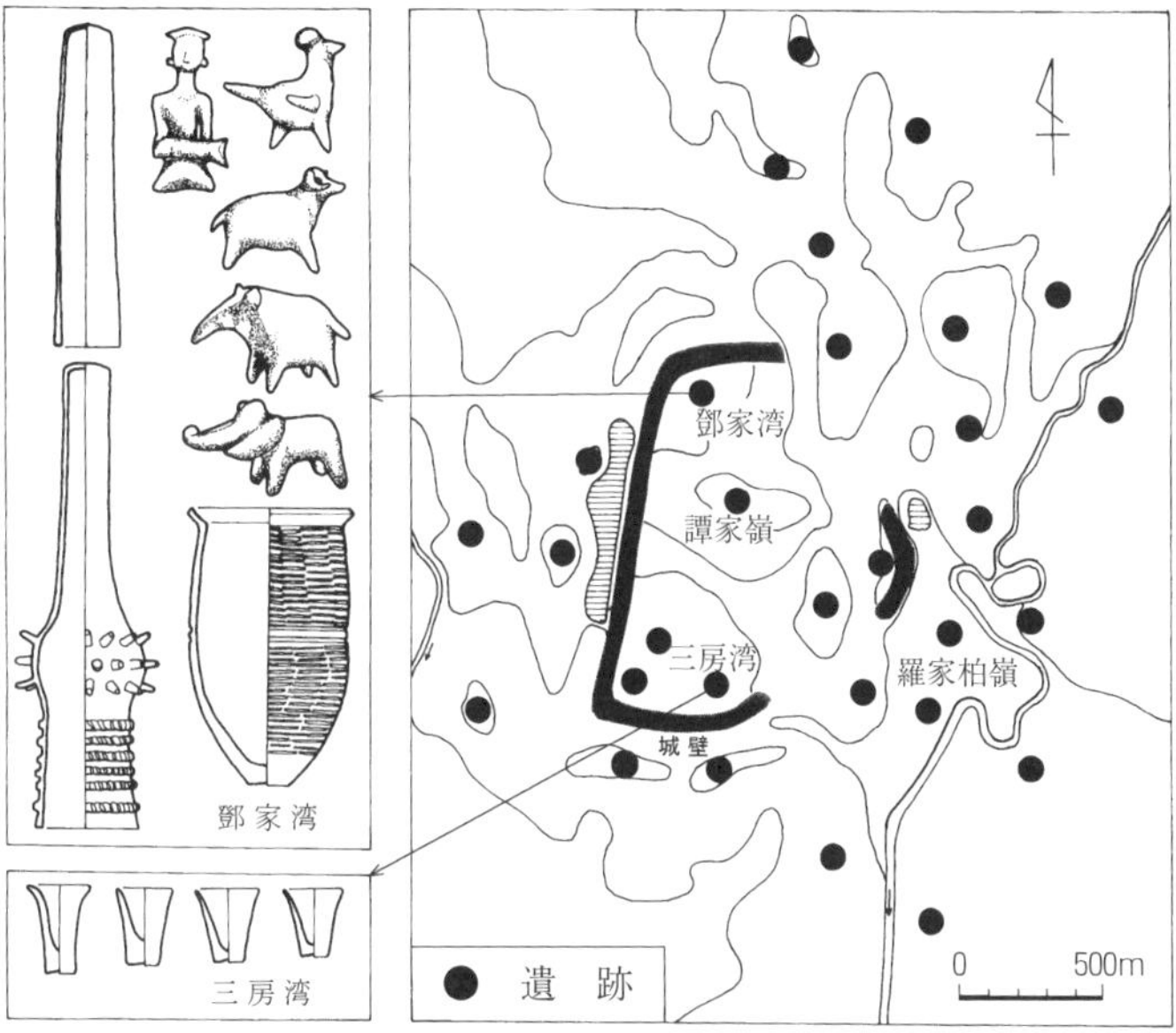


図9●石家河遺跡の城郭と出土遺物。

や石斧・石鏃、紡錘車が出土しただけである。城内西北角の鄧家湾と城外南方の蕭《しょう》家《か》屋脊《おくせき》で発掘された墓地をみても、あまり大きな格差はなく、どちらかといえば城外の蕭家屋脊に副葬品の多い墓がある。城内に身分の高い人が住み、城外に身分の低い人が住んでいたという想定は、ここでは成り立たない。城内の鄧家湾や三房湾で発見された遺構や遺物からは、多くの人びとが参集する共同体儀礼が復元され、特定の権力者がそれを指図していた証拠はみあたらない。城郭内外の居住者の大部分は農民であって、共同体から隔絶した強力な王権をものがたる証拠は発見されていないのである。

## 長江下流域の良渚遺跡群

長江下流域の良渚文化では、石家河をうわまわる規模の複合集落が発見されている。その浙江省良渚遺跡群は、東西一〇×南北五キロメートルの広大な範囲に一三〇か所以上の遺跡が分布し、その中心に位置する莫角山《ばくかくさん》では六七〇×四五〇メートル、面積にして三〇ヘクタールの人工的な土壇が発見されている。(46) 前四千年紀後葉に集落形成がはじまり、前三千年紀中ごろに衰亡した、良渚文化最大の遺跡群である。二〇〇七年末になって、莫角山を中心に囲む巨大な城郭が発見されたというニュースが飛びこんできた。城郭は南北一八〇〇～一九〇〇メートル、東西一五〇〇～一七〇〇メートルの隅丸方形で、山西省陶寺遺跡と比肩する規模がある。城壁は石敷きの基礎に黄土を積みあげた土塁状をなし、幅は四〇～六〇メートルある。

城郭の内外には、多数の玉器を副葬した瑶山《ようざん》・反山《はんざん》・匯観山《わいかんざん》などの墳丘墓が分布している。いずれも台地上に単独で存在し、人工的に盛り土した墳丘内には一〇基以上の墓が整然と並んでいる。城郭内の墓地に大型墓と小型墓が共存した山西省陶寺遺跡とちがって、有力者の大型墓が一般成員の共同墓地から独立して墓地をつくっている。そこに酋長権の伸展を読みとることができよう。

このなかで最初につくられた瑶山墓地(47)は、良渚遺跡群の北端に位置する。丘陵頂を平坦にしたところに一辺七メートルほどの土台を築き、一一基の墓を南北二列に配列していた。各墓から出土した玉器や土器にはあまり時期差がなく、短期間のうちに墓地が形成されたらしい。玉璧は出現していないが、南列の六基には武器の玉鉞や石鉞を副葬しているのに、北列にはそうした武器がなく、かわりに南列にはない種類の玉装身具があったことから、報告者は南列に男性、北列に女性を埋葬したと推測している。玉琮も南列の五基からしか出土していないから、玉琮は男性酋長に属したのであろう。酋長夫婦を埋葬した墓地であるのか、血縁関係にある酋長氏族の墓地であるのか、それとも親族関係のない酋長墓地であったのか、人骨が朽ちているので分析できないとしても、ここは男性酋長だけの墓地ではなかったらしい。

瑶山につづく時期の反山墓地(48)は莫角山に隣接し、東西九〇×南北三〇メートルほどの巨大な墳丘をもつ。報告者はその盛り土を二万立方メートルと推算し、多数の人びとが造営にかりだされたとみている。西側三分の一の発掘によって二列に並んだ一一基の墓が検出され、南列の四基から玉石鉞が出

**図10**●浙江省反山 23 号墓。

土したが、北列の二〇号墓にも玉石鉞があり、副葬品にみる北列と南列とのちがいは瑶山ほど明確ではない。ただし、良渚文化で最大の玉琮が出土した一二号墓や透彫りの精巧な玉櫛飾りが出土した一五号墓と一六号墓は南列にあり、副葬品の内容において南列がやや優位にあった。この時期に玉璧や石鉞を大量に副葬することがはじまり、二〇号墓からは玉璧四八点、石鉞二四点がまとまって出土したほか、玉琮四点や玉鉞一点など一二二点もの玉器があった。玉璧のうち精巧なものは被葬者の胸の位置に、つくりの粗雑なものは足元にまとめて副葬しており、当時から精粗の格づけがなされていた(図10)。この反山墓地は、いまのところ良渚遺跡群のなかで質量ともにもっとも上位にあり、良渚遺跡群の中心に位置することからみても、良渚の諸集団を統括する酋長の墓地であったと考えられる。

## 玉器の分配と酋長の序列化

玉器を副葬する墳丘墓は、良渚遺跡群のほかにも、上海市福泉山《ふくせんざん》、江蘇省草鞋山・趙陵山《ちょうりょうざん》・寺墩《じとん》遺跡など長江下流域に一〇遺跡以上が知られ、いずれも地域酋長層の墓地と考えられる。良渚文化の北辺に位置する寺墩遺跡は、良渚遺跡群よりやや後れて勃興した。高さ二〇メートル、直径一〇〇メートルあまりの高大な土壇を中心に、墓地と居住区が同心円状にひろがっている。墓地ではこれまでに計六〇点以上の玉琮が発見され、南の良渚遺跡群に相対する北の中心地であった。これにたいして、墳丘がなく副葬品も乏しい一般成員の共同墓地は、集落に近い平地上に営まれた。墳丘墓の福泉山や趙陵山では頭や下肢を切られたり、手足を縛られた殉葬者も発見されている。墓と副葬品にあらわれたこの格差からみて、良渚文化には明確な階層差が存在し、地域酋長に権力が集中するようになった社会であったといえよう。

良渚文化を特徴づける玉器には玉琮・玉璧・玉鉞があり、そのうちもっとも重要な役割をもったのが玉琮である。それは方柱の上下を短い円柱形に削り、上下に貫通する孔をあけた玉器である。良渚文化に円筒形の腕輪から発達したもので、江蘇省趙陵山七七号墓では被葬者の右腕に、浙江省新地里《しんちり》一三七号墓では女性被葬者の左腕に装着された状態で出土した(49)。孔の大きさはふつう五〜六センチ、大人が手をいれるには小さすぎるため、子供のころに装着したものであろう。このような腕に玉琮をはめた人物は、おそらく幼少のときから農作業などの重労働にたずさわらない司祭者であったと考えられる。しかし、腕輪として用いられたのは、初期の段階だけであった。反山一二号墓例のように六・五キログラムにおよぶ重さ、寺墩三号墓例のように高さ三三センチにもなると、装身具としては不適当であり、どこかに据え置いて祭器として用いたのであろう。

良渚文化の玉琮には、方柱部の四隅に細かい神面文が刻まれている。神面には、丸い目のものと卵目のものとの二種類があり、その両方を上下に組みあわせた玉琮と、丸い目の簡単な神面だけを数段に重ねた玉琮とがある。良渚文化のなかで、玉琮は高さの低いものから高いものへ、神面の段数が少ないものから丸い目の神面だけを数段に重ねたものへと変化していった。寺墩三号墓からは神面文を一五段に重ねた玉琮が出土している。林巳奈夫[50]は玉琮の実例と古典籍にみえる「琮」の使用法を総合し、祭祀のときに神霊の宿る依《よ》り代《しろ》として用いられたと考えている。

玉琮の大きさとそこにほどこされた神面文には格差があり、その規格と墓への副葬数とがほかの副葬品の質や量とも相関している。良渚文化の前半期では複雑な神面文をもつ玉琮が良渚遺跡群の瑶山・反山墓地に多く、良渚文化の後半期では寺墩三号墓から三三点の玉琮が一括出土した。これにたいして、同時期のほかの地域酋長墓はわずかに一〜三点であり、数の格差がいちじるしい。また、後半期の上海市福泉山四〇号墓では、長大な玉琮をわざわざ二つに分割して格落ちさせている。長大な玉琮は寺墩の酋長のみが所有するものであったのだろう。各地に分布している玉琮は、形や文様の類似性からみて、ごく限られた集団によって集中的に製作・分配されたものと考えられる。太湖《たいこ》の西側の小梅嶺《しょうばいれい》に玉の産地があり、良渚遺跡群と寺墩の西北にある磨盤墩《まばんとん》遺跡・丁沙地《ていさち》遺跡とで玉器が製作されていたことから、玉器の製作と分配は政権の中枢が一元的に管轄していたことがうかがえる。

このような玉琮が各地の酋長墓から出土することに着目した今井晃樹《いまいこうき》[51]は、半径一〇〇キロメートルあまりの良渚文化区に玉琮の分配にもとづく酋長間の政治的関係が成立し、良渚文化前半期には南の良渚、後半期には北の寺墩の酋長が玉琮の製作と分配の中枢となって、従属するほかの地域酋長にたいして序列に対応した格の低い少数の玉琮を分配したと考えた。今井は墓制にあらわれた差異をもとに良渚文化区を大きく五地域に分けたが、地域政体の数はそれよりも多かったとみられる。稲作農業の発達をもとに良渚文化ではそれぞれの地域で酋長権が急速に伸長し、酋長層を埋葬する墳丘墓が各地にあらわれた。玉琮をはじめとする玉器の分配にもとづいた酋長間の政治的関係が成立し、良渚文化区に並立する地域酋長をひとつにまとめる秩序が形成されたのである。巨大な莫角山・反山を囲む城郭をもつ良渚遺跡群や、高大な土壇を中心に墳丘墓や居住区が配置された寺墩遺跡は、この政治秩序を象徴する記念物として総力をあげてつくられたのであろう。

## 3 地域間交流の拡大

### 山東半島と遼東半島

前三千年紀には地域間の交流がしだいに活発になり、共通の文化要素をもつ広域の相互作用圏が形成される。とくに、長江中流域の屈家嶺・石家河文化、長江下流域の良渚文化、黄河中流域の廟底溝《びょうていこう》二期・中原龍山文化、黄河下流域の大汶口・山東龍山文化の間の相互作用が顕著になる。それらの地域には儀礼に用いる豆（高杯）や杯がひろがり、ロクロ製作の薄胎黒陶を指標とする共通した土器様式が発現する。(52)

渤海《ぼっかい》をはさむ遼東《りょうとう》半島と山東半島との関係を例に、地域間交流の実態をみてみよう。遼東半島と山東半島との距離は一〇〇キロほど、その間に廟島列島が点在し、島づたいの往来が可能であったにもかかわらず、前五千年紀には両半島間の交流はほとんどなく、それぞれに独自の土器様式がひろがっていた。前四千年紀になっても、漁労活動にともなって少数の土器が山東から遼東に運ばれるくらいで、両地域の土器様式にはほとんど変化がみられない。ところが前三千年紀に山東と遼東との交流がにわかに活発になる。

遼東半島には岫岩玉《しゅうがん》と呼ばれる玉の産地があって、豊富な産出量と安い価格とにより、こんにちでは中国玉器の六〇パーセントのシェアを占める。この岫岩玉を用いて遼東では前五千年紀から小型の斧や鑿《のみ》などの工具類をつくっていたが、石器の代用品としての利用にとどまり、加工技術は未熟なままで、玉の美しさを生かした装身具はつくられなかった。錐状の工具で紐通しの孔をあけることは早くからはじまっていたが、前三千年紀になると、竹のような管状の工具で直径一センチ以上の大きな孔をあける技術が、江南から山東をへて遼東に伝わった。良渚文化の玉琮や玉璧の孔は、すべて管《かん》鑽《さん》と呼ばれるこの技法で穿孔されている。とくに寺墩三号墓の玉琮のような高さ三〇センチをこえる玉材に孔をあけるには、上下両面からの穿孔が途中でくいちがわないように玉材をしっかりと台に固定し、高速回転でも穿孔具の軸がぶれない装置が必要である。それは土器づくりのロクロに改良を加えた大がかりな装置であり、その製作を担当したのはかなり熟達した専門工人であったにちがいない。

遼東半島が日本の植民地であったとき、大連在住の日本人が文家屯《ぶんかとん》遺跡で多数の玉器を採集した。いま九州大学に所蔵されている収集品には、牙璧《がへき》・笄《かんざし》飾・環などの玉器のほかに、十数点の玉芯がある[53](図11上)。この玉芯は牙璧や環の孔を管鑽であけたときに廃棄したもので、文家屯に玉器の製作工房があった有力な証拠である。京都大学の梅原末治《うめはらすえじ》らが一九四二年にこの遺跡を発掘したときには、玉器工房の証拠はえられなかったが、遺跡は前四千年紀から前三千年紀まで継続したことが明らかになった[54]。また、背後にある丘陵上には前三千年紀の積石塚が列をなして分布し、梅原らは一九四一・四二年に四平山や東大山に所在する積石塚のいくつかを発掘した。積石塚は山頂や尾根上に石を平面方形に積みあげ、中央に竪穴式石室をつくっていた。ほとんどの墓に牙璧を主とする玉器が副葬され(図11下)、四平山三七号墓からは二点の玉廃材が出土した。これによって被葬者が玉器の製作にかかわっていたこと、文家屯がその居住地で東大山と四平山がその墓地であったことが判明した。

牙璧・笄飾・環などの玉器は山東南部にも分布し(図12)、その年代は山東が古くて遼東が新しい。また、遼東では前三千年紀まで玉の装身具をつくる伝統がなく、牙璧や環の製作に用いられた管穿孔の技法は江南から山東をへて遼東に伝えられた。このことから遼東の新しい玉器は、山東からの影響で製作がはじまったと考えられる。しかも、遼東には岫岩玉が豊富に産出するため、山東から技術指導をふくめた玉器生産の積極的な働きかけがあったのだろう。そして、遼東で製作した玉器は山東に逆輸入され、かわりに山東から遼東へは山東特産の精製黒陶が輸出された。遼東の積石塚から大量に

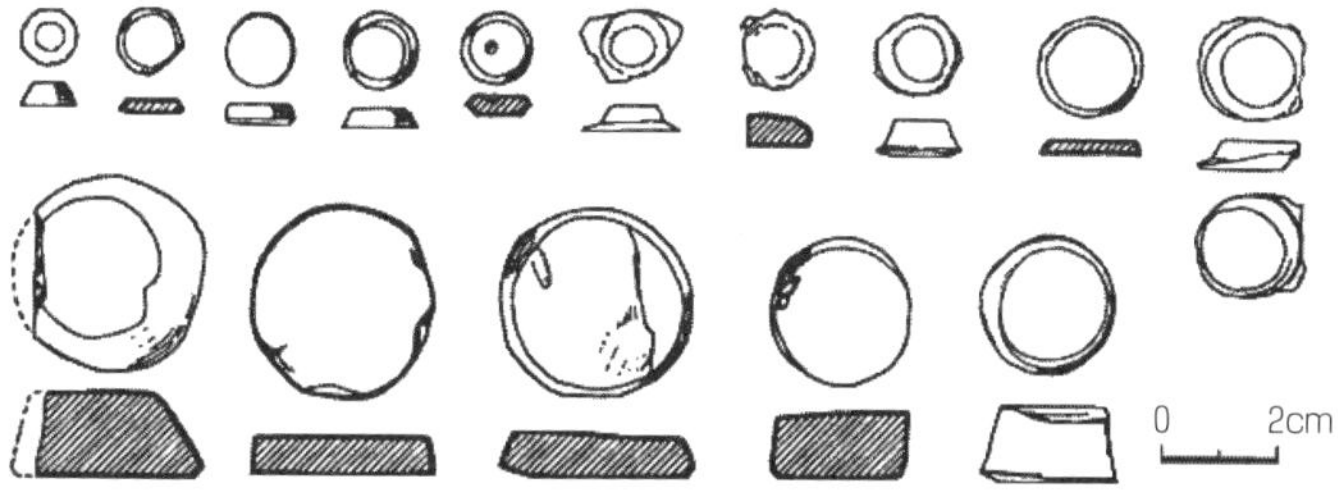

**図11**●文家屯遺跡出土の玉芯（上）と東大山積石塚出土の玉器（下）。

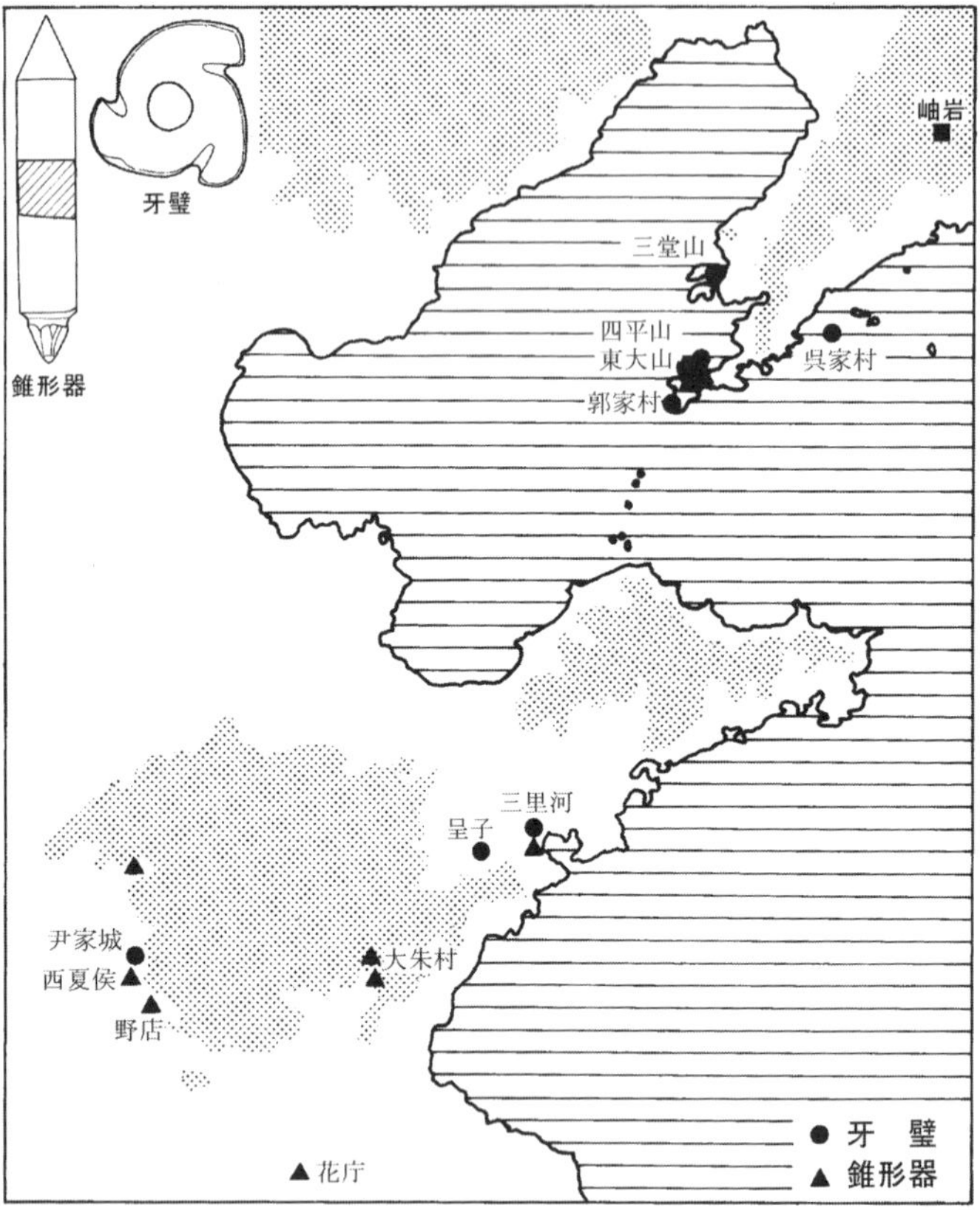


図12●玉牙璧と玉錐形器の分布。

出土する精製黒陶は、集落遺跡からはほとんど出土しない非日用品である。海峡をはさむ前三千年紀の交易では、奢侈品がおもに交換されていたのである。

このような交易のなかで人びとの習俗にも変化があらわれた。東大山積石塚では二号石室にアカニシが四点、三号石室にハマグリ二点とツノガイ一四点が副葬されていた（口絵1）。アカニシとハマグリは文家屯遺跡でも出土しているので、近くの砂浜で採集したのだろうが、ツノガイは江南よりも南の温暖な海域に生息するため、江南から山東をへた交易によってもちこまれたと考えられる。ツノガイは首飾りとして用いられることが多く、首飾りの製品として遼東にもたらされた可能性が高い。いっぽう山東の東南部にある三里河墓地では、被葬者の肩や手足の近くにイボニシかハマグリ一～四点を副葬した土坑墓が多く発見されている。イボニシはアカニシと同じ小突起をもつ巻貝である。遼東では積石塚、山東では土坑墓と、両地域の墓制は異なるが、大きい巻貝や二枚貝を身近に副葬する習俗は共通する。このことから通婚など両地域の緊密な関係がうかがえる。

## 黄土地帯の玉器出土遺跡

玉器を尊重する観念は先史時代にさかのぼり、良渚文化をはじめ中国の各地で独自の玉器が生みだされた。黄河中流域はこれまで玉器の空白地帯とみられてきたが、前三千年紀の地域間交流のなかで遠く山東や江南など東方から玉器が波及していたことが近年の調査で明らかになってきた。

オルドス高原から南流してきた黄河は、渭河《いが》との合流点で流れを東にかえる。黄河を境に南が河南省、北が山西省、西が陝西省である。黄河の両岸に黄土台地がせまり、函谷関《かんこくかん》から潼関《どうかん》にかけては交通の難所として知られている。

その南岸にある河南省西坡《せいは》遺跡は前四千年紀の大集落であり、二〇〇五～〇六年に三四基の墓が発掘された(55)。最大の二七号墓は五×三・四メートルの大きな墓坑をもち、成年男性一人を埋葬していたが、足元の坑に土器九点が副葬されているだけであった。玉器はむしろ小さめの墓から出土し、四～五歳の小児を埋葬した一一号墓に武器の玉鉞が三点あったほかは、玉鉞や玉環を一～二点副葬していた。玉器はいずれも蛇紋岩製で、近くで原石を採集して製作したものであろう。玉器は鉞や環など以前から用いられていた器種にかぎられ、玉鉞を小児墓に副葬するなど、良渚文化のように酋長層の保有する威信財や祭器ではなかった。

黄河の対岸にある山西省清涼寺《せいりょうじ》墓地では、民家の窰洞を掘ったときに大量の玉器が出土した。二〇〇三年の第一次調査では整然と並ぶ二六二基の土坑墓が発掘され、西坡遺跡より後出する前三千年紀中ごろの墓地であることが確かめられた(56)(図13)。同時期の居住区は谷をはさんだ東側の丘陵上にある。発掘調査の前、わたしは地元の博物館が収集した玉器を実見し、二〇〇四年には発掘現場を見学した。そのときの知見もあわせて紹介すると、墓坑には大小あるが、小さい墓は大人一人を埋める長さ二メートルほど、大きい墓でも長さ二・五メートル前後で、格差はあまり顕著ではない。ただし、

**図13●**山西省清涼寺墓地と出土の玉器。

大きめの墓には遺体の周囲に二層台という土台がめぐり、小児を殉葬することが多い。玉石器を主とする副葬品は全体の三分の一ほどの墓から出土し、もっとも数の多い墓で一六点にすぎない。ここは均質な小型墓が密集する共同墓地であり、玉器は一般成員でも墓に副葬できたのである。玉器は璧がもっとも多く、ほかに鉞・多孔刀・琮・牙璧などがある（口絵2）。そのほとんどは長江下流域や黄河下流域に起源する種類で、前三千年紀に地域間交流が活発化したことをものがたる。ただし、扇面形の玉板片を綴じあわせた複合玉璧や孔の周囲を上下に肥厚させたT字形玉璧が新たに創出され、完形の玉璧をふくめ、ほとんどは孔に腕を通した状態で出土した。これは良渚文化とはちがう使用方法で、当地の独自性があらわれている。

陶寺遺跡の西北二五キロに位置する下靳《かきん》墓地でも、一九九八年の調査で整然と密集する五三三基の土坑墓が発掘された(57)。年代は清涼寺墓地とほぼ並行する前三千年紀中ごろである。ほとんどの墓は長さ二メートル前後で、幅が広くて大きめの墓がいくつかあるが、清涼寺墓地と同じように一般成員の小型墓で構成される共同墓地であったと考えられる。人骨の鑑定によると、性別では女性がやや多く、年齢では中年が過半を占めたという。全体の約四〇パーセントの墓に副葬品があり、そのほとんどは玉石器であった。種類は玉璧が多く、清涼寺墓地と同じように被葬者の腕に装着した状態で出土した。そのほかの玉器は清涼寺墓地と種類がいささか異なっている。とくに小さな緑松石片をモザイク状に象嵌した腕輪は、前二千年紀の二里頭文化に継承される新しい技法として注目される。また、南海産のタカラガイを象った石製品があり、長江下流域との交流がうかがえる。

いっぽう陝西北部の黄土高原地帯では、かねてより多数の玉器が出土していたが、ほとんどが偶然の発見で、出土遺構については不明なままであった。ところが一九九九年に調査された新華遺跡において、はじめて集落内の小さな坑から三六点の玉器がまとまって発掘された[58]。坑は長さ一・四メートルの隅丸長方形で（図14下）、底部の中央に円形の腰坑があり、そこから鳥骨が出土した。玉器のほとんどは板状の鉞や刀で、刃を下向きにして立て並べていた。図の右上は薄い玉鉞だが、左上は玉琮を縦に薄く切ったもので、上辺の中央に円孔の一部、四隅に円筒部の段が残っているのが看取できる。このような玉器片を意図的に立て並べた状況からみて、これは集落内でとりおこなわれた祭祀の跡であることはまちがいなかろう。この遺跡ではほかに竪穴住居三五基、土器窯五基、成人用の土坑墓七八基、小児用の土器棺墓一三基が発掘されている。住居址はいずれも小型で、最大のものでも一五平方メートルしかない。墓はすべて小型で、土坑墓の二基から小型の玉石器や石斧が出土したが、ほかに副葬品はなかった。遺跡から出土する石器や骨器をみても、身分差のないふつうの農村であったと考えられる。祭祀坑に埋められた玉器は、良渚文化のように有力者が独占することなく、共同体の祭祀に用いられたのである。玉器が装身具ではなく、神まつりに用いられたことも重要である。遺跡の年代は前二〇〇〇年前後とされ、これまで陝西北部で収集されてきた玉器の年代もそれに近い時期に比定できよう。

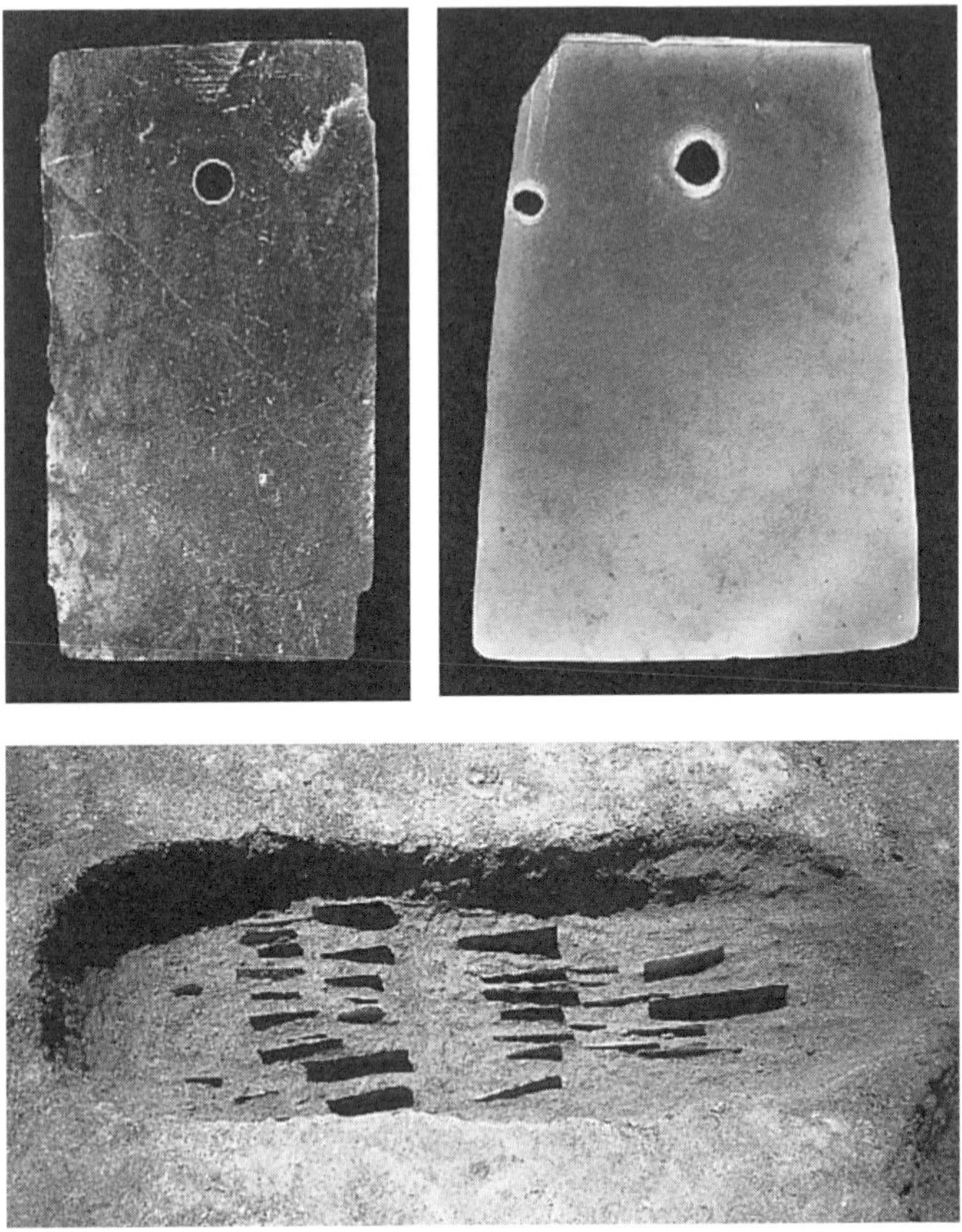

**図14**●陝西省新華遺跡の祭祀坑と出土の玉器。

## 東から西にひろがった玉器

陝西省蘆山峁《ろさんぼう》遺跡は、中国革命の聖地である延安《えんあん》市の郊外にあり、荒涼とした黄土高原の山頂付近に遺跡がひろがっている。これまでに二八点の玉器が収集され、そのなかに二点の玉琮があった[59]。ひとつは淡い黄緑色の玉で、外径は七・〇センチ、方角部には上下二段に神面文があり、上段には凸帯状の冠と小さな丸目をもつ神面、下段には卵目の神面を配する（図15-1）。文様と配置からみて、これは良渚文化でつくられた玉琮と考えられる。長江下流域から陝西北部まではるばる一〇〇〇キロ以上の道のりをこえてもたらされ、数百年もの長期にわたって使われていたため、縦に四つに割れて、それぞれの割れ口に二対の補修孔をあけてまで使いこみ、全体にいちじるしく手ずれしている。もうひとつは褐斑の混じる緑色の玉で、外径は七・一センチ、方角部には「臣」字形の低い浮彫りの目をもつ同形の神面文を上下二段に重ねているが、左右に隣りあう神面文が上下逆向きになっている（図15-2）。この誤りに加えて、卵目の神面文を上下に重ねた玉琮は良渚文化に例がなく、彫刻技法がいかにも拙いことからみて、良渚文化の作品とは考えがたい。しかし、その形や文様は良渚文化の玉琮を手本にしなければ表現できないものであり、良渚文化から遠く離れたところで良渚文化の玉琮を横にみながら模作したものであろう。その場所は特定できないが、出土地の陝西北部か中継地の山西南部の可能性が高い。いずれにせよ、蘆山峁遺跡から出土した玉琮には、良渚文化から持ち運ばれてきたものと、良渚文化の玉琮を模倣した稚拙なものとがあったのである。

遠隔地から持ち運ばれてきた玉器には、ほかに陝西省石峁《せきぼう》遺跡の玉牙璧・鷹形笄・虎頭や山西省陶寺墓地の象嵌玉鉞・透彫り玉飾などがある。山東・遼東で盛行した玉牙璧は、断面形・牙の形・大きさなどから前三千年紀前半の古式と同後半の新式とに分けられる。石峁遺跡からは両方の型式が出土し、古式の玉牙璧は遠く山東からもたらされたものである。新式の玉牙璧は石峁遺跡のほか、清涼寺墓地や陶寺墓地などからも出土し、山西南部でつくられたものであろう。これにたいして玉鷹形笄・虎頭・透彫り玉飾は、前三千年紀末に長江中流域の石家河文化でつくられたものである。いずれも小さい玉器に精巧な文様をほどこしているため、模作されたものはない。玉鷹形笄は石峁遺跡で二点採集されているが、河南省でも点点と出土し、長江中流域からいくつかの集団を仲介して陝西北部にもたらされたのであろう。

良渚文化の玉琮と玉璧は黄河中流域で模倣され、簡略化しながら黄河上流域にひろがっていった。蘆山峁遺跡の玉琮のように、良渚文化の神面文まで模倣しようと試みた作品もあるが、ふつうは縦横に区画線をいれただけの簡略化した玉琮（図15－3）がつくられ、やがて線刻もなくなった無文の玉琮（図15－4）に変化していった。山西南部の陶寺墓地から線刻だけの玉琮が出土し、無文の玉琮は黄河上流域の斉家《せいか》文化に多いことから、かつてわたしは前者を中原龍山型、後者を斉家型と呼び、前者から後者へと型式が変化し、東から西へと玉琮がひろがったと考えた(60)。しかし、清涼寺墓地から両

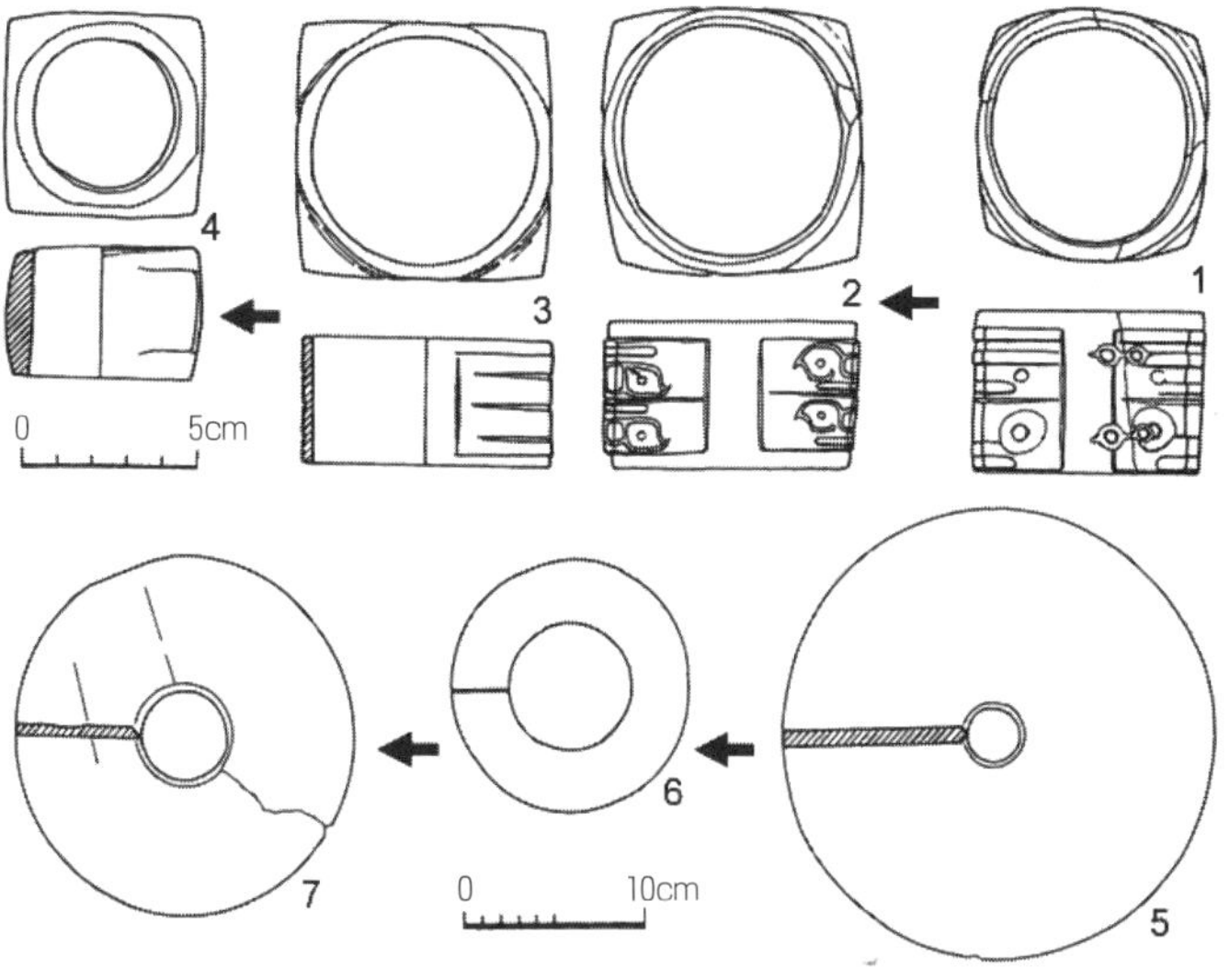


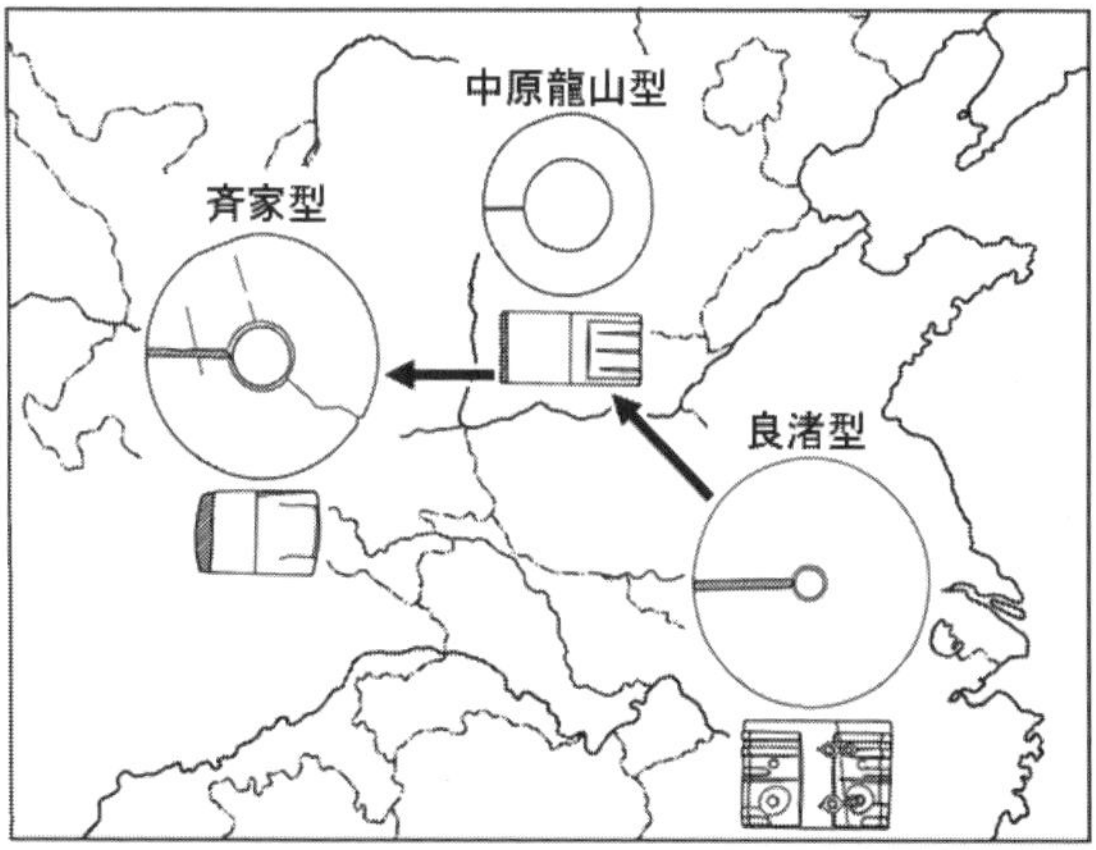


**図15**●玉琮と玉璧の変化。

方の型式が出土したため、前三千年紀中ごろに山西南部で中原龍山型から斉家型が生みだされたと改めるべきであろう。同じように玉璧もまた、中心の孔を両面穿孔する良渚型（図15－5）から、薄手で孔の大きい中原龍山型（図15－6）、そして片面穿孔で周縁が不整円の斉家型（図15－6）へと変化し、東から西へと玉璧がひろがっていったと考えていたが、清涼寺墓地で中原龍山型と斉家型とが出土したため、斉家型玉璧も山西南部で創作された可能性が高くなった。また、扇面形の玉板片を綴じあわせた複合玉璧が山西南部で創作され、陝西北部や黄河上流域にひろがっていった。この玉璧や複合玉璧は山西南部において腕輪として用いられたが、斉家文化で玉璧はふたたび大型化、大量生産の方向に発展し、甘粛省皇娘娘台《こうじょうじょうだい》四八号墓[61]では八三点もの玉石璧を遺体に積み重ねるようにして副葬していた。形の変化とともに、地域ごとに意味変容していたのである。

清涼寺墓地からは収穫具の石包丁が長大化した多孔刀も少なからず出土している。前四千年紀末に長江下流域の薛家岡《せつかこう》文化において出現し、石質のものがほとんどで、孔の数が一から一三までの奇数になっているのが特徴である。清涼寺墓地の多孔刀は薛家岡文化のそれより幅の広い形であるが、孔の数が三、五、七、九と奇数であり、薛家岡文化の規範が守られている。ところが下靳墓地の出土例は、長大な形は薛家岡文化の多孔刀に類似するが、孔の数は七例すべて二孔であり、本来の規範は守られていない。蘆山峁遺跡では七孔をもつ長さ五五センチの玉刀が出土し、斉家文化の青海省上孫《じょうそん》家寨《かさい》遺跡では四孔をもつ長さ五四センチの玉刀が出土している。陝西より西では玉質の多孔刀が出現したが、孔の数は一から七までで一定していない。

このように黄河中上流域から出土する玉石器には、良渚文化に起源する玉琮や玉璧、長江下流域の薛家岡文化に起源する多孔刀、黄河下流域に起源する玉鉞や玉牙璧、長江中流域の石家河文化でつくられた玉鷹形笄・虎頭・透彫り玉飾などがあった。それには一〇〇〇キロ以上の距離をこえて運ばれてきたものと、琮・璧・多孔刀のように形を模倣して当地で独自につくられたものとがある。玉石器はこのように東から西へと波及したが、それは一時的な現象ではなく、前三千年紀を通じて継続したのである。

## 東からひろがった墓の儀礼

黄河下流域では前四千年紀にブタの下顎骨《かがくこつ》を墓に副葬することがはじまる。ブタの家畜化が進展するにつれて、一度に副葬するブタ下顎骨の数もしだいに増加していった。前三千年紀前半の大汶口文化後期には社会の階層化にともなって墓地内の格差があらわれ、ブタ下顎骨の数もそうした階層化の一指標となっていった。山東省陵陽河《りょうようが》墓地では大中型墓からなる河灘《かたん》一区と小型墓からなる三か所の墓区とに分かれ、墓地全体で計一七〇点を数えるブタ下顎骨の九〇パーセントが河灘一区に集中し、とくに大型墓の三基で全体の四九パーセントを占めている。しかも、被葬者の身辺から離れた木槨外や墓坑端にブタ下顎骨をまとめて副葬していることは、その鋭い牙で被葬者を護ることよりも大量に

副葬することに意味が転換し、ブタ下顎骨が財や権力の象徴となっていったと考えられる。(62)

ブタ下顎骨を墓に副葬する風習は、前三千年紀前半に長江下流域の薛家岡文化や長江中流域の屈家嶺文化にもひろがっていった。前三千年紀後半の山東龍山文化ではブタ下顎骨の副葬がしだいに衰えていくが、その習俗は東から西へといっそう拡散していった。

黄河中流域では前三千年紀中ごろの山西省清涼寺墓地が比較的早い。山西省陶寺墓地の大中型墓では、ブタ下顎骨を頭側の壁龕《へきがん》内や墓坑端など被葬者から離れたところに副葬することが多く、山東の習俗との共通性がみられる。その数は陶寺三〇八四号墓の三〇点以上を最高に、十数点を副葬した墓もあるが、多くは一点または下顎骨の片方だけであった。なお、前述のようにⅡ区二二号墓では縦に半切されたブタ一〇体が石包丁とともに出土したが、それは葬儀にともなう肉食儀礼をあらわしたものので、下顎骨の副葬とは別の儀礼である。

ブタ下顎骨の副葬はさらに陝西龍山文化を通じて黄河上流域の斉家文化へとひろがっていった。甘粛省大何荘《だいかしょう》墓地や秦魏家《しんぎか》墓地では土坑墓の埋土内にブタ下顎骨を副葬し、秦魏家六号墓の六八点を最高に、数十点を副葬した墓が少なくなかった。大何荘墓地ではブタ下顎骨のほかに、二基の墓からヒツジの下顎骨が計一四点出土した。この両墓地は小型墓だけで構成され、墓地内の格差は顕著ではなく、下顎骨は財や権力を表示するものではなかった。また、黄河を下ったオルドス高原の内蒙古自治区朱開溝《しゅかいこう》墓地は、前二千年紀前半に下るが、ブタを主にヒツジとそのほかの野獣を併用する下顎骨の副葬がみられた。副葬の位置は土坑墓の埋土内または陶寺墓地と同じ壁龕内で、中原龍山文化の系譜を引くものであろう。

前三千年紀にブタ下顎骨の副葬が黄河下流域から長江中流域や黄河上流域にまで広域にひろがったのは、ブタを優位とする画一的な畜産が農耕社会のなかで普遍的に受けいれられていたからである。社会の階層化とともにそれが財や権力を表示するものとして上位階層の墓に集中的に副葬されるようになったのであろう。

## 西から伝わったムギ・ヒツジ・卜骨

前三千年紀に玉石器や下顎骨の副葬習俗は東から西にひろがったが、反対に西から東への文化の流れも存在した。ムギとヒツジがそれであり、源流をたどれば、中国にさきがけて農業と文明のはじまった西アジアにたどりつく。

ムギにはオオムギとコムギがあり、西アジアで栽培がはじまったことはよく知られている。オオムギは単位面積あたりの生産量がコムギより少ないが、土の塩化や低温などの悪条件でも栽培できる利点がある。また、コムギは外皮がデンプン質の胚乳にくいこんでいるため、粉食にしなければ食べられないが、オオムギは粒のまま調理できた。そのころの中国ではアワ・キビなどの雑穀やイネを土器で煮て食べていたから、オオムギのほうが受容しやすかったと思われる。

また、乾燥している西アジアや中央アジアでのムギは、冬の降雨を利用して栽培するため、秋に播種して初夏に収穫する冬作物である。ところが東アジアでは夏の降雨が多く、在来のイネや雑穀はすべて春に播種して秋に収穫する夏作物である。施肥によって地力を維持しつつ二毛作の裏作としてムギを作付けする技術が確立するのはずっと後世のことであるから、東アジアの環境にムギを適応させるため、最初は雑穀と同じ夏作物として作付けされたのであろう。

中国でもっとも早いムギは、甘粛省東灰山《とうかいさん》遺跡から出土したコムギの炭化種子で、放射性炭素年代ではいまから四二三〇±二五〇年前とされる[63]。同遺跡ではほかにオオムギ・コウリャン・アワなどの炭化種子も採集されており、さまざまな穀物が栽培されていた。そして前二千年紀後半のうちにコムギは黄河下流域の山東省両城鎮遺跡や教《きょう》城《じょう》鋪《ほ》遺跡にまでひろがっていった[64]。アワやキビなどの雑穀と比べると、穀物全体に占めるムギの割合はまだわずかだが、黄河の上流域から下流域までまたたく間にひろがったのである。

ヒツジは草原に適応するウシ科の草食動物であり、乾燥した西アジアでもっとも早く家畜化された。その後、中央アジアの草原地帯をへて、前四千年紀ごろ黄河上流域の黄土高原地帯にあらわれた。前三千年紀には華北平原までひろがりをみせるが、黄河下流域や長江流域では前二千年紀になってもヒツジ骨の出土例が少ない。西北にいくほど動物骨の全体に占めるヒツジ骨の比率が高いのは、ヒツジが西から伝わり、乾燥した黄土高原地帯の環境に適応したからであろう。

前四千年紀後半の甘粛省傅家門《ふかもん》遺跡(65)から出土した動物骨の構成比をみると、ブタが五〇パーセントでもっとも多く、ヒツジが二一パーセントでそれにつぎ、シカなどの野生動物が一二パーセントである。前三千年紀の甘粛省大何荘遺跡(66)では、下顎骨と角による不完全な統計だが、居住区から出土した試料だけをみると、ブタが五四パーセント、ついでヒツジが三三パーセントを占め、野生動物はわずか六パーセントである。墓に副葬された下顎骨では、ブタが一二六点、ヒツジが一四点で、ブタが圧倒的に優位である。ブタが多いのは、中国のほかの地域と同じような穀物栽培に比重をおく農耕社会で、副業としてブタを戸別に飼っていたからである。シカが少ないのは、遺跡の周囲に森林が減少したことを暗示する。黄土高原地帯では森林から草原へと環境が変化するなかで、ヒツジの飼養がしだいに拡大していったのであろう。

ヒツジの伝播に前後する前四千年紀後半に卜骨《ぼくこつ》が出現する。動物の骨を局部的に強く焼いたときに生じる亀裂から吉凶を占うことは、殷代にもっとも盛行したが、その風習は黄河上流域の黄土高原地帯で最初に出現した。薄くて広い平坦面をもつ肩胛骨がおもに用いられ、甘粛東部の前三千年紀をみると、卜骨の総数は八一点、材料の内訳はヒツジ七三パーセント、ブタ二三パーセント、ウシ四パーセントで、ヒツジがおよそ四分の三を占めている。食べて捨てられた動物骨ではブタがもっとも高率で、墓に副葬する下顎骨でもブタが圧倒的に多かったのに、卜骨の材料としてはヒツジが選択的に用いられたのである。おそらくヒツジの飼養と卜骨の風習とがいっしょに西方から伝わり、当初からヒツジは神意を伝える神聖な動物とみなされていたのであろう(67)。

しかし、ブタをもっぱら飼養していた黄河中流域に卜骨の風習が伝わると、ヒツジと卜骨との結びつきは弱まり、ウシやブタの骨で代用するようになる。河南省から出土した前三千年紀の卜骨は総数が二三点と少なく、ウシ四八パーセント、ブタ三九パーセント、ヒツジはわずか一三パーセントにすぎない。やがて殷代にウシの価値が高まると、卜骨にはもっぱらウシの肩胛骨が用いられるようになる。卜骨の風習は前三千年紀のうちに黄河下流域までひろがるが、長江流域に南下するのは殷後期になってからである。それもほとんどが亀甲を用いた卜甲であった。

このように前三千年紀には東から西へ、あるいは西から東へと、人びとの動きが活発になり、それにともなってさまざまな文物や情報が地域をこえて交換された。なかでも長江下流域の良渚文化は高い文化力をもち、ここからさまざまな情報が発信された。しかし、それはけっして一極集中型の交流ではなく、むしろ各地に自立した諸文化が相互に結びついたネットワーク型の交流が展開された。前三千年紀末にそのネットワークが解体し、やがて王朝の成立とともに黄河中流域から放射状に文化が発信されるにいたる。それを次章に検討しよう。

# 第3章……文明の誕生——紀元前二千年紀前半の二里頭文化

黄河中流域では、龍山文化につづいて前二千年紀に二里頭《にりとう》文化、二里岡《にりこう》文化、殷墟《いんきょ》文化が継起した。龍山文化と二里頭文化の間に新砦《しんさい》文化を設定する意見もあるが、本書では細かい編年にはたちいらない。甲骨文の発見によって殷墟文化は殷後期にあたることが確かめられ、考古学の分析にもとづいて二里岡文化は殷前期、二里頭文化は夏王朝とみなしうるようになった[68]。各文化の実年代は「夏商周断代工程」やその後の公式見解[69]を参考にすれば、二里頭文化の一期から四期までは前一七五〇〜前一五二〇年、つぎの二里岡文化は二里頭四期と一部重なる時期から前一三〇〇年ごろまで、殷墟文化はその時期から前一〇五〇年ごろまでとなろう。本章で検討するのは、そのうちの二里頭文化である。

# 1 王朝の成立

## 宮城と外朝の出現

二里頭文化の指標となる河南省二里頭遺跡は、伊河と洛河の流れる洛陽平原にあり、およそ二キロ四方の範囲にひろがっている。その中央やや東寄りのところに東西二九〇×南北三七〇メートルほどの長方形の土壁とその外周に幅一〇メートル以上の道路が確認されている。ここが王都の中枢にあたる宮城で、井桁状に走る道路は二里頭二期、土壁は二里頭三期の築造である。版築の土壁は幅二メートルほどしかなく、城壁といえるほど堅固なものではない（図16）。

宮城内には数基の宮殿基壇が確認されており、全容が報告されているのは一号宮殿と二号宮殿である。最大の一号宮殿は宮城の西南部に、二号宮殿は宮城の東壁中央部に接してつくられ、宮城と同じ二里頭三期に造営された。二号宮殿の下には二里頭二期にさかのぼる三号宮殿、二号宮殿の一四メートル南には二号宮殿と同時期の四号宮殿、二号宮殿のすぐ北には二里頭四期に下る六号宮殿があった。いずれの宮殿も宮城の土壁と方向が一致しており、およそ五度ほど西に傾いている。壮大な宮城と整然とした宮殿の配置は、まさに王都の中枢にふさわしい威容である。

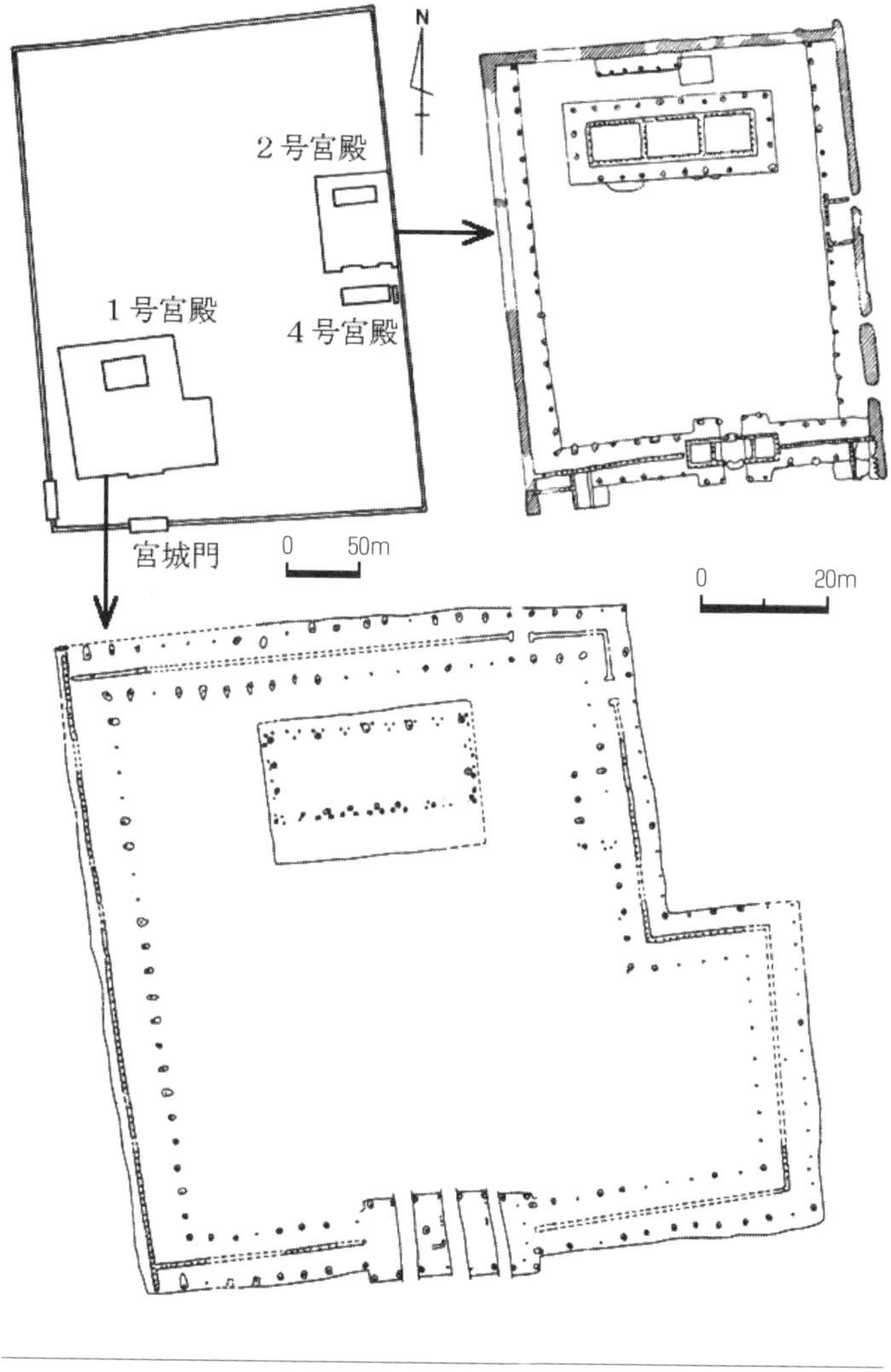


**図16**●二里頭遺跡の宮城（左上）・1号宮殿（下）・2号宮殿（右上）。

一号宮殿は約一〇〇メートル四方の版築基壇をもつ。東南部が二〇メートルあまり突出する基壇の全体を回廊で囲み、中央の北寄りに二重庇をもつ八間×三間の正殿、一〇〇〇人以上を収容できる大きな中庭、三つの通路をもつ南大門を備えている。門に三つの通路があることは、いま北京に残る明清代の故宮（5頁、図1）のように、中央が王の通路で、その両側が臣下の通路であったこと、そして大勢の人びとが左右に分かれていちどに入場できたことを示している。門の前にはスロープ状の道がのび、四〇メートル南には宮城の南壁に設けられた宮城門がある。北京の故宮にたとえるなら天安門にあたる。宮城外からきた人びとは、この宮城門をくぐって南大門から宮殿内の中庭にいたり、正殿にいて南面する王に朝見したのであろう。運動場のような広い中庭をもつ一号宮殿は、南大路に開かれた宮城門を通じて外の世界とつながった外朝であり、王と臣下との君臣関係を目にみえる形であらわす宮廷儀礼の場として機能したと考えられる。

一号宮殿の基壇版築はおよそ二万立方メートル、かりに一人が一日に〇・一立方メートルの版築を仕上げると、のべ二〇万人、一日に一〇〇〇人の労働者を動員しても、二〇〇日を要する大工事である。土を突き固めるだけでなく、ほかの場所から土を運んでくる作業などを考えると、全体に費やされた労力には想像を絶するものがある。

これにたいして二号宮殿は、宮城の内側に位置している。版築基壇の大きさは一号宮殿の四分の一、南門の通路もひとつしかない。しかも二号宮殿のすぐ南には四号宮殿が同時期に建てられており、付近には小規模な建物がかなり密集していたらしい。宮殿は全体を回廊で囲み、中心の北寄りにある正殿は、九間×三間で三室に区切られ、南辺の二か所に階段がある。

二号宮殿は『尚書』顧命《こめい》から復元される建物と配置がよく似ている。西周時代のはじめ、成王の顧命（遺詔）をうけて康王が即位したとき、まず正殿には玉器を主とする各種の宝器が並べられ、王は西の賓階《ひんかい》から、大臣らは玉圭《ぎょくけい》や酒器を手にして東の阼階《そかい》から堂にのぼり、即位の冊命《さくめい》が読みあげられたのち、酒を酌み交わす儀礼がおこなわれた。二号宮殿でそのような儀礼がおこなわれたという確証はないが、ここは王の居室に近いところで王室行政と儀礼をおこなう内朝にあたるのだろう。

二里頭遺跡では、二里頭二期の区画整備を基礎に、二里頭三期に整斉な長方形の宮城がつくられ、外に開かれた一号宮殿の外朝と王室行政や儀礼をおこなう二号宮殿の内朝とに宮城の機能が分化したのである。

## 二里頭文化の玉器

二里頭文化の玉器には、刃をもつ大型の玉璋《ぎょくしょう》・玉刀《ぎょくとう》・玉斧《ぎょくふ》・玉戈《ぎょくか》と小さな棒状の柄形《へいけい》玉器がある。そのうち玉璋・玉刀・玉斧は前三千年紀にはじまり、二里頭文化に盛行するが、つづく二里岡文化には消滅した。これにたいして玉戈と柄形玉器は二里頭文化に出現し、二里岡文化以後にいっそう発展した。このほか前三千年紀末の石家河文化でつくられた玉器が伝世して二里頭二期の墓に副葬されている。しかし、前三千年紀に中国の東から西までひろがった玉琮と玉璧は、二里頭遺跡ではまだ発見されていない。

玉璋とは、短冊形の先端が内湾する刃となり、基部近くの両側にギザギザの突起をもつものである。前三千年紀後半の山東龍山文化に出現し、前三千年紀末には遠く陝西北部で盛行した。二里頭文化の玉璋（図17-1・2）は長さ五〇センチほど、基部近くの両面に細い平行線を刻むものが多く、龍山文化のものより装飾性が高まった。四川省三星堆《さんせいたい》遺跡には、ひざまづいて両手で璋をささげもつ銅人像（図17-4）があり、祭祀や儀礼の場で用いられたことがわかる。三星堆遺跡にはまた、山の麓に璋の立つ文様を刻んだ玉璋があり、山岳祭祀にかかわる祭玉であったと考えられる。『周礼』考工記「玉人」とその注釈に、天子が巡狩《じゅんしゅ》のとき玉璋を用いて山川をまつるというのは、そのような古い伝承をとどめたものであろう。

収穫具の石包丁が大型化した多孔石刀は、長江下流域の薛家岡文化に起源し、前三千年紀に黄河中上流域にひろがった。そのなかで石刀から玉刀に変化し、長大な多孔玉刀が黄河の下流域から上流域まで点点と分布している。二里頭文化の多孔玉刀（図17-3）は長さ五〇センチをこえる長大な刃をもち、背の近くに三または七つの孔がある。孔の数が奇数であることは、薛家岡文化の多孔石刀にはじまる規範であった。玉璋と同じように両手で神にささげたり、社交儀礼のなかで授受されたものであろう。両側辺に削りだしたギザギザの装飾や細い平行線を刻んだ文様は、二里頭文化にはじまる新

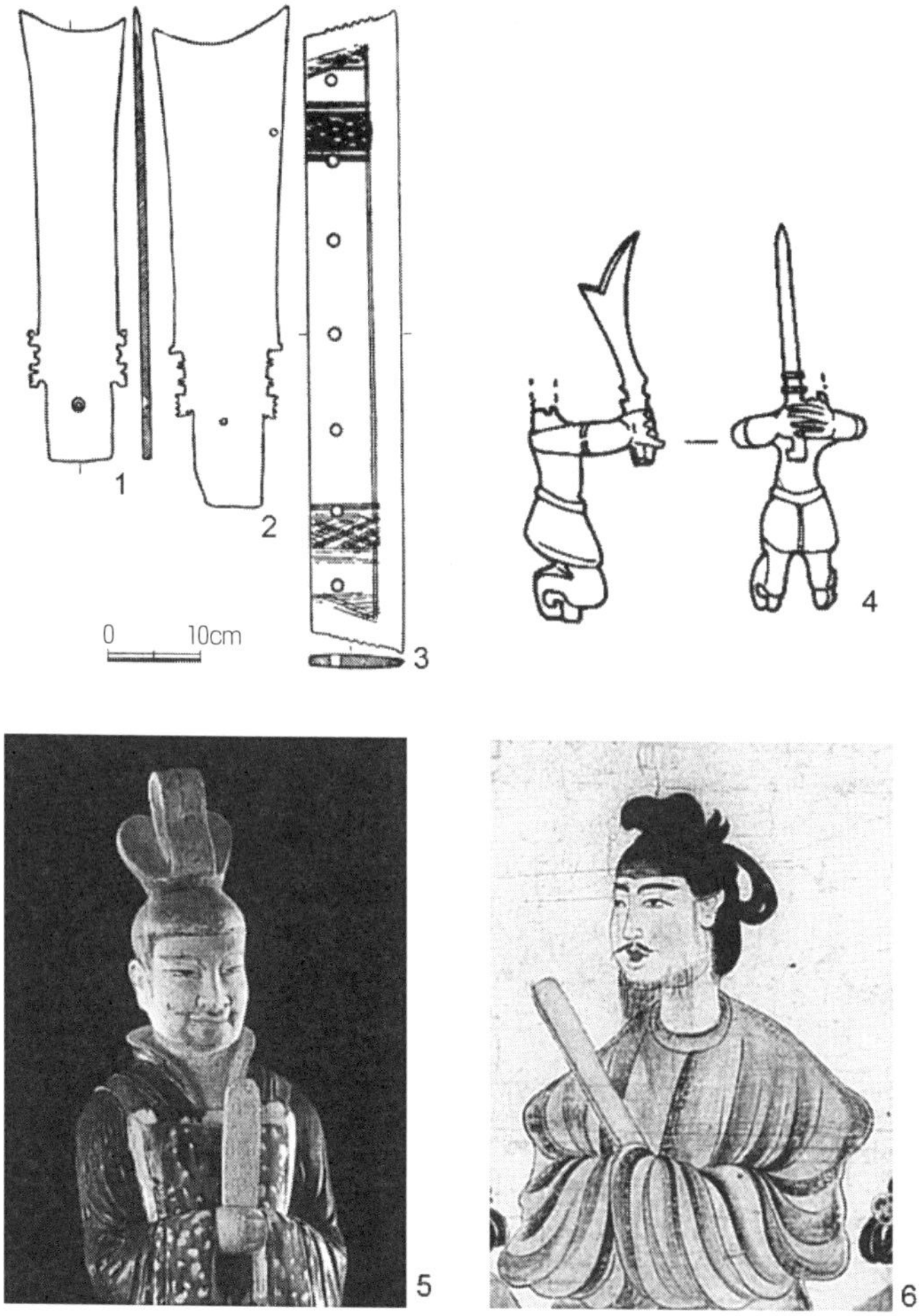


**図17**●二里頭文化の玉器（1–3）、三星堆遺跡の銅人像（4）、古代の笏（5・6）。

しい特徴である。

短冊形の玉斧は、玉圭と呼ばれることも多い。玉刀や玉璋よりも小さく、長さが二〇センチ前後で、基部の近くに一ないし二つの孔がある。二里頭遺跡Ⅲ区二号墓から出土した玉斧は、二孔の間に雷文を刻み、下の孔から基部の三方に放射状の朱線を描いている。玉璋と同じように祭儀の場で玉斧をそのまま手でささげもったのだろう。

大きな刃をもつ玉鉞は、新石器時代から二里頭文化に存続しているが、それには柄を装着して実用にしたものと、玉璋や玉斧のように手でささげる儀礼用のものとに大別できる。柄の装着に適した玉石鉞は重厚なつくりで、墓以外の生活層から出土し、実戦に用いられたものであろう。これにたいして墓に副葬された玉鉞は、側辺をギザギザの突起で装飾したものや中央に大きな円孔をあけた薄手のものがあり、玉璋や玉斧と同じように宮廷儀礼に用いられたものであろう。

戈とは、剣形の刃を柄にほぼ直角に装着し、ふりまわして刃を撃ちこんだり引っかけたりする武器である。柄に差しこむ基部は、両刃より一段幅が狭くなった部分に綴じつけの孔をあけるが、その孔は紐を通して柄に縛りつけるには不適当な位置にあり、玉璋や玉斧と同じように、柄に装着しないでそのまま両手にささげもったのだろう。孔の近くにギザギザの装飾と細い平行線を密に刻んだものがあり、この点でも玉璋と共通している。玉戈の起源についてはわからないことが多いが、陝西省石峁遺跡では三角形に尖った先端部のみに刃をもつ初期の玉戈が多数の玉璋とともに出土し、三星堆遺跡では先の尖った戈形の玉璋があることからみると、玉璋から玉戈が生みだされた可能性が高い。

これにたいして扁平ないしは棒状の柄形玉器は、長さ二〇センチ以下の小さなもので、頭部の下をわずかに刳りこみ、基部が少し細くなっている。林巳奈夫は古典籍にみえる「大圭」をこれにあて、なにかに突き立てて神を呼び降ろすために用いられたと考えている。(70)「大圭」の「大」は大きいという意味ではなく、尊いという意味である。なかでも二里頭三期のV区四号墓から出土した柄形玉器は、神の宿る依り代にふさわしく、神面と花弁とを二段ずつ交互に刻んでいる。柄形玉器は玉琮と共通する役割をもち、それにかわる簡便な依り代として創作されたのであろう。

## 宮廷儀礼に用いる瑞玉の出現

祭玉とは祭祀のときに神の依り代として用いる玉器で、瑞玉《ずいぎょく》とは貴族が朝廷に参内したり貴族どうしが会同するときに持参する玉器である。(71)玉は美しい石であるため、最初は装身具として用いられ、良渚文化において玉琮や玉璧などの祭玉が出現した。そして二里頭文化に宮廷儀礼が整うなかで生みだされたのが瑞玉である。

わが国の皇室や神社で古式にのっとった儀式のときには、衣冠束帯で右手に笏を所持するのがきまりである。それは七世紀に唐から律令制にともなって受容されたものだが、「笏」の音《こつ》が「骨」に通じることが嫌われ、その長さが一尺であるため、「シャク」と呼ばれるようになった(図17-5・6)。

周代の「笏」について『礼記』玉藻《ぎょくそう》は、諸侯が天子に朝見するときや、大夫が他国を訪問するとき、射の儀礼をおこなうときには、細長い板状の「笏」をつねに所持し、主君に奏上したり、主君から命令をうけるときにも「笏」を用いなければならないとし、身分によって形と大きさ、材質が異なり、天子は美しい玉、諸侯は象牙、大夫は鮫《さめ》のひげで飾った竹、士は竹または象牙で飾った竹であったという。このような「笏」は別の古典籍に「圭」と呼ばれた瑞玉と形や使い方がよく似ている。『周礼』典瑞《てんずい》には、王と諸侯の五等爵（公・侯・伯・子・男）に応じて玉で六種の「圭」をつくったとあり、宮廷ではそれを剣のように帯に差しはさんで参内したという。また、王は諸侯に任命するときに「玉圭」を授けたという記事がひんぱんにみえる。このような古典籍にみえる「笏」や「圭」は細長い板状の玉器であり、王侯貴族としての身分や権威を象徴し、宮廷儀礼には必ず携帯しなければならない瑞玉であった。

二里頭文化の玉器のなかで「玉圭」とみなされてきたのが、短冊形の玉斧である。「笏」に類似するその形からみて、「笏」の原形であり、二里頭文化のときに衣冠束帯の貴族が朝廷で所持する瑞玉の「玉圭」として用いられたと認められる。また、同時期に出現した大型の有刃器の玉璋・玉刀・玉戈もすべて柄に装着することなく手でささげもったものであり、その板状の形からみて、古典籍の「笏」ないしは「圭」にあたるものであろう。このような種類のちがいは、所持する貴族の出自や職務のちがいをあらわすのかもしれないが、少なくともそれらは宮廷儀礼に用いる瑞玉であり、二里頭文化では刃をもつことが要件とされたことは確かであろう。

二里頭文化の玉器には、装身具類は少なく、二里頭二期に神霊の依り代となる祭玉の柄形玉器がまず出現し、二里頭三期に玉璋・玉刀・玉斧・玉戈などが出現した。そのような刃をもつ瑞玉は、斧や戈という本来の装着方法や用途とはかかわりなく、貴族としての権威を表象し、宮廷での君臣関係を秩序づける「玉圭」あるいは「笏」として用いられた。宮城と外朝の出現に歩調をあわせ、二里頭遺跡にそうした瑞玉が創成されたのは、王権とそれを維持する宮廷儀礼が二里頭三期に整備されたことを裏づけている。

## 飲酒儀礼の革新

古代の儀礼には必ずといってよいほど飲酒がともなっている。中国古代の酒は、いまの日本酒と同じように、穀物をアルコール発酵させてつくった醸造酒である。これにハーブで香りをつけ、温めて飲むことが多かった。二里頭文化の酒器には、酒を温めて注ぐための盉《か》・鬹《き》・爵《しゃく》、酒を飲むための觚《こ》などがある。最初は土器だけで、聖なる祭儀に使うため、精良な粘土を用いて特別ていねいにつくられた。日常生活の場から出土することは少なく、多くは墓に副葬されたものである。銅の酒器が出現したのは二里頭三期である。最初につくられたのは土器の形をまねた小型の爵で、二里頭四期にやや大型の斝《か》と盉がつくられるようになった。銅器は土器より熱効率がよいので、口をつけて飲む杯《さかづき》ではなく、火にかけて温める酒器から製作がはじまったのである。しかし、銅原料の入手はむずかしく、銅器の鋳造には高度な技術が必要であったから、数は少なく、一部の上位貴族しか用いることができなかった。酒をいれておく壺や尊までが銅でつくられるのは、大型品の鋳造が可能になる二里岡文化になってからのことであった。

酒を温めて注ぐ盉は、袋状の三足と把手をもち、蓋に酒をいれる大きな口と管状の小さな注ぎ口がある。酒に薬草を混ぜて煎じたり、香りをつけるための器で、山東龍山文化の鬹に起源がある。三足と把手をもち、くちばし状の注ぎ口が口縁部とつながっているのが鬹で、これに蓋と管状の注ぎ口をとりつけたのが盉である。二里頭文化の盉や鬹に精美な白陶や黒陶が多いことからも、山東龍山文化との関係がうかがえる。

酒を温める土器として、二里頭文化には数は少ないが、ほかに斝がある。口のひろがった壺に把手と三足をつけた形で、二里頭四期に銅斝が出現し、二里岡文化に盛行する。二里頭文化の斝は、盉と同じように鬹から派生したものと考えられるが、注ぎ口がなく、勺で酒をすくったのであろう。

酒を温めて注ぐ小型の土器に爵がある。爵は横断面がアーモンド形の壺に板状の把手と棒状の三足がついたもので、把手の左に細長い流し口がある。爵の起源について、全体の形と用途は鬹や盉と関係がありそうだが、大きさ、把手の位置、足の形がちがうため、爵は二里頭文化で創出されたと考えられる。銅爵は土器のそれを模倣した形で、楕円形の平底に断面三角形の細い足がつき、細く締まっ

**図18●**二里頭文化の銅爵（上）、二里岡文化の銅爵と現代の急須・ポット（下）。

た腰から細長い流と尖った尾がぴんとのびた、軽快な形である（図18上）。二里頭遺跡から十数点が出土し、高さは一〇～二〇センチ、二里頭文化の三期から四期へと流・尾・足がしだいに長くなっている。その鋳型は、内型のほか、外型は少なくとも両側と底との三つがあり、最低でも四つの鋳型を組みあわせて鋳造している。銅爵は二里岡文化にいっそう発展し、杯の觚とセットになって代表的な酒器として西周時代まで盛行した。

爵は把手の左に注ぎ口がのびている。殷代の銅爵では把手の反対側に文様の正面があるから、把手のある側が背面である。三足のうち一足は把手の下にあり、ほかの二足は正面の両側にある。この配置の原則は例外なく厳格に守られている。このような非対称の器は、わが国の急須など、世界的に例が少ない。西洋のポットは把手と注ぎ口とが一直線をなしているからである（図18下）。この爵で酒を注ぐばあい、右手の人差し指を把手にいれ、正面を相手に向けて左に爵を傾けるのが自然であり、明らかに右利き用につくられている。もしこれを左手で持つならば、胴部を握る持ち方になり、親指で文様が隠れてしまうし、把手のある背面を相手にみせることになるからである。左利きには不便なこの原則は、爵が消滅する西周時代まで一〇〇〇年近くつづいた。このことから、爵の持ち方や酒の飲み方など、こと細かな礼儀作法があったことがうかがえる。

細長い杯の觚は前三千年紀の觚形杯に起源し、細長い筒形の觚に変化するのは二里頭文化になってからである。觚はシンプルな形でつくりやすく、火にかけることもないため、木や象牙などでもつくられた。龍山文化の山西省陶寺遺跡では木製の觚形杯、二里頭遺跡では漆觚が出土し、殷後期には複雑な文様を彫刻した象牙の觚、西周時代には金箔や緑松石で飾った漆觚など、華麗な工芸品がつくられた。このような有機物でつくられた礼器は銅器ほど注目を集めていないが、礼書をみると、神にさ さげる重要な礼器には木器が多く用いられており、こんにちの価値観で木器は銅器より劣っていたと考えるのはまちがいである。

## 宮廷貴族の墓

二号宮殿の下層で発見された二里頭二期の三号宮殿は、中庭をもつ三組以上の院落が連接した構造で、およそ東西五〇×南北一五〇メートルの長大な規模がある。南院の中庭には宮殿と同時期の墓が東西に整然と並列し、そのうち五基が発掘された(72)。いずれも墓坑の長さが二メートルほどで、木棺をいれるだけの小さな墓だが、三号宮殿は内朝の中心である二号宮殿の前身とみられること、その王宮の中庭に位置すること、めずらしい副葬品をもつことから、王族または王に侍従する貴人の墓と考えられている。副葬品のなかでとりわけ注目されたのは、三〇~三五歳の男性を埋葬した三号墓の龍形杖である。全長七〇センチあまり、二〇〇〇片ほどの緑松石をモザイク状に象嵌し、龍の体躯は波状にくねらせて尾を巻き、四角い顔には白玉で鼻筋と両眼をあらわしている。また、被葬者の腰のあたりには玉舌をともなう銅鈴があり、被葬者の頸部からは孔のあいた南海産のタカラガイが九〇点ほど、頭部からはイモガイなど南海産の巻貝の螺塔《らとう》部をかたどった白陶《はくとう》の頭飾が三点、石家河文化より伝世してきた鷹形玉笄などが出土した（図19）。

中国において龍は王権のシンボルであったから、龍形杖を副葬した三号墓の被葬者像をめぐって、王または王に近い司祭者を想定する説が提起されている。しかし、その墓は二里頭文化のなかで傑出して大きいわけではなく、三号宮殿の中庭に並列している小型墓のひとつにすぎない。むしろ石家河文化の玉器や南海産のタカラガイを大量に副葬していることから、被葬者は遠隔地との交易を主導した有力者であった可能性が高い。とりわけタカラガイは殷周時代の王が臣下に賞与する最高の下賜品であったから、このときタカラガイ交易を掌握した有力者はますます権威を高めることになり、やがて政治的・経済的な権力をも集中させることになったのであろう。

二里頭三期に外朝が成立し、宮廷儀礼に用いる瑞玉や銅酒器などの礼器が出現すると、そうした副葬品をもつ宮廷貴族の墓があらわれる。墓坑の長さは最大のⅢ区二号墓でも二・九メートル、その幅もほとんどは一メートルに満たない小型墓で、王墓と認めうるような大型墓はまだ発見されていない。しかし、副葬品をもとに、およそ四つの階層に区分できる。第一類は銅爵を副葬した墓で、各種の銅器や瑞玉をともなっている。墓坑は比較的大きい。第二類は飲酒用の土器を副葬した墓で、食器や貯蔵用の土器をともなうほか、柄形玉器などの祭玉、銅鈴、緑松石を象嵌した獣面銅飾を副葬することもある。墓坑の幅は一メートルに満たない。第三類は酒器以外の土器を副葬した墓で、墓坑は小さい。

**図19**●二里頭3号宮殿にともなう墓の副葬品（二里頭2期）。

第四類は副葬品をもたない墓である。

二里頭三期に出現する第一類の墓は、二里頭遺跡だけにみられ、王朝の中枢にいる貴族を埋葬したのであろう。第二類と第三類は二里頭二期に出現し、周辺地域の遺跡でも発見されている。西史村《せいしそん》一号墓は土器の盉と爵のほか、柄形玉器やタカラガイを副葬する第二類である。洛陽の東馬溝《とうばこう》遺跡では一一基の墓、その南にある南寨《なんさい》遺跡では二五基の墓が発掘され、その多くは第二類であった。とりわけ南寨から出土した白陶の盉や鬹などは二里頭遺跡の出土品よりも精美で、墓坑は小さいが、朱砂を敷いた墓や木棺墓も発見されている。このような二里頭遺跡の周辺に分布する第二類の墓は、被葬者がそれぞれの集落の有力者で、王都における儀礼にしばしば参加していたのだろう。つまり、瑞玉や銅酒器を保有する第一類の被葬者は宮廷儀礼を差配する貴族であり、第二類以下の被葬者は王朝に従属する人びとであったと考える。

かつて二号宮殿の正殿と北壁との間に面積が二二平方メートルにおよぶ「大墓」があると報告され、宮殿の中軸線上にそれが位置することから、二号宮殿と同時につくられた王墓とみる見解があった。この二〇年以上も信じて疑われなかった「大墓」について二〇〇二年に再発掘したところ、わたしがかねて指摘していたとおり墓ではない可能性が高まったという。(73) 「大墓」が虚構であったとしても、宮殿・青銅器・玉器の発達した二里頭文化にふさわしい王墓が存在した可能性までは否定できない。しかし、三号宮殿の中庭や宮城の近くで発掘されている墓は大きさに格差がほとんどなく、王朝の成立する二里頭三期には宮廷儀礼に用いる瑞玉や銅酒器がそうした小型墓に副葬されていることからみて、傑出した王のいない貴族共和制を想定しておく必要があるかもしれない。少なくとも現状では、つぎの二里岡文化まで王墓の存在を示す確実な証拠はないからである。

## 中国文明を特徴づける宮廷儀礼の成立

古代中国では政治と祭祀とは不可分のもので、祭政一致の王権が長くつづいた。その規範が「礼」である。『周礼』大宗伯《だいそうはく》によれば、「礼」には吉礼・凶礼・賓礼・軍礼・嘉礼の五礼があった。吉礼は天地神や祖先神の祭祀、凶礼は葬儀、賓礼は王や貴族が面会する政治、軍礼は軍事、嘉礼は婚礼・出産・冠礼（成人式）・饗宴などをいう。このように礼は支配者である貴族たちの社会生活にかかわるもので、英雄たる王の個人的な能力によって統治するのではなく、さまざまな族集団が血縁的な秩序を基礎にしながら自分たちの権益を守るために統合する規範が礼であった。

二里頭遺跡の発見は、その「礼制」の原初形態を明らかにした。遺跡の中心には宮城があり、一号宮殿を中心とする外朝と二号宮殿を中心とする内朝とに分かれていた。とくに一号宮殿は回廊で囲まれた中に王が臨朝する巨大な正殿、多数の臣下を収容できる中庭、いちどに三つの通路から分かれて入場する南大門からなり、西周金文や儒教経典にみえる宮殿、ひいては漢代から明清代にいたる宮殿と基本的に同じ構造をもっている。そこは王が臣下に謁見し、君臣関係を目にみえる形で表象する、宮廷儀礼の場であった。

その宮廷儀礼に用いられた玉器が「玉圭」で、二里頭文化の玉璋・玉斧・玉刀・玉戈などの大型有刃玉器がそれにあたる。それは貴族としての権威を表象し、宮廷での君臣関係を秩序づけるものであり、宮廷儀礼の整備にともない、神まつりに用いる祭玉から宮廷儀礼に用いる瑞玉へと転化したのである。この「玉圭」はのちに衣冠束帯の貴族が朝廷で所持するべき「笏」となり、わが国の古代王朝にもその制度が受容されて、こんにちにいたっている。

「礼《れい》」の本字「禮」は「醴《れい》（酒）」を用いた儀式のこと。宮廷儀礼には必ずといってよいほど飲酒儀礼がともなっており、それが成立したのは二里頭文化であった。酒を温めて注ぐ三足の盉・鬹・爵、酒杯としての觚が出現し、そのまま殷周時代の銅酒器に継承されていった。とりわけ爵は非対称の特異な形の原則が一貫して遵守され、その持ち方や酒の注ぎ方など、こと細かな礼儀作法があったことがうかがえる。

外朝の一号宮殿と内朝の二号宮殿、瑞玉の「玉圭」、銅爵を主とする銅酒器が出現したのは二里頭三期である。それはその時期に宮廷儀礼、ひいては「礼制」を整えた王朝の成立をものがたる。この時期を中国文明の誕生とみなすゆえんである。

## 2　中国的世界の形成

### 二里頭文化からひろがった土器

二里頭文化は河南中西部の龍山文化王湾《おうわん》類型を母胎に成立し、二里頭遺跡を中心とする半径一〇〇キロほどの範囲にひろがっていた。その周囲には、山西南部に東下馮《とうかふう》文化、山東から河南東部に岳石《がくせき》文化、河南北部から河北南部には輝衛《きえい》文化や漳河《しょうが》型《がた》文化など、独自の土器文化が分布している(74)。

二里頭文化の土器のうち、飲酒儀礼に用いた盉は山東龍山文化に起源する鬹をもとに創出された。その成立と展開について杜金鵬《ときんほう》は(75)、つぎの四つの段階に区分している。第一段階には、山東からもたらされた鬹をモデルに河南龍山文化で盉が生みだされ、河南から陝西や湖北にもひろがった。二里頭一～二期の第二段階は、型式の多様化が進み、陝西や長江流域でも独自の変化がみられる。二里頭三期から二里岡下層期の第三段階は、多様な盉の型式が一型式に収斂するいっぽう、長江中上流域に第二段階の型式が拡散する。第四段階は前二千年紀後半で、わずかに長江上流域の四川盆地においてのみ存続している。土器の盉は黄河中流域で消失するものの、銅盉は二里頭四期に出現し、二里岡文化以後に盛行したから、黄河中流域では土器が銅器に転換したことになる。

二里頭文化に隣接する山西南部の東下馮文化では、成年男性を埋葬した東下馮四〇一号墓に二里頭三期の盉と爵が在地の罐とともに副葬されていた。また、山西中部の上荘村《じょうしょうそん》遺跡では、多数の在地の土器に混じって二里頭文化の爵がふくまれていた。これらは土器そのものが隣接する別の文化集団に持ち運ばれた例である。このような搬入土器の数は少ないし、それを用いた飲酒儀礼が山西中南部に根づいた形跡もみあたらない。

これにたいして黄河中流域をこえた地域には土器の形の情報が伝わり、それぞれの地域で模作された（図20）。爵や盉などの特異な形の土器は、三足の酒器をつくる伝統のないところでは、おそらく現物を前に置いて模作されたのであろう。

夏家店下層《かかてんかそう》文化の内蒙古自治区大甸子《だいでんし》遺跡は、北京から北に長城をこえた遼河上流域に位置している。雑穀の畑作とブタ・イヌの畜産を主とする農耕集落で、長方形の城郭の外側にある共同墓地では八〇〇基あまりの墓が発掘されている。そのうち一三基の墓から計二四点の爵・鬹・盉が出土し、七基には漆觚の痕跡もあった。二里頭文化と同じように、大型の鬹または盉と小型の爵とが組みあわさり、それらを副葬した墓は規模が比較的大きい。爵は二里頭二期から三期のものに形と大きさが類似し、把手・注ぎ口・三足の配置も二里頭文化の原則が厳密に守られている。鬹・盉も二里頭二期のものに形が似ている。文様を詳しくみると、二里頭文化のものより煩雑で、文様の刻み方や土器の色に少しちがいがある。このため、二里頭文化から土器そのものが持ち運ばれたのではなく、それを現地

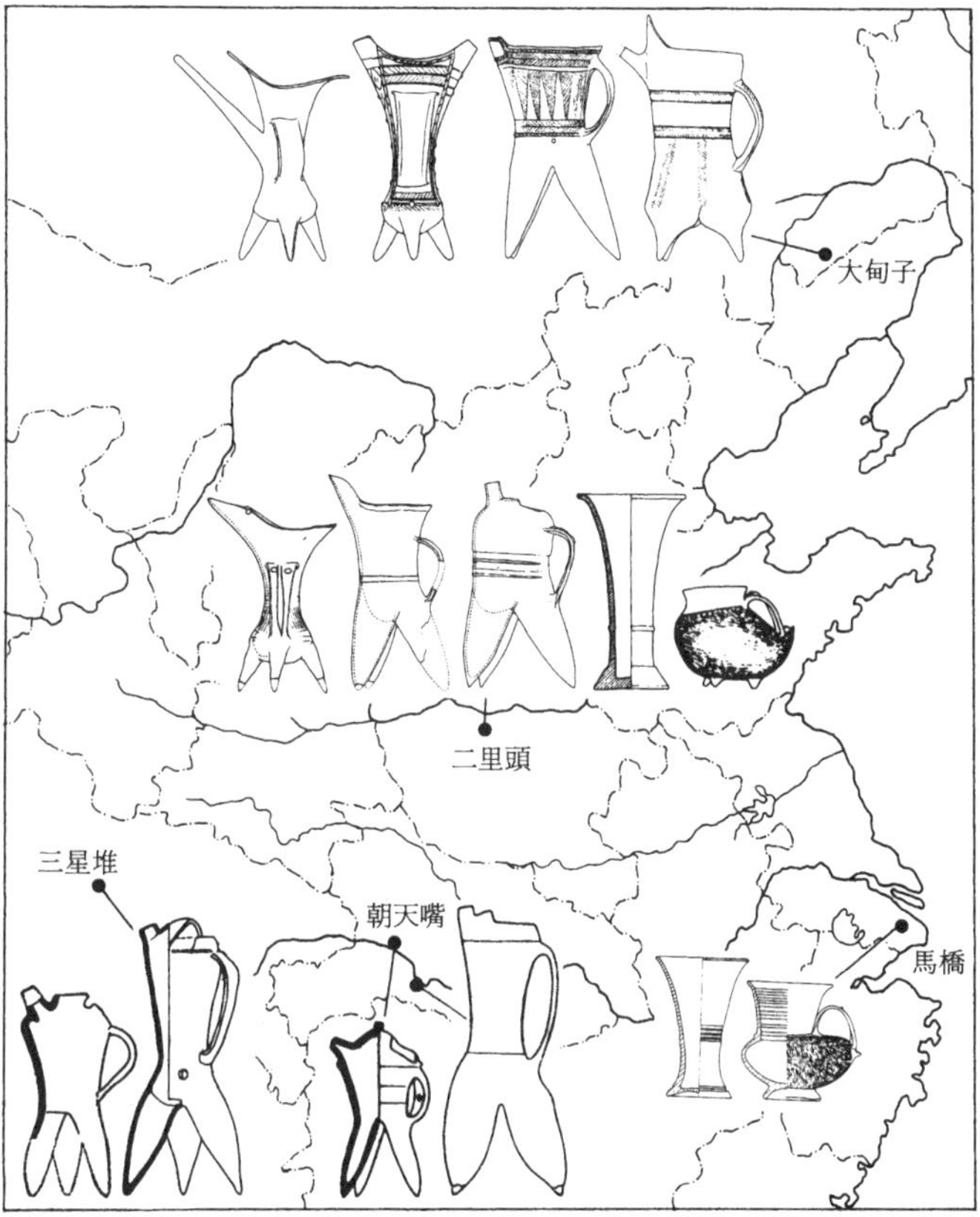


図20●二里頭系土器の拡散。

で忠実に模倣してつくったと考えられる。しかし、漆觚もふくめて二里頭文化の酒器が各種そろい、形や大きさも二里頭文化とかなり近似していることからみれば、酒器を用いた飲酒儀礼そのものが二里頭文化から直輸入された可能性があろう。また、このような酒器はもっぱら最上位の大型墓に副葬されているため、大甸子の有力者たちが二里頭文化との交流を独占していたのであろう。

いっぽう長江下流域では、良渚文化が衰退したのちに河南龍山文化の土器がひろがり、やがて前二千年紀に馬橋《ばきょう》文化が出現する。二里頭文化の影響をうけて定着したのは觚であり、生活層から大量に出土している。各種の酒器のうち觚だけを二里頭文化から選択的に受容し、現地で製作したのである。反対に馬橋文化で盛行した鴨形壺やスタンプ文をもつ土器が二里頭遺跡から出土している。鴨形壺は二里頭一期に一点あり、スタンプ文は二里頭二期に多い。二里頭二期の三号宮殿にともなう墓から出土した灰釉《かいゆう》陶器も、長江下流域で製作された可能性が高い。そのころ二里頭文化と馬橋文化との相互交流が活発化したことがうかがえる。

長江中流域では二里頭文化の系統を引く鬶と盉がある。すべて生活層からの出土で、土器全体の中で占める比率は低く、大甸子墓地のように酒器の各種がそろっているわけではない。

長江上流域の四川盆地では前三千年紀に巨大な城郭集落が数か所に出現した。前二千年紀の三星堆遺跡は、東西二〇〇〇×南北一〇〇〇メートル以上の巨大な城郭をもち、異形の神面・人頭像・神樹などの銅器、玉璋をはじめとする多数の玉器などが知られている。これらを指標とする三星堆文化には、在地の特色をもつ多数の土器に混じって二里頭文化に由来する盉が出土している。その形は湖北西部の型式を継承し、それがしだいに長大化する。三星堆遺跡のほかにも四川盆地の各遺跡に点在し、すべて生活層からの出土である。

以上のように、二里頭文化に起源する土器は黄河中流域の周辺地域を飛びこえて北や南に遠くひろがっていった。いずれの地域も各種の土器のうち酒器だけを選択的に受容したが、それぞれに対応がちがっている。北の大甸子墓地では在地の有力者が爵・鬹（盉）のセットを受容し、墓に副葬した。これにたいして長江の中・上流域では鬹と盉だけ、下流域では觚だけを受容し、すべて生活層からの出土であった。これは、夏家店下層文化の大甸子では社会の階層化が進んでいたため、身分表象としての飲酒儀礼を有力者が二里頭文化から積極的にうけいれたのにたいして、長江流域では庶民が生活用の土器としてうけいれたことを示している。

## 二里頭文化からひろがった玉器と青銅器

長江下流域の良渚文化で発達した玉琮や玉璧は、前三千年紀に黄河中流域に受容され、そこから西に黄河上流域まで拡大していったが、二里頭文化にはほとんど継承されなかった。しかし、前三千年紀後半に黄河の下流域から上流域までひろがった玉璋・玉斧・玉刀などの大型の有刃玉器は、二里頭文化において宮廷儀礼用の瑞玉として発達した。この有刃玉器のうち二里頭文化から外にひろがっていったのが玉璋である（図21）。

山東龍山文化の玉璋は、先端の刃の内湾がゆるやかで、両側辺には小さな突起があるだけである。長さは三〇センチ前後が多い。二里頭三期には、鶏冠状のギザギザした突起をもち、長さは五〇センチ前後と長大で、基部の近くに細い刻線をほどこしたものがあらわれる。このちがいをもとに龍山式と二里頭式とに分けられる。

陝西北部の石峁遺跡では、これまでに三四点の玉璋が収集されている。いずれも長さは二五センチほど、ほとんどが龍山式で、鶏冠状の突起や細い刻線をほどこした二里頭式の玉璋がわずかにふくまれている。また、黄河上流域の甘粛省新荘坪《しんしょうへい》遺跡でも龍山式が一点発見されている。玉璋は前三千年紀のうちに山東から陝西北部・黄河上流域にまでひろがったのである。

二里頭文化をはぐくんだ伊河・洛河と黄河との合流点に近い河南省花地嘴《かちし》遺跡(76)では、二里頭一期の祭祀坑から玉璋が出土した。その玉璋は全長三〇センチ、刃の形は龍山式に近いが、両側辺には低いギザギザの突起があり、龍山式から二里頭式への中間に位置づけられる。それが山東龍山文化の直接の系譜を引くものか、陝西北部の影響かはわからないが、二里頭文化のなかで二里頭式玉璋が生まれたことを示している。ただし、祭祀坑からは彩色をほどこした特異な土器も出土し、その玉璋は瑞玉ではなく、神まつりの祭玉として用いられていたのである。

漢水流域の陝西省東龍山《とうりゅうざん》遺跡では二里頭文化の住居や墓が発掘され、五〇歳ほどの男性を埋葬し

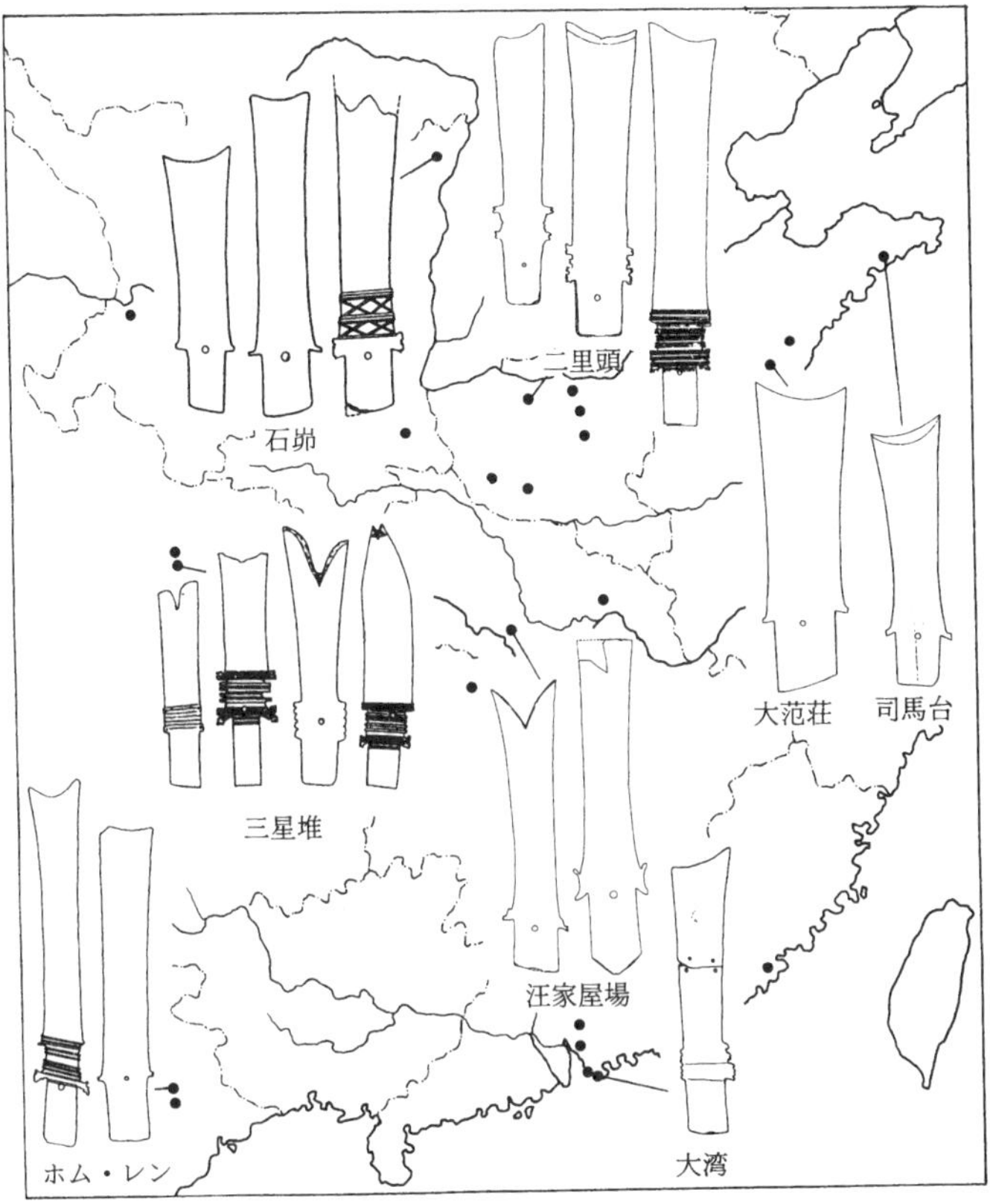


図21●玉璋のひろがり（黒丸は玉璋の出土地)。

た二里頭二期の八三号墓から玉璋・玉石鉞・玉璧などが出土した。玉璋は長さ二八センチの龍山式で、玉質と形が陝西北部の例に近似する。ここから丹江を下った河南南部の南陽盆地では、龍山式と二里頭式の両方が採集されている。

南陽から南下すると、江漢平原の低地に位置する湖北省汪家屋場《おうかおくじょう》遺跡では、玉璋二点と璧形石鉞が採集されている。付近には石家河文化後期の土器が散布するが、璧形石鉞は二里頭文化のものである。玉璋のひとつは先端がV字形に深く切れこみ、もうひとつは直線的な刃をもつ。前者は長さ三六センチ、後者は四一センチと長大で、どちらも両側辺の突起は龍山式から二里頭式への過渡的な特徴である。また、長江の南にある湖南省梚岡《きこう》遺跡では、長方形の坑から玉璋三点と盉形土器片が採集されている。玉璋のひとつは長さ一九センチの龍山式、もうひとつは細かい平行線文と斜格子文とを両側に刻んだ二里頭式で、残長が四八センチもある。これら長江中流域にひろがった玉璋には龍山式と二里頭式の両方があり、盉形土器と同じように二里頭二〜三期に黄河中流域の二里頭文化から伝播したものであろう。玉璋はここから西と南の二方向に分かれて拡散していった。

長江をさかのぼった西ルートでは、四川盆地の三星堆文化に玉璋が盛行する。殷後期に並行する三星堆遺跡では一号坑から四〇点、二号坑から一七点の玉璋がまとまって出土した。それは先端の刃が二股のスキ先状にひろがった二里頭文化に起源するタイプと、三星堆文化で生みだされた先尖りの戈形タイプとに分けられる。前者のタイプのうち先端がV字形になったものは湖北省汪家屋場例を祖形とし、土器の盉と同じように湖北から四川にひろがったことをうかがわせる。しかし、両方のタイプとも基部近くの両側辺にギザギザの装飾をほどこし、二里頭式の玉璋をまねて現地でつくったことは明らかである。細かい線刻をほどこしたものも二里頭式の特徴である。三星堆一号坑から出土した玉璋は残長一六二センチにおよぶ巨大な短冊形で、二里頭式に特徴的な細かい平行線文と斜格子文とを両側に刻み、二里頭遺跡や湖南省梳岡遺跡の例によく似ている。

長江中流域から南に拡散するルートでは、福建から広東・香港・ベトナムにかけての沿海岸で散発的に玉璋が発見されている。香港大湾六号墓から出土した玉璋は、長さ二二センチ、基部には孔がないが、両側辺に大げさなギザギザの装飾がある。中央で二つに折れたため、二対の補修孔をあけて綴じあわせていた。修理をしてまで使いつづけた貴重品である。このような二里頭式の玉璋のほかに、香港大嶼山《だいしょざん》東湾遺跡やベトナム北部のホム・レン遺跡からは龍山式の玉璋が出土している。龍山式と二里頭式とが同じ遺跡から出土することもあり、長江中流域の影響により二種類の玉璋が組になって南に伝わったのであろう。

このように長江中流域と南中国・ベトナム北部には龍山式と二里頭式の玉璋があり、盉形土器と同じように二里頭二〜三期のころに拡散の契機があった。湖南省梳岡遺跡では龍山式・二里頭式玉璋に盉形土器がともない、それらが同時に用いられていたことを裏づけている。ただし、南中国・ベトナム北部には土器の盉はひろがっていない。これにたいして長江上流域の玉璋は二里頭式がほとんどで、その先端を戈形に変えたタイプが新たに創出され、長江中流域の系譜を引く盉形土器とともに殷後期まで継続した。

このような玉璋のひろがりは、二里頭文化の中心から周辺へと直接もたらされたわけではなく、前三千年紀の地域間交流を基礎に、隣接する地域の間を少しずつ情報が伝わっていったのである。しかも、各種ある玉器のうち玉璋だけが選択的に受容されている。それは二里頭文化に発信源としての主体があったのではなく、あくまでも受容する側に主体があったから、南には玉璋だけが伝播し、二里頭文化において創作された玉戈や柄形玉器はどの地域にもうけいれられなかったのである。

いっぽう、草履形の銅板に透彫りした獣面文をあしらい、地の部分に緑松石片をモザイク状に填めこんだ銅牌は、二里頭文化に特徴的な銅器である。それは円い目の獣面と目尻のつりあがった獣面とに二分できる。

三星堆遺跡の真武倉包包《しんぶそうほうほう》で発見された祭祀坑では、多くの玉石器にともなって三点の銅牌が出土した。そのひとつは円い目の獣面文がデフォルメされた形の銅板に緑松石を象嵌したもので、もうひとつは唐草状の文様に変形した透かし板、ほかのひとつはたんなる銅板である。また、三星堆遺跡から西北一〇キロのところでも、デフォルメの進んだ獣面文銅牌が採集されている。三星堆文化では二里頭文化の円い目の獣面文銅牌をモデルとした模作とその改作がおこなわれたのである。

渭河をさかのぼった甘粛省天水市では、つり目の獣面文銅牌が採集されている。出土遺跡は不明だが、その獣面文は二里頭遺跡の銅牌に類似し、製品そのものが二里頭遺跡から持ち運ばれたのであろう。甘粛東部では玉琮・玉璧・玉璋・玉斧・玉刀が早い段階に伝来したほか、二里頭文化の盉形土器も発見されており、黄河から渭河をつうじた文化交流がうかがえる。

## 銅原料の輸入

二里頭遺跡では宮城外の南に青銅器の鋳造工房があり、二里頭二期には銅鈴や銅牌、二里頭三期には銅爵や各種の銅武器、二里頭四期には各種の銅容器・武器を鋳造していた。これらの銅器は純銅↓銅・錫↓銅・錫・鉛の合金と変化し、二里頭文化の中で少しずつ鋳造技術が進歩していたことがわかっている。これらの銅原料はどこで採取したものであろうか。

銅は中国の各地で産出する。二里頭文化の周辺では河南北部から山西南部の山地に銅鉱が分布しており、なかでも山西最南部の中条山は歴史的にも名高い銅の産地である。二里頭遺跡からその中条山まで直線距離で一〇〇キロあまり、二里頭文化の西辺に位置し、ここで銅原料を採掘したと想定する説が有力である。

これにたいして近年では、銅器にふくまれる鉛の同位体比から原料の産地を推定する研究が進められている。鉛には質量数が二〇四、二〇六、二〇七、二〇八の四種類の同位体があり、その比は鉱山によってちがっている。そこで製作の時代や地域を特定できる銅器の鉛同位体比から、逆にその鉱山の地域を同定する方法が考えだされた。中国の古代ではこれまでに四つのタイプが区分されている。すなわち、前漢鏡のA領域（北中国）と後漢鏡のB領域（南中国）、戦国時代の貨幣では黄河下流域から遼寧にいたるL領域と黄河中流域のA領域、殷代の鄭州城・殷墟・三星堆などから出土した銅器のS領域である。なかでも鄭州城と殷墟が三星堆と同じS領域に属していることは大きな問題で、平尾《ひらお》良光《よしみつ》らはそれがウランの異常に多い特殊な鉛であることから四川・雲南のあたりに鉱山を想定している。[77]いっぽう二里頭遺跡の銅器はおもにL領域に分布し、一部はB領域に接している。同時代の山東省益都《えきと》遺跡から出土した二試料も同じL領域であった。L領域は山東から遼寧にかけての地域にある鉱山と推定されるから、この結果を認めるならば、これまで想定されていた中条山とは反対の、東や東北方面から銅原料を獲得していたことになる。

二里頭文化と同じ時代に、山東には岳石文化、遼寧には夏家店下層文化が存在した。そのうち夏家店下層文化の内蒙古自治区大甸子遺跡は、付近に銅や鉛の鉱山が多く分布している。夏家店下層文化ではすでに銅器の鋳造がはじまっており、大甸子墓地では二五基の墓から五九点の銅器や鉛器が出土している。それらは現地で製作した小型の装身具や装飾具がほとんどで、鉛同位体比は測定されていないものの、二里頭文化に典型的な酒器が大甸子の有力者の墓に副葬されていたことから、ここで採掘された銅原料が有力者間の交易によって二里頭文化にもたらされた可能性があろう。

## 南海産のタカラガイ

銅原料のほかに、遠隔地から二里頭文化にもたらされたものとして南海産のタカラガイ（宝貝）がある。つややかな乳白色で、女性の性器に似た形であるところから、とくに大きなものは子安貝と呼ばれ、安産や豊饒を象徴するものとされた。甲骨文の「貝」字はこれを象った形で、殷周時代には貨幣のように贈与交換に用いられた。

前三千年紀の遼東半島には南海産のツノガイがもたらされ、山西南部や黄河上流域ではタカラガイとそれを石で模倣したものが発見されている。前二千年紀の二里頭文化になると、タカラガイにたいする嗜好がますます高まった。二里頭遺跡では二里頭二期の三号宮殿三号墓からタカラガイが九〇点あまり出土し、二里頭四期のⅥ区九号墓では七〇点、Ⅵ区一一号墓では五八点がまとまって出土している。いずれも銅器や玉器をともなう貴族墓である。洛陽の南にある二里頭三期の南寨一六号墓では成年男性の首のまわりからタカラガイが出土し、二里頭三期の西史村一号墓では柄形玉器や土器の盉・爵にともなってタカラガイ四点が出土した。出土例はあまり多くないが、二里頭遺跡のごく一部の上位者がそれを独占し、周辺地域の有力者にもわずかにおよんでいたことがわかる。

二里頭遺跡では江南でつくられた鴨形土器が二里頭一期にあり、灰釉陶器も二里頭二期の墓から出土している。土器のスタンプ文は二里頭二期に多く出現しているから、そのころに南中国の物産が二里頭文化に流入したとみることができるだろう。

いっぽう、長城をこえた夏家店下層文化の大甸子墓地では、四三基の墓からタカラガイまたはそれを模倣した貝製品が大量に出土している。タカラガイの総数は六五九点、孔をあけて紐で綴じあわせ、頭や腰の飾りとしたもので、五五歳前後の男性を埋葬した七二六号墓では二五五点、三五歳前後の成人を埋葬した六七二号墓では二二六点がまとまって出土した。いずれも二里頭文化に起源する土器の爵や鬶をともなう有力者の墓で、一部の上位者がそれを独占していたことがわかる。タカラガイは江南から海沿いに山東をへて大甸子にもたらされた可能性もあるが、大甸子墓地においてタカラガイと二里頭文化に系譜をもつ酒器とが共存し、夏家店下層文化と二里頭文化との間に銅原料が交易されていたことからみると、二里頭の有力貴族がその交易を仲介していたことも考えられよう。

## 地域間交流の変容

二里頭文化の基盤となったのは二里頭遺跡を中心とする半径一〇〇キロ足らずで、黄河中流域でも山西南部や河南北部・東部には別の文化がひろがっていた。しかし、二里頭文化は周辺の諸文化と緊密に交流していただけでなく、それを飛びこえた遠隔地とも広範な交流をもっていた。二里頭文化から遠隔地にひろがったものは、飲酒用の土器や儀礼用の玉璋など非日常的な儀礼器が主であった。受容した地域ごとに種類や形がばらばらであるため、二里頭文化から積極的かつ体系的な情報の発信があったというよりも、それぞれの地域で主体的かつ選択的に受容されたのであった。このため二里頭文化の要素は、それぞれの受容した地域文化において副次的な位置を占めるだけであった。

反対に遠隔地から二里頭文化にもたらされたものに南海産のタカラガイがあり、銅原料は鉛同位体比法によって遼寧・山東産という分析結果が報告されている。どちらも王朝の貴族にとって威信財となりうる素材で、支配者がその交易を掌握していたのである。タカラガイの交易は、二里頭の支配者を仲介し、さらに長城をこえて内蒙古自治区大甸子墓地におよんだのであった。また、江南でつくられた鴨形土器や灰釉陶器が二里頭遺跡にもちこまれ、二里頭文化の土器のスタンプ文にも江南の影響をみることができる。

このような汎中国的な地域間交流は、前三千年紀の龍山文化にさかのぼる。山東から湖北にかけての豆（高坏）形土器は中国西北部にもひろがり、墓にブタの下顎骨を副葬する風習も同じように山東から長江中流域や黄河上流域に拡散していった。やや遅れて良渚文化の玉琮・玉璧や山東龍山文化の玉璋・玉斧・玉刀などが黄河中流域をへて黄河上流域にまでおよんでいる。反対に黄土高原地帯の鬲形土器やヒツジの飼養、卜骨の風習などは河南から山東にまでひろがっていったのである。総じてみれば、前三千年紀の地域間関係は日常生活から非日常的な儀礼まで、多方向的な交流のネットワークにもとづいていた。

しかし、高い文化レベルに到達していた良渚文化・山東龍山文化・石家河文化・山西龍山文化（陶寺文化）などが前二千年紀はじめまでに相ついで衰退し、交流のネットワークは一時的に崩壊する。そののちに現出したのが、黄河中流域の二里頭文化を中核とする放射型の交流であった。その中心周辺関係は、支配と従属という強制力を背景としたものではなく、また周辺どうしの交流がとだえてしまったわけでもないが、二里頭文化の文化発信力が強まり、周辺地域はたえず二里頭文化に引きつけられながら、二里頭文化を中心に文化が動いてゆくようになったのである。黄河中流域がこのような中国的世界の形成を主導したのは二里頭文化が最初であり、以後、古代を通じて主導的な位置を占めつづけた。二里頭文化はまさに中国文明の曙であったのである。

# 第4章……初期国家の成立——紀元前二千年紀後半の殷周時代

ここでは初期国家が成立した段階の殷王朝と西周王朝をとりあげる。甲骨・金文と古典籍の考証から新しい古史研究を開拓した王国維《おうこくい》は、不朽の名著「殷周制度論」(『観堂集林』第一〇巻、一九二三年所収)において殷王朝と周王朝の社会制度を対比した。殷の王統は兄弟相続が多いのにたいして周は父子相続を原則とし、その嫡子相続によって王と諸侯との君臣関係や中国伝統の宗族制が生まれたと論じた。王国維は殷と周との間に大きな断絶を認めたのである。

しかし、考古学からみると、殷文化と西周文化とは連続している。本章では、文化だけでなく、西周王朝の国家体制もまた殷王朝を継承しており、その一連の殷周社会を初期国家として理解できることを論じる。

殷代は二里岡文化の殷前期と殷墟文化の殷後期とに分ける。殷前期はおよそ前一五二〇〜前一三〇〇年ごろ、殷後期は前一〇五〇年ごろまでである。西周時代は前・中・後期の三時期に細分する。『史記』十二諸侯年表による西周後期の共和元年は西暦の前八四一年、春秋時代のはじまりは前七七〇年である。

# 1 農業生産の発展

## 前二千年紀の環境変化

紀元前五〇〇〇〜三〇〇〇年には、気温はこんにちより四度ぐらい高く、降水量もかなり多かった。日本列島では内陸まで海がはいりこんでいた縄文海進の時期にあたる。地球規模の温暖化によって氷河が溶け、海水面が上昇したのである。仰韶文化の陝西省姜寨《きょうさい》遺跡から出土した動物骨には、こんにちでは南中国の亜熱帯森林に生息するジャコウジカやキバノロ、アカゲザル、竹林に生息するタケネズミの骨がふくまれ、華北平原に位置する河南省大河村遺跡でもトラやタケネズミの骨のほか、水辺に生えるハスやアシが遺存していた。

しかし、北中国では前三千年紀からしだいに気温が下降し、降水量が減少していった。前二千年紀前半の二里頭遺跡における環境の変化を花粉分析によってみると、(78) 二里頭一期まではカバノキ・クヌギ・マツ・クワなどの高木、ガマやヒルムシロなどの水生植物、湿地に生える禾本科やヒユ属のほか、乾地性のヨモギやアカザ科の花粉があり、温暖湿潤な気候で近くに森林や湿地帯が存在した。しかし、二里頭二期のころから水生植物や湿地性の植物が減少し、草原環境に変化していったという。

ところが、二里頭遺跡の西二〇キロにある皁角樹《そうかくじゅ》遺跡(79)のプラント・オパール分析によると、二里頭文化前半期の降水量はこんにちとほぼ同じくらいで、気温は一度ぐらい低いが、後半期には降水量はこんにちより二〇〇ミリほど多く、気温も一～二度ほど高くなったとされる。ここではアワ・キビとともにイネも栽培されており、二里頭文化では高温多雨の気候であったことを裏づけている。また、河南省南部の楊荘《ようしょう》遺跡(80)における花粉分析では、前三千年紀後半は温暖湿潤であったが、前三千年紀末に乾燥冷涼な気候に転じ、二里頭二期にはふたたび温暖湿潤な気候に戻ったという。

遺跡ごとの分析結果にいささか齟齬があるものの、前三千年紀から前二千年紀の二里頭文化にかけて、小刻みに変動しながら、しだいにこんにちの気温や降水量の水準にまで下降していったことは確かであろう。二里頭遺跡の環境が森林から草原へと変化したという花粉分析の結果は、王都の建設と人口の増大にともなう人為的な環境破壊が原因であり、気候の変化に理由があるわけではない。皁角樹遺跡のように少し離れたところでは、森林に生息するシカ類の骨が哺乳類全体の二五パーセントを占め、周囲にはまだ森林があって狩猟が活発におこなわれていたからである。

## 黄河中流域における農業技術の革新

前二千年紀には青銅製農具が一部にあらわれたものの、木製や石製の土掘り具や石製の収穫具がおもに用いられ、前三千年紀から農具はあまり発達していない。城壁や宮殿基壇の構築など大がかりな土木工事はますますさかんになっていったが、大規模な灌漑用水路が掘削された形跡もまた確かめられていない。鉄製農具と牛耕が出現する戦国時代までは、天水に依存する小規模な農業が基本であったのだろう。

近年、いくつかの遺跡で発掘した土を水洗いしながら篩《ふるい》にかけて小さな植物種子を採取し、その種類と量を分析することにより、農業の実態が研究されている。

二里頭文化の河南省皁角樹遺跡では、一〇四点の土壌試料のうち、アワが四二試料、キビが二六試料から発見された。ここではアワがもっとも主要な作物であり、ついでキビが多く栽培されていたのである。また、二一試料からダイズ、一六試料からコムギ、六試料からイネ、一試料からオオムギが発見されている。ダイズなどのマメ科作物は、空中の窒素《ちっそ》を根にとりこんで地力を高め、輪作の生産性を高めるのに効果的であることから、キビにつぐ第三の位置を占めるにいたったのである。ダイズは前六千年紀の河南省賈湖《かこ》遺跡で野生種がみつかっているが、前三千年紀の山東省両城鎮遺跡や皁角樹遺跡で出土した種子は、野生種と現代の栽培種との中間的な大きさで、このころに黄河中下流域で栽培化がはじまったのであろう。コムギは前三千年紀に西アジアより伝わり、前二千年紀には黄河中流域にひろがった。コムギはアワ・キビのように粒食はできないものの、単位面積あたりの収穫量が雑穀よりはるかに多く、畑作のなかでもっとも重要な穀物になっていった。イネは丸みをもつ種子の形状からジャポニカとされるが、水稲であったのか、陸稲であったのかはわからない。しかし、イネは穀物のなかではもっとも生産性が高く、二里頭遺跡から出土した二里頭二期の土器にイネのプラント・オパールがふくまれ、二里頭三期の坑からはイネの炭化米が出土した[81]。殷前期の王都である河南省偃師城《えんしじょう》遺跡の宮城北部では、祭祀坑のいくつかにイネの炭化米が充満していたというから、前二千年紀中ごろの洛陽平原では稲作もおこなわれていたことがわかる。のちに五穀に数えられる各種の作物が二里頭文化で栽培されていたのである。

水田にイネを栽培すると、わが国で見慣れているように、毎年同じ水田で連作できるが、畑作物は連作障害をおこしやすいため、焼畑のように耕作地を数年おきに移動していくか、施肥によって地力を維持するか、空中の窒素をとりこんで養分にするマメ科作物と組みあわせて効率よく輪作していく必要があった。このため、前三千年紀までもっぱらアワ・キビなどの雑穀を栽培していた黄河中流域では、南方からイネ、西方からムギを導入し、独自にダイズの栽培化を進め、多様な穀物を輪作することによって、生産量の維持と天候の不順などによる危険を分散する工夫がとられるようになったのである。前二千年紀に気候が悪化しつつあったとはいえ、黄河中流域における畑作農業は、このように新来の作物を組みあわせて輪作の効率化をはかった結果、前三千年紀よりも農業生産力は向上したにちがいない。

そこで、前三千年紀から前二千年紀にかけて栽培作物がどのように変化したのかを、遺跡ごと時期ごとに細かく検討してみよう。

図22の上段は、前三千年紀後半の山西省陶寺遺跡と山東省両城鎮遺跡における分析データである。陶寺遺跡は中原龍山文化で最大の城郭をもつ大集落で、八二か所の土壌試料から一万一千点あまりの種子を採集した[82]。栽培作物ではアワが七〇パーセント、ついでキビが五パーセント足らずで、ほかにマメ科がわずかにある。アワは土壌試料のほとんどから、キビは土壌試料の六〇パーセントから検出され、とくに分布の偏りはなかった。マメ科も土壌試料の六二パーセントから検出され、広く利用されていたが、種子の大きさは現世種よりもかなり小さく、野生種と栽培種との中間的な段階にあった。イネの数は少ないが、宮殿区からも一般居住区からも出土し、支配者が独占していたわけではない。畑地の雑草であるキビ亜科は二一パーセントあまりと、前三千年紀のなかでは低い比率である。山東省東南部の両城鎮遺跡もまた、龍山文化の城郭をもつ大集落である。北の畑作地帯と南の水田稲作地帯との交接地帯に位置し、米中の共同調査によって稲作を主とする農業が明らかになった[83]。炭化種子のうちイネは一〇パーセントあまりを占めるが、粒の大きさにばらつきがあり、品種の選別が進んでいなかった。畑作のアワ・キビ・コムギも出土しているが、数は少ない。遺跡の中心に位置する居住

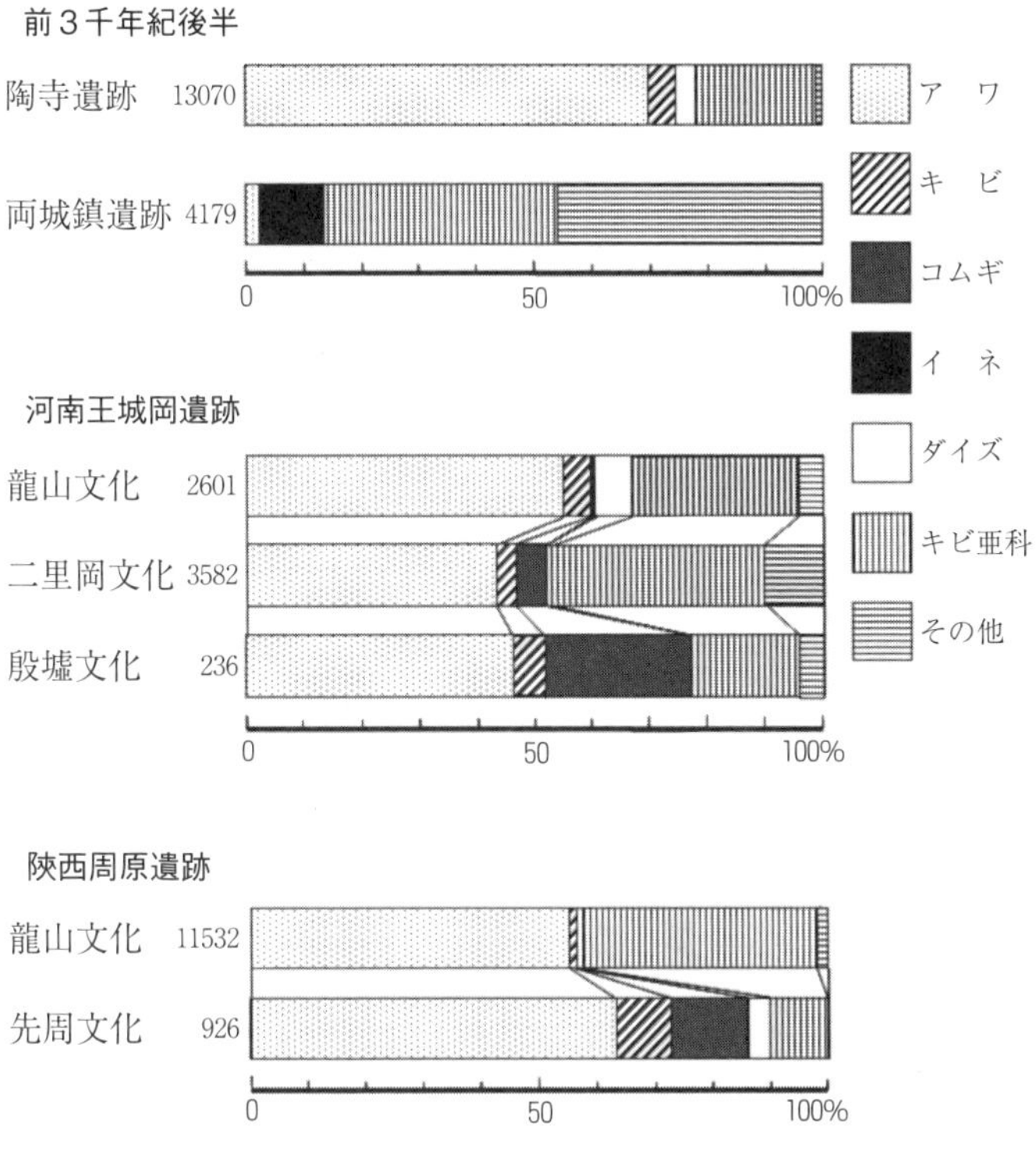


**図22**●黄河中下流域における遺跡ごとの植物種子構成比。

区で試料を採集したにもかかわらず、キビ亜科をふくむ禾本科の雑草は四〇パーセントを占め、種の判別できない雑草類を加えると、八七パーセントという高率に達する。

両城鎮遺跡の二〇〇一年の調査資料では、農作物は種子全体の二七パーセント、雑草類は六四パーセントを占め、雑草類の比率は同じように高い。このため米中共同調査のデータは、あながちまちがいではなさそうである。これにたいして黄河北岸の山東省教城鋪遺跡では、農作物は六〇パーセントに達し、雑草類は二三パーセントと少ない(84)。教城鋪遺跡も城郭をもつ龍山文化の拠点集落であるが、華北平原の旱地雑穀農耕地帯に位置し、農作物ではアワ・キビが主体を占めてイネはごく少数であった。農耕の初期段階では、栽培種と野生種とが交雑し、開花のときまで種が判別できないことも多い。両城鎮遺跡においてキビ亜科などの雑草類が過半を占めたのは、まだそうした粗放な農耕の段階であったことを意味する。イネ粒の大きさにばらつきがあるのも、稲作の初期段階であったからであろう。これにたいして、陶寺遺跡や教城鋪遺跡においてキビ亜科などの雑草類の比率が低くなっているのは、北の雑穀農耕地帯において栽培技術の改良が進められたことを示している。つぎにそれを一遺跡における時期ごとの変化から検討してみよう。

河南省王城岡遺跡は、一辺およそ六〇〇メートルの正方形の城郭をもつ龍山文化後期の拠点集落である。夏王朝を建てた禹の都城とみる説も提起されている。遺跡はその後にも継続し、二里岡文化では銅礼器や銅武器を副葬した貴族墓もみつかっている。植物種子の分析は、龍山文化後期のほか、二里頭文化、二里岡文化、殷墟文化、春秋時代の文化層や遺構で採集した試料についても実施された。そのうち二里頭文化は種子の出土数が少なく、春秋時代は種類の鑑定できない種子が多いため、図22の中段には統計的に信頼できる龍山文化、二里岡文化、殷墟文化の三時期についてのみデータを示した。[85]これをみると、アワは三時期とも半数前後を占め、キビも五パーセント前後の比率で一定している。大きく変化したのは、コムギとダイズ、そしてキビ亜科を主とする雑草類の比率である。コムギ類は二里頭文化に出現し、二里岡文化では五パーセント、殷墟文化では二五パーセントに増加している。雑草はその反面、ダイズは龍山文化では六パーセントを占めたが、二里岡文化以後は消失している。雑草類は龍山文化で三三パーセント、二里岡文化で四七パーセントを占めたが、殷墟文化では二三パーセントに減少している。

図22の下段に示したのは、陝西省周原《しゅうげん》遺跡群の王家嘴《おうかし》地点のデータである。ここは周王朝の発祥地として知られ、前三千年紀後半の龍山文化と前二千年紀後半の先周文化（殷後期）との二時期について分析されている。[86]両時期ともアワが過半数を占め、もっとも主要な作物であったが、この一〇〇〇年の間にキビ・コムギ・ダイズが増加し、雑草のキビ亜科が四六パーセントから一〇パーセントまで激減している。コムギの増加は王城岡遺跡と軌を一にするものであり、キビの増加は古典籍にみるようなキビ酒への嗜好が高まったことを示している。前三千年紀後半ではアワ以外の作物がきわめて少なかったのに、前二千年紀後半にはキビ・コムギ・ダイズが一定量を占めたのは、連作障害を避け

るために効率のよい輪作が進められたからであろう。そして、王城岡遺跡と同じように、前二千年紀後半に雑草の比率が大幅に減少し、このころに品種の選択と除草による集約的な農耕がはじまったらしい。それは支配者の指導や圧力によるものだろうが、結果として農業生産力が飛躍的に高まり、周王朝の創業を支える経済基盤となったことはまちがいない。しかも、周原は『詩経』豳風《ひんぷう》・七月の舞台に近く、その農事詩を考えるうえでも、これは貴重な分析データであろう。

## 前二千年紀における畜産の変革

黄河と長江の両大河にはぐくまれた新石器時代の農耕社会では、野生動物のうち森林性のシカを選別的に狩猟するいっぽう、ブタに特化した畜産が広域にひろがっていた。ブタは多産で成長が早く、ただ食肉に消費するのであれば、もっとも経済効率が高い家畜である。しかも、副業として集落内で戸別の飼養が可能であるため、新石器時代の農耕社会ではブタを優位とする消費類型が普遍的にひろがった。そこには旱地雑穀農耕と水田稲作農耕とで対比されるような北と南との生業の差異はみられなかった。

しかし、前二千年紀になると、ブタ優位型でほぼ斉一化していた肉の消費類型が多様化する。黄河中下流域の農耕村落では従前からのブタ優位型がそのまま継続するいっぽう、黄河上流域の黄土高原地帯ではヒツジ優位型の牧畜、長江流域ではシカ優位型の稲作農耕に転換し、それぞれの地域性が顕

在化する。それとともに黄河中流域の殷の王都では、ウシ優位型の消費都市が生成し、都市と農村の分化が顕著になる。(87)

ゴミ坑や文化層から出土した動物骨の構成比を遺跡ごとにみると、黄河中下流域の北京市鎮江営《ちんこうえい》・塔照《とうしょう》遺跡・山東省尹家城《いんかじょう》遺跡・山東省西呉寺《せいごじ》遺跡・河南省皁角樹遺跡では、ブタは三一～三八パーセント、イヌは一二～一九パーセント、ウシは四～一三パーセント、ヒツジは〇～一パーセント、シカを主とする野生動物は三八～四二パーセントと近似している（図23下段）。この四遺跡はいずれも一般的な農耕村落で、ブタとシカとが拮抗する状況は新石器時代と同じである。草原性のヒツジがきわめて少なく、森林性の野生動物の比率が前三千年紀よりほとんど変わっていないから、生態系には大きな変動がなかったらしい。前三千年紀と比べてイヌの比率が一〇パーセント以上に増加していることは、後述の『周礼』職方氏《しょくほうし》の記載を勘案すれば、イヌを食用にしたのであろう。

黄河上流域の黄土高原地帯をみると、気候の乾燥冷涼化とともに草原環境へと遷移し、それにともなってヒツジやウシの比重が高まり、前二千年紀前半にはブタにかわってヒツジ優位型の農業に転換した。雑食性で、乾燥に弱く、長距離の移動に適さないブタは、しだいに家畜から排除され、前二千年紀末には草食性のウシ・ヒツジやウマなど群居性の有蹄類に限定した牧畜経済が形成された。すなわち、前二千年紀前半の内蒙古自治区朱開溝《しゅかいこう》遺跡ではヒツジ・ブタ・ウシの飼育と雑穀栽培をおこなう定住農耕がおこなわれたが、前二千年紀後半における甘粛東部の辛店《しんてん》文化では、ウシ・ヒツジとブタのほか、新たにウマの飼養がはじまり、つづく寺窪《じわ》文化ではブタが消失して牧畜経済への移行がほぼ完了したのである。河川の近くやオアシスなど水の便のよいところでは農業が存続していたが、気候の乾燥冷涼化と草原環境への変化とともに、前二千年紀のなかでブタを主とする有畜農業からウシ・ヒツジを主とする有畜農業をへて完全な牧畜経済が成立したのである。

いっぽう長江流域の水稲農耕地帯では、前二千年紀にブタ優位型から一転してシカ優位型に転換した。長江下流域の上海市馬橋遺跡と長江中流域の湖北省周梁玉橋《しゅうりょうぎょくきょう》遺跡では、シカがブタの三〜四倍に達し、畜産から狩猟・漁労に比重を移すようになったのである。森林や河川の自然資源に恵まれた長江流域では、稲作農業を集約化すると同時に、家畜生産の負担を軽減し、魚介類の漁労とニホンジカを主とするシカ科動物を選別的に狩猟するようになったのであろう。『周礼』職方氏に「長江下流域の揚州と中流域の荊州では家畜を飼育せず、もっぱら稲を栽培する」といい、『史記』貨殖列伝に「楚越《そえつ》の地は、地広く人希《まれ》にして、稲を飯にし、魚を羹《あつもの》にす。或いは火耕水耨《かこうすいどう》し、果隋蠃蛤《かだらこう》は賈を待たずして足る。地勢は食饒《ゆたか》に、飢饉の患なし」という。『漢書』王莽《おうもう》伝にも「荊州《けいしゅう》と揚州《ようしゅう》の民は山や沢に依存して漁労や採集を生業としている」という話がみえるから、漢代でも狩猟・漁労・採集がさかんにおこなわれていた。もっとも、春秋・戦国時代の楚墓や湖北省鳳凰山《ほうおうざん》一六八号墓などの前漢墓からはしばしばウシ・ヒツジ・ブタの骨が出土し、貴族層は礼制にしたがった肉食儀礼をおこなっていた。殷代から漢代までのそれは農村の一般的な生活風景を反映したものにほかならない。

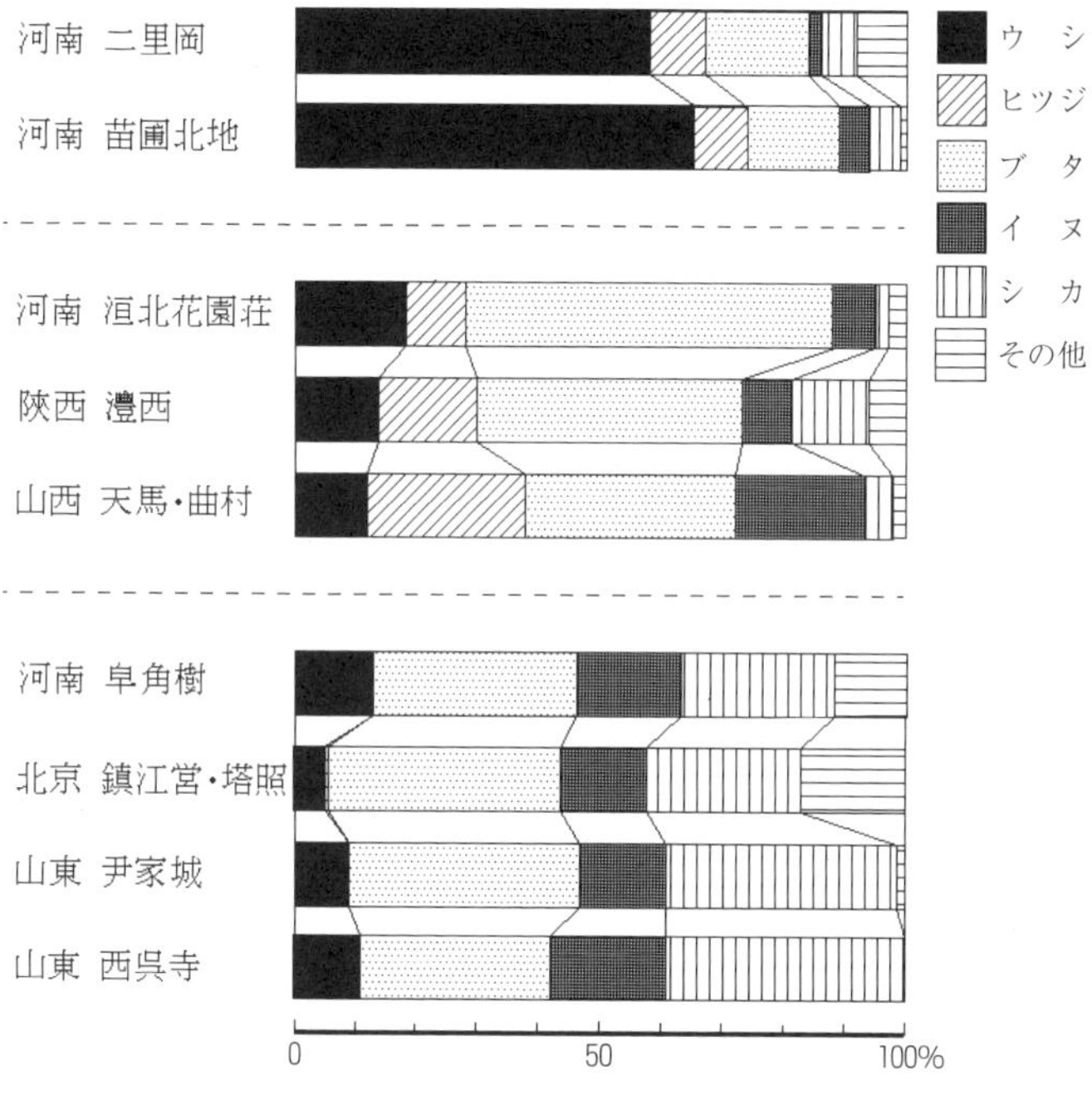


**図23**●黄河中下流域における遺跡ごとの哺乳動物骨構成比。

## 農業の地域性

遺跡ごとの動物骨構成比をみることによって、前二千年紀には華北平原、黄土高原地帯、長江流域の肉消費の地域性が顕在化したことが明らかとなった。参考までにこれを畜産と穀物の地域性を記録した『周礼』職方氏と対比しておこう。そこでは中国の九州それぞれの地方で飼育している家畜と栽培作物の種類とについて列挙している。注釈を参考にしながら整理すると、つぎのようになる。

幽州《ゆう》（遼寧西部）……馬・牛・羊・豕　　黍《しょ》・稷《しょく》　稲
并州《へい》（山西北部）……馬・牛・羊・豕・犬　　黍・稷・菽《しゅく》・稲・麦《ばく》
豫州《よ》（河南）……馬・牛・羊・豕・犬・鶏　　黍・稷・菽・稲・麦
兗州《えん》（山東南部）……馬・牛・羊・豕・犬・鶏　　黍・稷　稲・麦
雍州《よう》（陝西）……馬・牛　　黍・稷
冀州《き》（山西中南部）……牛・羊　　黍・稷
青州《せい》（山東東部）……犬・鶏　　稲・麦
揚州《よう》（長江下流）……鳥獣　　稲
荊州《けい》（長江中流）……鳥獣　　稲

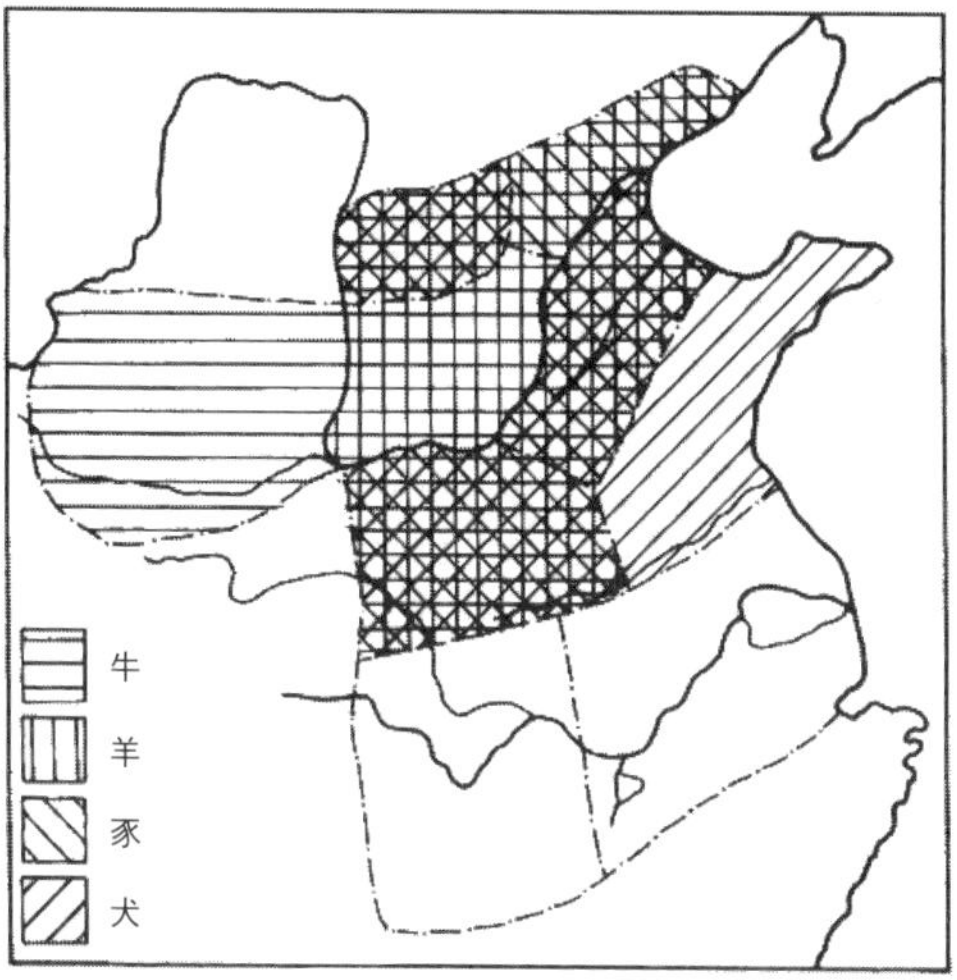


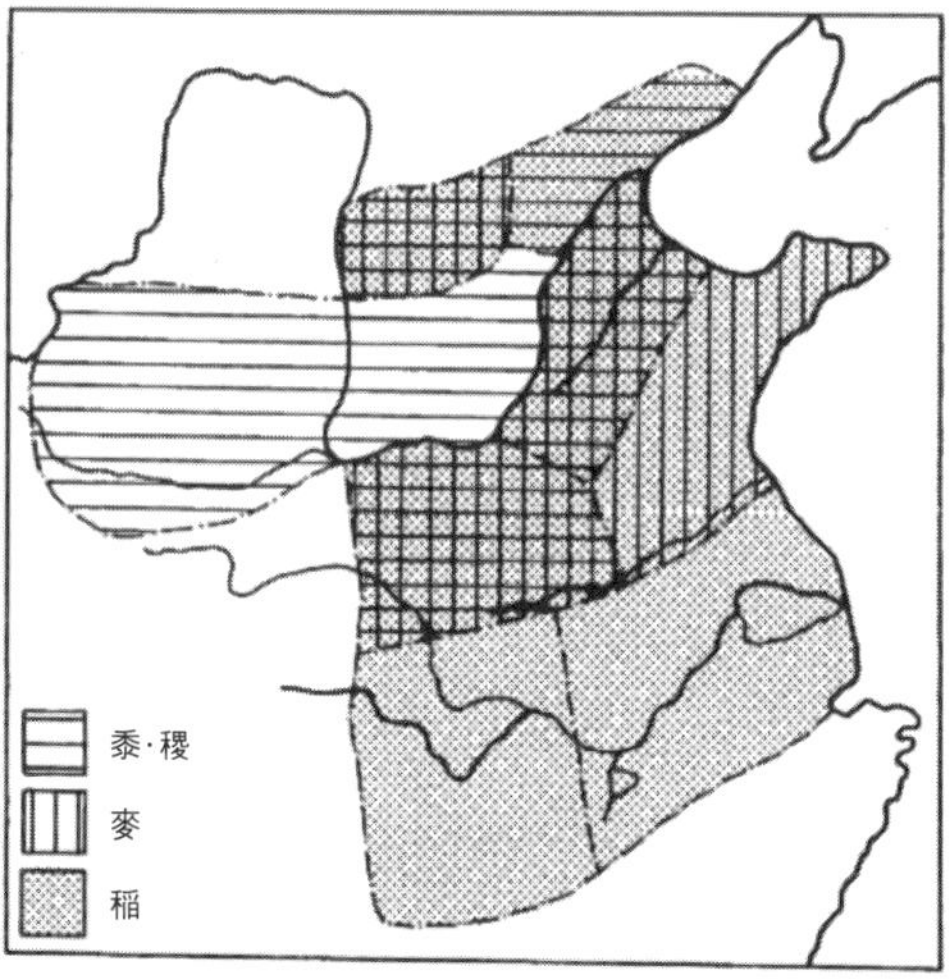


**図24**●『周礼』職方氏にみる家畜と農作物の分布。

豕はブタ、鳥獣は野生動物のこと。麥はムギ、菽はダイズをはじめとするマメである。黍・稷はふつう粘りけのあるモチキビと粘りけの少ないウルチキビとを指すが、ここではもっとも主要な雑穀であるアワとキビをいうのであろう。

家畜と作物との相関をみると、放牧に適した草食性の馬・牛・羊は、雑穀の黍・稷との相関性が高く、地域的には北中国に偏っている。また、農業の副業として飼われることの多い雑食性の豕・犬は、雑穀の黍・稷と組みあわせて栽培される稲・麥との相関性が高く、地域的には温暖湿潤な北中国の東部に偏っている。とくに山東東部では、家畜が犬と鶏、穀物が稲と麥に限定され、牛・羊・豕が欠落している。高温多雨の気候に適した稲が、冷涼で乾燥した山東から遼寧西部・山西北部にまでおよび、菽が山西と河南に限定されているのは、どれほど事実を反映しているのかわからない。いっぽう、稲の栽培に特化した長江流域では、家畜がなく、狩猟で獲得する野生動物のみとなっている。それは『史記』貨殖列伝や『漢書』王莽伝と同じ見解である。

このような『周礼』職方氏にみる家畜と穀物の地域性は、おそらく戦国から漢代の実情をもとに記述されたのだろう。西北の牧畜民をはじめとする周辺世界は対象外で、南の長江流域にたいする偏見があるものの、動物考古学から復元できる動物相と対比してみると、あるていど実態を反映したものと考えられる。

## 農事暦と儀礼

五穀はすべて夏の高温多雨を利用して作付けされるため、春に種をまき、秋に収穫される。豊饒を祈り豊作を祝う農耕儀礼は、この農事暦から生みだされた。『詩経』豳風・七月に描写された生活誌をみると、[88] 旧暦の二月には村の社で羊と韮《にら》をささげた春のまつり、十月には子羊を殺して酒をふるまう饗宴が催された。これが歌われた豳の地は黄土高原に隣接し、ヒツジの牧畜がさかんな土地であった。それより温暖な黄河中下流域の農村では、おもにブタが飼養され、農事暦はひと月ほど早かったであろう。作物の品種によっても、農作業がひと月ぐらい前後したかもしれない。しかし、春に種をまき、秋に収穫する農業カレンダーは、広い中国といえども大同小異であった。

儀礼で欠かせないのが酒である。古代の酒は、日本酒と同じように穀物をアルコール発酵させた醸造酒で、どぶろく（濁り酒）に近いとされる。酒造りには食料となる穀物を消費するので、相応の余剰がなければならなかった。いまでこそ酒は一年を通じて手にはいるが、それは醸造と貯蔵の過程で雑菌による腐敗を防ぐ工夫がなされているからである。そのような技術のなかった古代では、酒は長期間の保存がむずかしく、数日で速成する醪《ろう》をのぞけば、酒造りと飲酒儀礼の季節はおのずと固定せざるをえなかった。『詩経』豳風・七月には「十月は稲を穫り、この春酒をつくり、以て眉壽《びじゅ》をいのる」とあり、後漢代の崔寔《さいしょく》『四民月令《しみんがつりょう》』は、夏至・初伏《しょふく》のまつりに用いる春酒を正月に醸し、冬至のまつりや十二月の臘祭《ろうさい》に用いる冬酒を十月に醸すという。それはいまの河北省から河南省あたりの農業を記しているから、[89]『詩経』豳風よりもやや温暖なところの農事暦である。また、雑穀は収穫期が少し早いため、後漢代の許慎《きょしん》『説文解字《せつもんかいじ》』一四下「酉」には「八月に黍なり、酎酒をつくるべし」という。黍はモチキビ、酎酒は仕込みを何度かくりかえした濃い酒。[90]酒の原料にはキビやイネが好まれたが、どのような醸造酒にせよ、原料となる米と麹の準備→蒸し米→仕込み→搾りという酒造りの過程において夏場の高温をさける必要があり、酒を醸す時季はおのずと限定された。それは新米を用いて秋に神酒をつくる理由づけになり、収穫後の農閑期で労働力が確保しやすいという利点もあった。

殷代の酒造工房とみられる遺構が河北省台西《だいせい》遺跡[91]で発見された（図25）。長方形の基壇が角で連接した形で、南北一四メートルあまり、東・南・北面に壁をもち、西面が開放されている。ここからは四六点の土器が出土し、その半数以上が貯蔵用の甕であった。そのうち大甕のひとつには灰白色の沈殿物が八・五キログラムもつまっており、人工的に培養された酵母と分析された。また、罐の四つにはモモ、スモモ、ナツメ、シナガワハギ、ヘンプなどの植物種子があり、酒の原料であったと考えられている。穀物を蒸す土器や漏斗形の土器などがあるほか、ここから一五メートル西には木組みの井戸があり、酒造りに必要な設備はほぼ整っている。しかし、その規模からみて、専業的な工房というよりも、村落での需要に応える季節的な工房であったのだろう。

酒の賞味期限と飲み方にかんして、注意すべきことがある。二里頭文化に出現する爵など青銅製の

図25●河北省台西遺跡の酒造工房址と土器。

酒器がすべて加熱用の器種であったのは、青銅器が土器よりも加熱に適していたことのほか、かつての日本酒のように、当時の酒は甘味がなくて酸味が強く、とくに時間がたつにつれて醸造や貯蔵の過程で混入した雑菌が繁殖して味が悪くなるため、「火入れ」によって滅菌したり、燗《かん》をつけて口当たりをよくしたからであろう。殷周時代に鬱金草《うっこんそう》などで香りをつけた酒が祭祀儀礼で重んじられたのも、酒そのものの風味が芳しくなかったからではなかろうか(92)。

賞味期限の短いことは肉も同じである。肉を食べるには、その動物を殺さなければならない。いったん動物を殺すと、成年のブタなら一頭一〇〇キログラム以上の肉があり、一部を干し肉や塩漬けなどで保存しておくとしても、寒冷なところでなければ長期保存はむずかしく、ブタを飼っている世帯だけで食べきれる量ではない。このため、スーパーマーケットで日常的に肉が買え、冷蔵庫で保存できるこんにちとはちがい、饗宴など特別な儀礼のときでなければ肉を食べることはなかった。また、ブタやヒツジは春先に子を産む。子は一年足らずで成長し、それ以上は飼料をいたずらに消費するだけだから、冬をむかえるころには繁殖に不用なオスを殺して食べてしまうのが経済的である。このため、ブタを飼っている農耕社会でも、ヒツジを飼っている牧畜社会でも、冬には家畜の肉を共同体成員にふるまう饗宴が盛大にとりおこなわれたのである。『詩経』豳風・七月には子羊を殺して酒をふるまう饗宴が十月に開かれたとあり、『四民月令』には十二月の臘祭に用いる干し肉を十月に準備し、冬至のまつりや臘祭のときには豕や羊を殺すという。いまも中国の農村では、家ごとに飼っているブタの子を殺して家族全員で春節をむかえているが、それはこのような動物の生態と経済性とを勘案した農事暦であった。

考古資料の一例をあげておこう。山西省天馬《てんば》・曲村《きょくそん》遺跡は、西周時代から春秋時代にかけての晋の国都である。そのJ三・J四区では、動物を埋めた五八基の犠牲坑が発掘された(93)。いまみたような饗宴の犠牲ではなく、家畜をそっくり生き埋めにした犠牲坑で、ウマ坑は一一基、ウシ坑は一七基、ヒツジ坑は二〇基、未鑑定の坑は二基、動物骨のない坑は八基である。空坑は肉だけをいれたのだろう。食肉用としてふつうに飼われていたブタがまったく用いられず、ウマやウシという軍事に有用な大家畜が多く用いられていることから、晋の上位貴族が主催した祭祀であろう。そして、惜しげもなく家畜を生き埋めにする損失の大きさからみて、前五世紀の晋をおおった内乱など、相応の社会的・宗教的動機があったものと推測できる。ここで注意したいことは、犠牲の埋められた季節である。哺乳類は歯の萌出度をみることによって細かく死亡の月齢が鑑定でき、ここから出土したウマはすべて九〜一二か月齢、ウシは一頭が一〇か月齢、ほかの一六頭が六〜七か月齢、ヒツジは鑑定できた例が少ないが、一〇〜一二か月齢が四頭、一四か月齢が二頭、二四か月齢が三頭と鑑定された。ウマとヒツジは春先に出産するのがふつうだから、成熟度の個体差や鑑定の誤差などがあったとしても、犠牲のほとんどは、生まれてから一年ほどたった、およそ冬から春にかけての季節であったと考えられる。それはちょうど冬至のまつりや臘祭と時季が同じである。

かつてウィットフォーゲルは大規模な治水灌漑農業にともなう集団労働が専制的な国家を生みだしたと考えた。(94) しかし、中国では禹の治水のような神話をのぞけば、大規模な水利事業をものがたる証拠がほとんどない。かわりに文献学で注目されたのが藉田《せきでん》儀礼である。藉田とは神米をつくる神田のことで、わが国の悠紀《ゆき》・主基《すき》にあたる。正月に王が上帝に豊作を祈念し、吉日をえらんで王が公卿・諸侯・大夫らを統率して藉田を耕す祭礼が藉田儀礼である（『礼記』月令）。この藉田で収穫した神米は秋の祭祀に供され、それで神酒が醸された。『詩経』にはそうした農事詩が豊富にあり、殷墟卜辞にも藉田の記事とみられるものがあって、農業共同体の祭祀や共同備蓄のための公田を集団で共同耕作したことにはじまると考えられている。(95)『礼記』祭義《さいぎ》によると、藉田の広さは、王は千畝、諸侯は百畝であった。ふつうの農家だと、千畝は一〇〇家分、百畝は一家分の田にすぎず、いまの単位でいえば、王は一八ヘクタール、諸侯は一・八ヘクタールの面積である。それがどこまで実際の数値であったかはわからないとしても、それで王権を支える経済基盤とするには小さすぎるから、儀礼に特化した公田であったのだろう。前漢代には文帝三年正月に「それ農は天下の本なり。それ藉田を開き、朕はみずから率いて耕し、もって宗廟の粢盛《しせい》に給せん」という詔が下されている（『史記』文帝紀）。これが皇帝の主催する農耕儀礼の規範となった。

藉田儀礼のような春の田耕ではないが、収穫時の集団労働をうかがわせる考古資料がある。殷前期の王都である河南省鄭州城の木材公司遺跡では、二里岡上層期の坑から一九点の石鎌が土器にはいった状態で出土した[96]。そのうち一八点は長さ二〇センチあまりの画一的な形で、表面がよく研磨され、まだ鎌として十分に使えるものである。共同の収穫儀礼で使用した石鎌をまとめて土器にいれたものであろう。殷後期の王都である河南省殷墟の小屯北《しょうとんきた》遺跡でも長方形坑（E一八一）から四四四点にのぼる石鎌が一括で出土した[97]。これも収穫具を意図的にまとめて埋めたものであり、王の主導のもと、神に豊作を感謝する集団的な儀礼がおこなわれたのであろう。

ウィットフォーゲルの説くような大規模灌漑の証拠がなく、このような共同体祭祀を目的とした藉田儀礼や収穫儀礼からみると、王権の宗教イデオロギーが大がかりな集団労働と農業の組織化をうながしたと考えるのが妥当であろう。植物種子の分析データからみた農業の革新も、そうした王権イデオロギーと連動していたにちがいない。

王権と農耕儀礼を考えるとき、田租の起源も重要である。藉田儀礼が共同体儀礼に起源するように、田租は共同体祭祀のために収穫物が奉献されたことにはじまり、やがて支配者がそれで自分たちの祖廟をまつり、王朝財政に転化したとされるからである[98]。「宗廟の粢盛に給せん」とする文帝の詔はそれを明言したものであり、「租」字が「祖」「俎」「胙」など祭祀関係の文字と関連することからも裏づけられる。そうした田租のはじまりを考古資料から検証することはむずかしいが、王室が飼養している犠牲用の牧草が租税として徴収されたことは重要であろう。すなわち『礼記』月令にいう。

この月（六月）には四監《しかん》（山林川沢の監督者）に命じて畿内の百県から牧草を大いに集め、王室の犠牲を飼養する。そして民衆に命令し、すべての者に労力を供出させ、皇天上帝や名山大川や四方の神がみに犠牲を捧げ、宗廟や社稷の霊たちを祀り、民衆のために幸福を祈るのである。

『尚書』禹貢には都から三百里までの地域では賦として家畜用の藁を納め、それにともなう雑役の規定があった(99)。秦代の湖北省睡虎地《すいこじ》一一号墓や前漢前期の湖北省江陵鳳凰山《こうりょうほうおうざん》一〇号墓から出土した簡牘《かんとく》には、県ごとに飼養された馬・牛・羊の飼料として芻藁《すうこう》税が課せられていたことを記している。『礼記』月令にみえる牧草の徴収は、このような芻藁税に先行する田租であったのだろう(100)。

## 肉消費における都市と農村の分化

前二千年紀になると、黄河中下流域の農耕村落では従前からのブタ優位型がそのまま継続するいっぽう、殷の王都ではウシ優位型の消費都市が生成し、肉消費における都市と農村の分化が顕在化した。河南省鄭州城の外城郭内に位置する殷前期の二里岡遺跡では、一九五二年秋の調査で一三五一点の哺乳動物骨が出土し、その内訳はウシ五七パーセント、ブタ一七パーセント、ヒツジ九パーセントと、ウシを主とする家畜の比率がひじょうに高くなっている(101)。殷後期の王都である河南省殷墟の苗圃《びょうほ》北地遺跡でも一五〇〇点あまりの動物骨の構成比は、ウシ六五パーセント、ブタ一五パーセント、ヒツジ九パーセントと、二里岡遺跡に近似している[102]（131頁、図23上段）。また、殷墟小屯の王宮・宗廟区に近い花園荘《かえんしょう》南地二七号坑では三〇万点近い動物骨が出土し、その九八パーセント以上がウシと報告されている[103]。骨の部位や破砕の状況からみて、肉用の犠牲を殺して解体したり、卜用の肩胛骨を採取した後に不用の骨を廃棄した坑であろうが、王都の中枢部では新石器時代や同時代の村落とは比べものにならないほど大量の家畜が消費されていたことに驚かされる。

ただし、王都や諸侯の国都でも一般居住区ではブタ優位型のところもあった。殷前期と殷後期との過渡期にあたる王都の河南省洹北《えんほく》花園荘遺跡、西周の王都である陝西省灃西《ほうせい》遺跡、西周時代から春秋時代にかけて晋の国都であった山西省天馬・曲村遺跡の三遺跡である。同時代の農村と対比すると、同じブタ優位型ながら、シカなどの野生動物が少なく、ヒツジが一定量を占めているのが特徴である（131頁、図23中段）。骨の形質が詳しく分析された洹北花園荘遺跡のブタは、二歳齢以下が八二パーセントを占め、去勢されたオスと考えられるメス性が多いことから、家畜ブタとされる[104]。

遺跡からはまた、動物の全身骨がしばしば出土する。なにかの原因で死んだ家畜を遺棄したような例もあるが、足を縛った状態のもの、土をつき固めて埋めたもの、人といっしょに埋めたものなどは、祭祀の犠牲として意図的に全身を埋めた可能性が高い。そのような犠牲は、新石器時代から二里頭文化まではブタがもっとも多く、イヌがそれにつぐ。しかし、殷代にはウマ・ウシ・ヒツジが多くなり、それまで多く用いられていたブタとイヌは春秋時代までにはほとんど消失する。シカなどの野生動物はどの時代も例が少ない。狩猟で傷つけたような獲物を神にささげるのは不適当であり、まごころをこめて肥育した家畜を生きたまま「いけにえ」にささげるのがふさわしいと考えられたからである。また、二里頭文化までは集落内の貯蔵穴や井戸を供犠に再利用しているが、殷代になると祭祀のために掘った長方形坑が出現し、多数の坑が整然と配列されるようになる。殷後期の宮殿区である殷墟小屯と王陵区である西北岡ではおびただしい数のウシ・ヒツジ・イヌ・ウマ・人を埋めた犠牲坑が発掘され、甲骨卜辞にみえる大規模な王朝祭祀を彷彿とさせる。春秋後期になると、秦侯の宗廟と考えられる陝西省馬家荘《ばかしょう》遺跡ではウシとヒツジが主で、晋の国都の山西省侯馬で発見された三五〇〇基あまりの犠牲坑は五八パーセントがヒツジであった。このように殷周時代は犠牲の種類と規模において前代から大きく変化したのである。

動物利用において殷代に大きな変革があったことは、神意を占う卜骨からも裏づけられる。神と人とを媒介する卜骨にはもっとも価値の高い動物の肩胛骨が選別され、祭祀の犠牲と同じように、シカなどの野生動物が利用されることはほとんどなかった。動物の種類では、新石器時代から二里頭文化まではヒツジやブタが多かったのに、殷前期の二里岡文化には一転してウシがおもに用いられている。鄭州城遺跡の最新の報告(105)によると、二里岡文化の下層期から上層期へのなかでウシト骨の比率がしだいに増加し、二里岡文化のなかで卜骨材料が転換している。それと同時に卜骨の数が桁ちがいに激増する。殷前期の二里岡遺跡では二年間の発掘で出土した卜骨の総数は七八七点に達し、そのうちウシは八八パーセントを占めている[106]。殷後期になると、一九九一年までの四二年間に殷墟から出土した卜骨は一万一五七九点におよび、そのほとんどがウシであったという[107]。いずれも破片をふくめた数字だが、肩胛骨は一頭の動物につき二点しか採取できないから、殷代にはじつに膨大な数のウシが王朝儀礼のために殺されたのである。

## 王権による牧場経営

ブタの飼養とシカの狩猟とを主とする自給自足の農耕社会が黄河中下流域にひろがっているなかで、殷周時代の王都や国都では家畜のウシ・ヒツジ・ブタが王朝の祭祀儀礼に大量に消費された。そのような犠牲や食肉としての家畜利用のほかに、殷後期には戦車を牽引するウマが西方より導入され、軍備増強のなかでウマや輜重を牽引するウシがますます重要になってきた。王朝の祭祀儀礼や軍事で重要な役割を担った家畜はどのように飼養されたのであろうか。

雑食性のブタやイヌとちがって、大家畜のウシやウマは広い牧草地を必要とし、零細な農村ではたやすく飼養できなかった。このため、王や諸侯たちは国家機構を整備するなかでその経営をはじめた。『礼記』祭義にいう。

むかしは天子・諸侯のもとには必ず家畜を飼養する役人がいた。祭祀の犠牲を選ぶ季節がくると、君主は斎戒沐浴してその牧場を臨検した。祭祀に用いる各種の犠牲は必ずそこから選別されたのであり、これも敬虔な気持ちのあらわれである。君主はそこで牛を召しいれて点検し、その毛を選び、卜占にかけて、吉とでてはじめてその牛を特別に飼養したのである。

王朝の祭祀に用いる牛の飼養が王の重要な職務であったことは、甲骨・金文からもうかがえる。殷墟卜辞には「貞《うらな》う、王は往きて牛を省せんか（合集一一一七五）」や「貞う、王は敦《たい》に往きて牛を省せんか（合集一一一七二）」など、殷王が牛の飼養を省察したことが記されている。また西周中後期の金文には王が臣下を「牧」に任命することがみえ、多くのばあい「牧」は「場」「林」「虞」と同時に任命されている。それらは『周礼』地官の「牧人」「場人」「林衡」「山虞」に相当するような山林藪沢の管理と経営にかかわる役人で(108)、王室の経営する牧場は山林藪沢の一角に位置し、さまざまな農林畜産業をひとまとめに管理していたのであろう。『礼記』曲礼下《きょくらい》に

国君の富が問われれば、土地の広さを数えて山林藪沢の生産物を答える。……庶人の富が問われれば、家畜の数を答える。

というように、牧場をふくめた山林藪沢の資源は国君の家産的な経済力をはかる指標とされ、庶民の富も穀物生産量ではなく家畜の数ではかられたのである。

殷周時代の各王朝は、さまざまな祭儀のなかで莫大な数のウシ・ヒツジ・ウマを蕩尽した。そうした群居性をもつ草食動物は、群れとして放牧管理する専業的な牧畜のほうが効率的である。その牧畜について『詩経』小雅《しょうが》・無羊《ぶよう》はつぎのような風景を描写している。

誰が謂う爾《なんじ》の羊無しと、三百維《こ》れ羣《む》れり。誰が謂う爾の牛無しと、九十其《そ》の犉《うし》あり。爾の羊来たれり、其の角は濈濈《しふしふ》たり。爾の牛来たれり、其の耳は湿湿たり。或は阿《くま》に降り、或は池に飲み、或は寝ね或は訛《うご》く。爾の牧来たれり、蓑を何《お》い笠を何い、或は其の餱《かれひ》を負う。三十維《こ》れ物あり、爾の牲は則ち具《そな》わる。

この詩について漢代の注釈は、西周の厲王《れいおう》のときに廃れた牧人の官を宣王《せんおう》が復興した情景という。その是非はともかく、この詩は三〇〇頭もの多くの羊と九〇頭もの多くの牛を放牧し、三〇種類の毛色の犠牲がそろっているような、大規模な王室の牧場を描いている。また、洛陽市北窯《ほくよう》の出土と伝える西周中期の「季姫《きき》」方尊(109)には

啓は宰《さい》叔《しゅく》に命じて季姫の家臣の丰空木《ほうくうぼく》にその師夫の丁という者とその同僚たち二五人を賜い、その田と家畜の馬一四匹・牛六九頭・羊二三五頭および穀物二稟《りん》(倉庫)分を賜った。

と記されていた。賞賜された農場には田畑と牧場とがあり、牧場には多数の馬・牛・羊が飼養されて

いたのである。とくに馬・牛・羊の数が財産目録として一の位まで厳密に記されており、概数で示された『詩経』無羊よりも信用できるだろう。とりわけ、牛と羊との割合がともに羊一〇頭にたいして牛がおよそ三頭になっていることからみると、『詩経』無羊もまた西周時代の王室における牧畜の実態をあるていど反映していることがうかがえる。また『春秋左氏伝』閔公《びんこう》二年(前六六〇)条には、斉侯が衛の君主を立てたとき、馬四匹、祭服五着、牛・羊・豕・鶏・狗(犬)それぞれ三〇〇頭ずつを贈ったという。それは馬や祭服とならんで家畜の大規模な飼養が国の存立にとっていかに重要であったのかをものがたる。

王朝の祭祀と軍事に重要な牛馬にかんしては、牧場での飼育管理がとくに厳格におこなわれた。『礼記』月令によって、その飼養カレンダーを列挙してみよう。

季春(三月):牧場のメスの群れにオスを放って牛馬の交配をおこなう。犠牲の子馬と子牛は、調べてその数を記す。

仲夏(五月):オスとメス、母と子の群れを分ける。元気のよい子馬は別に繋いで飼養する。そして、馬についての規定を公布する。

季夏(六月):飼料となる牧草を徴収する。

仲秋(八月):宰祝《さいしゅく》に命じて祭祀用の犠牲を視察させる。すなわち、体躯が完全か、飼料の芻《すう》

（牧草）や豢《かん》（雑飼料）が適切か、太り具合がどうかを検査し、毛色をみてどの祭祀に用いるかを検討し、体躯の大小や角の長短を調べて適切に処置する。

仲冬（一一月）：放牧していた家畜を畜舎にいれる。

こんにちの動物学からみると、ウマやヒツジの発情には季節周期がある。ウマは冬から春に移行する時期に交尾・受精し、妊娠期間は三三〇日ほど、ヒツジやヤギは秋に交尾・受精し、妊娠期間は一五〇日ほどであるから、いずれも春先に分娩する。季春に牛馬の交配をするというのは、動物学の観点からも理にかなっている。

群居性の草食動物であるウマのばあい、若いオスだけで構成される群れとハレムの群れとがあり、こんにちのハレムの群れはオス一頭にたいして三・四～一二・三頭の成年メスで構成される。ウシは生まれてまもなく子牛どうしが集まって群れをつくるが、ウマは乳離れする七か月齢ぐらいまで母子が寄りそい、オスの子馬は一～二歳齢で群れから出ていくのがふつうである(110)。古代のウマやウシは現代の種より授乳期間が短かったとはいえ、仲夏の月令はその年の春先に生まれた子馬を母馬の群れから分けるのではなく、その前年に生まれたオスの子馬を人為的に群れから分かつ「執駒《しっく》」をいうのであろう。その儀礼について『周礼』夏官校人《こうじん》はつぎのようにいう。

校人は公馬の飼養を掌る。……およそ馬の群れは四頭のうち一頭をオスにする。春には馬祖を祭り、「執駒」の儀礼をおこなう。夏には先牧を祭り、オス馬とメス馬を分かち、オスの子馬を去勢する。

オス一頭にたいしてメス三頭のハレムは、こんにちの群れと比べてメスの割合がやや少ないが、ウマの習性について相応の知識があったことがわかる。「執駒」の儀礼とは、子馬を母馬の群れから分けて車の牽引を調教する儀礼である。前年に生まれた一歳馬を群れから分かち、馬車を牽引するための調教をはじめたのであろう。西周中期の陝西省張家坡《ちょうかは》一五二号墓から出土した「達」盨《しゅ》の銘文(111)に、王が五月に王都の周原の近くで「執駒」の儀礼をおこない、達に子馬を下賜したことが記されていた。西周時代には都の近くに王室の経営する牧場があり、月令のとおり五月に「執駒」が実行されていたのである。

多数の馬・牛・羊を飼うには、大量の飼料が必要となる。そこで、支配者は牧草を租税のひとつとして人びとから徴収したのである。『礼記』月令は、王は人びとから徴収した芻藁で犠牲を飼養し、人びとに労力を供出させ、みずからは宗廟や社稷の祭祀をおこなって人びとの幸福を祈ったという。藉田儀礼と同じように、祭祀にかかわる貢納と労働奉仕はもともと共同体の農耕儀礼としてはじまったのであるが、王権が誕生し、王朝の祭祀や軍事を目的とした大規模な牛馬の牧畜がはじまることによって、やがて牧草の租税や労役という国家の収奪に転化していったのであろう。

# 2　複雑化する王都の構造

## 殷前期の王都

殷王朝は二里岡文化（殷前期）と殷墟文化（殷後期）の二時期に大別される。殷前期の王都は河南省の鄭州市と偃師市の二か所にあり、両都の距離は約一一〇キロ、いずれも巨大な城郭をもっている。ちなみに「夏商周断代工程」のＡＭＳ高精度年代測定によると、偃師城の創建は前一六〇〇～前一五〇五年、鄭州城の二里岡下層前期は前一五〇九～前一四八八年の間にあり、二里岡上層前期の井戸枠に用いられた木材の年輪最外周は前一四〇〇±八年という[112]。偃師城の築城が鄭州城よりやや先行するようだが、両都はほぼ同時期に並存していたことはまちがいない。

鄭州市は東西・南北の鉄道が交わる交通の要衝にあり、いまの市街地の下から殷前期の二重城郭が発見された（口絵8上、図26）。内城郭は東西一七〇〇×南北一八七〇メートル、東北部が隅切りになっているのをのぞけば長方形に近く、周囲の長さは七キロにも達する。さらにその一キロほど外側には凹凸のある多角形の外城郭がめぐり、南半部の五キロほどが確認されている。城壁の幅は内城・外郭とも一〇メートル以上あり、外側には壕がめぐっている。城壁の下には二里頭文化の層があり、二里岡上層期の坑が城壁を破壊していることから、築城の年代は二里岡下層期に位置づけられた(113)。

内城の東北部の東西七五〇×南北五〇〇メートルほどが宮殿区で、いま市街地内にあるため部分的にしか調査されていないが、数十基の版築基壇が検出されている。そのうち一五号基址は東西六五×南北一三・五メートルの長大な規模があり、回廊をめぐらせた二重庇の大型建物が復元されている。また、宮殿区には東西一〇〇×南北二〇メートルほどの石敷きの池も発見されている。

内城の外側には青銅器・骨器・土器の工房址や墓地などが規則正しく分布している。とくに南北の二か所にある青銅器工房址からは、鼎や鬲《れき》などの礼器や農工具の鋳型が大量に出土した。北の工房址では刀や戈の鋳型が多いのにたいして、南の工房址では鏃や斧の鋳型が多い。殷王権は青銅器の生産を掌握し、あるていどの分業をおこなっていたのである。土器製作の工房址は、一五〇〇平方メートルを発掘したところ、一五基の窯と一四基の工房址、土取り穴のほか失敗作や不用品・灰などを廃棄する穴などが検出された。とくに注意されるのは、ここから出土した土器は盆と甑《こしき》がほとんどで、そのほかの器種をふくまないことである。かぎられた種類の土器をもっぱら生産していることから、フルタイムの専業工人をかかえた組織的な土器生産の場であったのだろう。

外城郭に近い二里岡遺跡ではウシを主とする動物骨や卜骨が大量に出土し、王朝の主催する祭祀儀礼の場であったと考えられる。また、内城のすぐ外側では青銅礼器を埋めた穴蔵《あなぐら》が三か所でみつかっている。いずれも鄭州城が廃絶する直前の時期で、内城の東城外で発見された穴蔵には高さ一〇〇セ

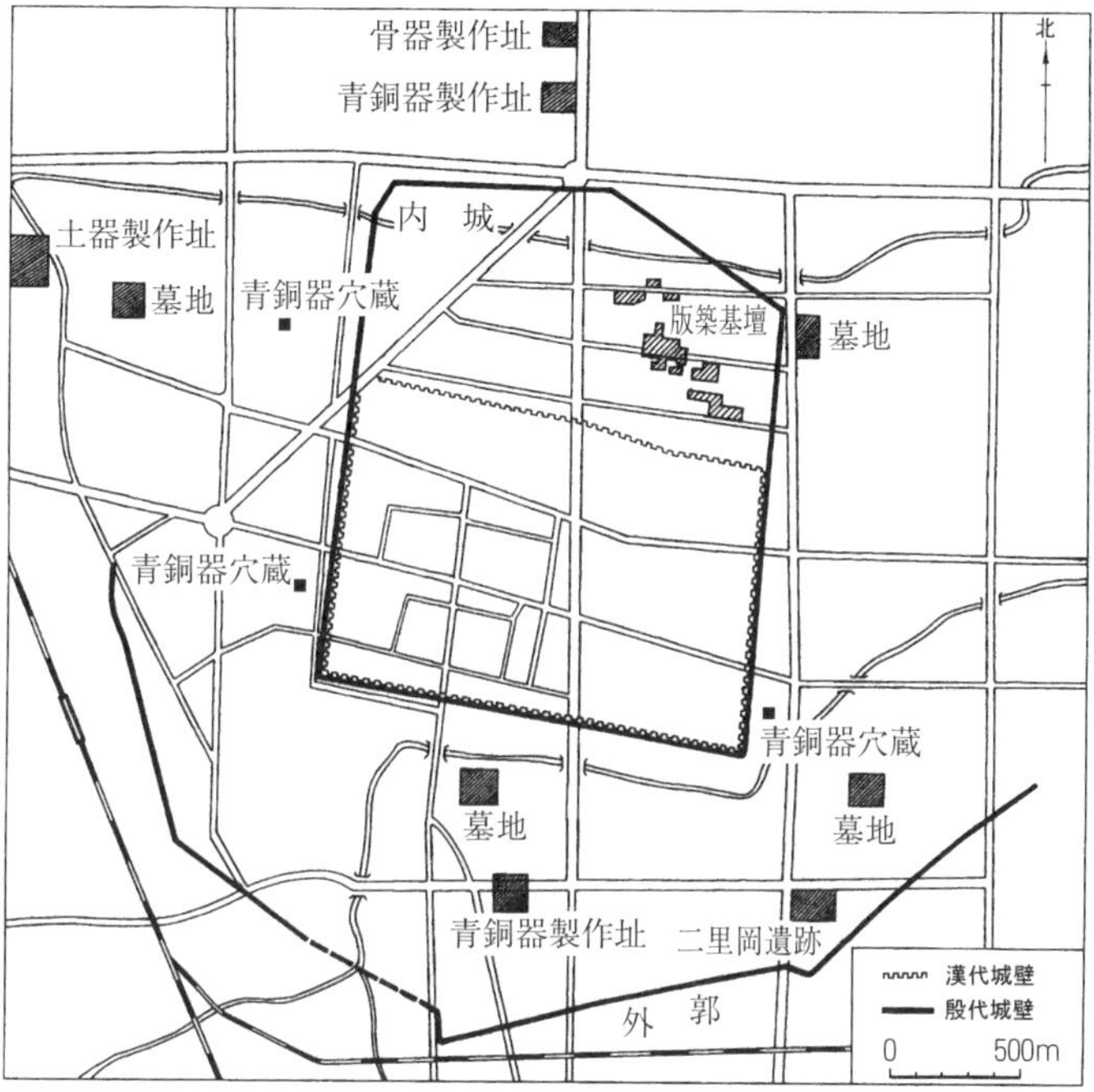


図26●河南省鄭州城遺跡。

ンチ、重さ八六キロに達する巨大な銅鼎などが整然と埋められていた。それらは王室の宝器というべき青銅礼器であり、王朝の危機にさいして宝器を地下に隠匿したものかもしれない。

もうひとつの王都である偃師城は、東西七四〇×南北一一〇〇メートル、城壁の幅は六～七メートルの小城がまず築造された（図27上）。前章にみた二里頭遺跡とはわずか六キロの至近距離にあり、地名考証とあわせ、二里頭の夏王朝を制圧する目的で築城された殷の湯王の都「西亳《せいはく》」と考えられる。つづいてその城郭は北側と東側に拡張され、東西一二四〇×一七一〇メートルと、面積にして二倍あまりになり、城壁の厚さも一八メートル前後に拡幅された。大城の東南部に窪地があり、それを避けて城郭が凹んだ形になっている。

小城の中央やや南寄りに一八〇メートル四方の宮城があり、小城とほぼ同時期に宮殿群の造営がはじまった。小城の西南隅には二〇〇メートル四方の土壁で囲まれた倉庫群があった。倉庫の一基は東西七・五×南北二五・七メートルの南北に長い長方形で、地面より高い床をもち、長軸方向に細長い三室に区画していた。このような倉庫が南北に六基が縦列し、各列は一六～一八基が建ち並んでおり、土壁内は全体で一〇〇基以上の倉庫が軒を連ねていたのだろう。各倉庫の構造は細部において異なるものの、偃師城の創建から廃絶までほぼ同じ位置に三回建てかえられた。このような規則的な配置からみて、ここは王室の管理する倉庫群であり、王朝経済を支える食糧や各種の貢納物が保管されていたのだろう。

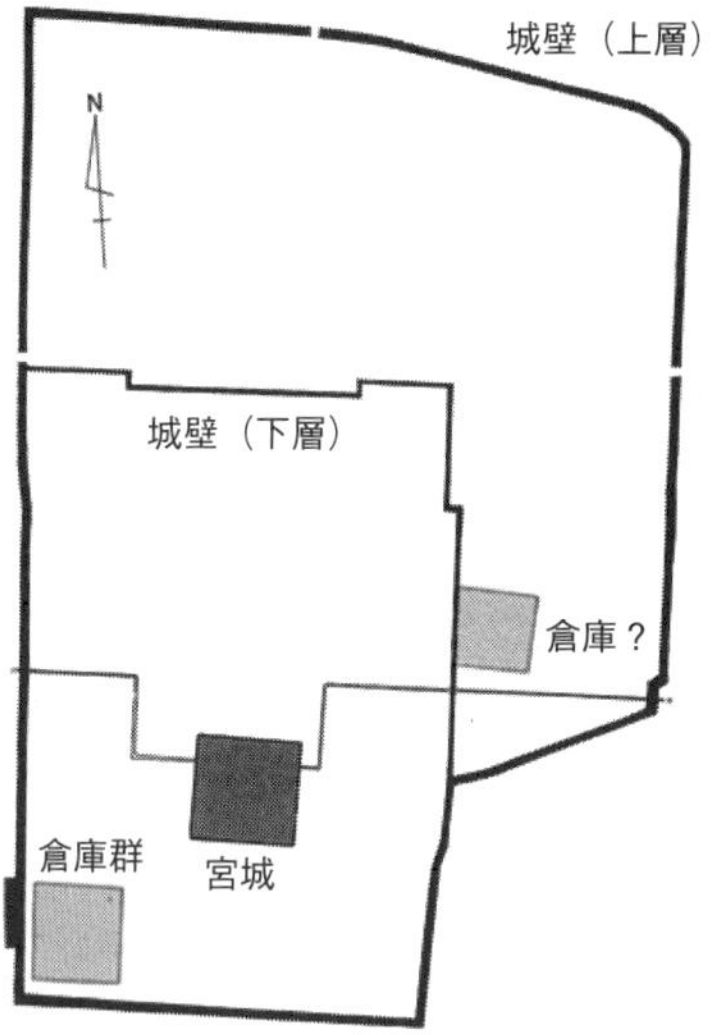


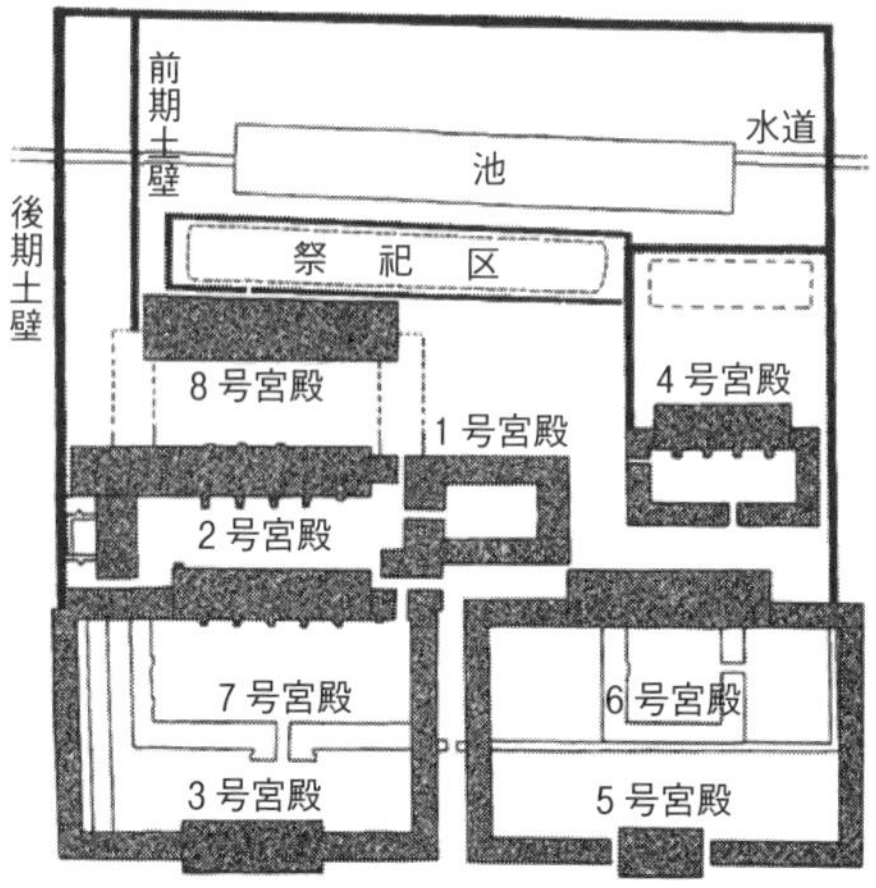


**図27**●河南省偃師城遺跡の城郭（上）と宮城（下）。

以上のように鄭州城と偃師城とは、殷前期のはじめに築城され、その末期に廃絶した殷の王都である。とくに偃師城の小城は殷湯王の都「西亳」に比定され、まもなく二倍の面積をもつ大城に拡張された。鄭州城は内城と外郭とからなり、その内城だけでも偃師城の大城より規模が大きく、築城前から宮殿の建設がはじまっている。各種の手工業工房は内城と外郭との間に整然と配置され、内城に近いところでは王室の宝器を埋めた穴蔵もみつかっている。このため鄭州城は、殷の本拠地にあって王朝の首都として中心的な役割を担っていたのであろう。これにたいして偃師城は、西の征服地における中心として機能した。のちに西周王朝は本拠地の関中に王都の周原（周）と豊鎬《ほうこう》（宗周）を置きつつ、征服した東方の拠点として洛陽（成周）に新たな王都を築いた。そうした西周時代の複都制は、このような殷の先例にならったものだろう。

偃師城の中央に位置する宮城では、すでに九基の宮殿址が発掘されている（口絵8下、図27下）。宮殿の重複関係によって、それは大きく二時期に分けられる。殷周時代の王都のなかで宮城の内部構造がもっともよくわかるため、少し詳しくみておこう(114)。

前期は西南部の七号宮殿とその北に連なる九号宮殿が中心で、宮城を囲む西と南の土壁がそれにとりついている。土壁の幅は二メートルほどで、二里頭遺跡の宮城と同じく城壁といえるほどの堅固さはない。九号宮殿の東側には西に門を開いた一号宮殿があり、九号宮殿と一連の宮殿として機能したのであろう。七号宮殿の東には南面土壁に接して「回」字形の六号宮殿がある。七号宮殿の南門は宮城外に開かれているのにたいして、六号宮殿は東に門があり、宮城外とは直接つながっていない。また、六号宮殿は四〇メートル四方と小型で、中庭の中央に二基の井戸がある。この六号宮殿の北には四号宮殿がある。正殿は東西三六・五×南北一一・八メートル、中庭に面して四か所に階段がある。中庭を囲う東西南三面は小部屋で仕切られた建物で囲い、南面のやや東寄りに狭い南門がある。この四号宮殿は七号宮殿よりかなり小さく、正殿の後方は三方を土壁で囲った独立した空間をなしている。このことから、宮城外に開かれた大型の七号宮殿は外朝で、宮城外から直接出入りできない六号宮殿と四号宮殿は内朝にあたると考えられる。六号宮殿が東に門を開き、中庭に井戸があることもそれを裏づける。このような東西の機能分化は、二里頭遺跡において宮城の西南部に外朝の一号宮殿、宮城の東部に内朝の二号宮殿をおいた配置を踏襲していることがうかがえる。ただし、二里頭の宮殿では回廊の内側に正殿が独立していたのにたいして、偃師城では回廊が正殿にとりついて全体が「回」字形をなしている。このちがいは時期差であろう。

後期の宮城は南と西に少し拡張される。前期の七号宮殿の上に、それを南と西に拡大した三号宮殿がつくられ、形と大きさの近似する五号宮殿をその東に建てている。ともに広大な中庭をもつ。この五号宮殿は前期の六号宮殿の上に位置する。三号宮殿と五号宮殿はともに南に門を開き、宮城外から中庭に直接出入りできるようになっている。この位置関係から、五号宮殿は三号宮殿と同じ外朝として機能したのか、それとも前期の六号宮殿が拡大発展した内朝とみるべきか、形だけではどちらとも判断できない。五号宮殿の後方には四号宮殿が前期から継続して使用されている。三号宮殿の後方には長大な正殿をもつ二号宮殿がつくられ、三号宮殿が外朝の前殿、二号宮殿がその正殿または後殿として機能したのであろう。

宮城の南から中央まではこのように大型宮殿が建て並んでいたのだが、土壁で囲まれた北およそ三分の一ほどは貯水池と祭祀の空間になっている。石を敷きつめた貯水池は東西一三〇×南北二〇メートルの長方形で、西側に城外から通じる石組みの導水路、東側に城外にのびる排水路がある。その形態と規模は鄭州城の池と同じで、宮城内での生活用水を供給したのであろう。祭祀区は土壁で囲ったなかに東西一〇〇メートルあまりの大きな溝がある。A・B・Cの三区に分けられ、A区には人・ウシ・ヒツジ・ブタ・イヌ・魚類などの犠牲とイネやコムギなどの供物があり、B区とC区とはブタが主要な犠牲であった。C区の三分の一を発掘したところ一〇〇体以上のブタが出土し、その多くは全身の供犠だが、頭のない遺体や一部の肢体だけの犠牲もあったという[115]。その犠牲の多さからみて、王室の主宰する祭祀の場であったのだろう。

以上のように偃師城の宮城は、外朝と内朝とからなる二里頭遺跡の宮殿配置を継承しながら、独自の「回」字形構造をもつ宮殿をいっそう規則的に配置した。宮殿群の北側に貯水池を配置することは鄭州城と同じで、共通する設計プランによっているのだろう。王権の中枢を担う宮城は、二里頭文化から二里岡文化へと継承発展していったのである。

## 殷後期の王都

甲骨文の発見とその解読によって殷王朝の実在が確かめられ、その出土地である河南省安陽市小屯の宮殿址や洹河対岸の侯家荘《こうかしょう》(西北岡)で王墓の発掘が進められた結果、ここが殷後期の王都であることが明らかになった。この殷墟遺跡群は、城郭こそ未発見であるが、およそ五キロ四方の範囲に、王や貴族たちの墓地・宮殿・住居のほか、青銅器・玉石器・土器・骨器の製作工房が分布している。その規模は殷前期の鄭州城より大きく、長期にわたって王都として機能したことがうかがえる。

古典籍では第一九代の盤庚《ばんこう》が殷に遷都し、第三〇代の帝辛《ていしん》(紂王)まで存続したとされる。しかし、甲骨文は第二二代の武丁期がもっとも早く、殷墟には武丁以前の遺構や遺物が乏しいことが問題になっていた。

この殷墟遺跡群の東北に隣接して一九九九年に発見されたのが、殷前期と殷後期の過渡期にあたる洹北城《えんほくじょう》遺跡である。(116) 東西二一五〇×南北二二〇〇メートルのほぼ正方形の城郭をもち、その中心のやや南では東西二〇〇×南北五〇〇メートル以上におよぶ宮殿区も確認された。それは偃師城の宮城の二・五倍の面積である。そのなかに宮殿址は三〇か所以上あり、宮殿区の東南部にある一号宮殿は「回」字形の平面で、東西一七三×南北九二メートルと殷代でもっとも規模が大きい。正殿は東側が未発掘だが、東西九〇メートル、土壁で九室に仕切られ、周囲に回廊がめぐっている。この北には東西九〇×南北七〇メートルの「回」字形の二号宮殿がボーリングで確認されている。

この洹北城は武丁期にやや先行する王都であり、これを盤庚・小辛・小乙期の王都とみる説と第一二代の河亶甲《かたんこう》の都「相」とみる説とが提起されている。河亶甲のときに殷王朝は衰えて盤庚にいたるまで五たびも遷都したと『史記』殷本紀は伝えるから、この壮大な洹北城を河亶甲の王都に比定するのはむずかしい。しかも、洹北城はごく短期間のうちに廃絶しているから、兄弟で王位が継承された盤庚・小辛・小乙期の王都とみる説が妥当であろう。しかし、洹北城は発見からまだ日が浅く、最終的な決着は今後の検討を待たねばならない。

殷墟の中心は洹河南岸の小屯にある。北と東は洹河、西と南は人工の壕で囲まれた小屯遺跡は、およそ東西六五〇×南北一〇五〇メートルの範囲がある。新中国の成立前、その北三分の一ほどで五三基の宮殿址が検出され、北から甲組・乙組・丙組の三組に分けられた(117)(図28)。甲組は一五基の宮殿址からなり、いずれも小規模で、祭祀坑がないところから、寝殿のような王族の居住空間と考えられている。乙組には二一基の宮殿址があり、東西に長い三基の大型宮殿を中心とする。乙一二号基址の横で発見されたYH一二七坑は、直径二メートル、深さ五メートルで、完全な亀甲三〇〇枚あまりをふくむ一万七〇〇〇点の甲骨が層をなして出土した。すべて武丁期に属し、王室の文書庫として意図的に甲骨を埋納したものであろう。この乙組では基壇の建築前や建築後の祭祀坑が二〇〇基以上あり、乙一三号基址の建築前だけでも、総計ウシ三〇体、ヒツジ一〇一体、イヌ七八体が奠基《てんき》の犠牲として

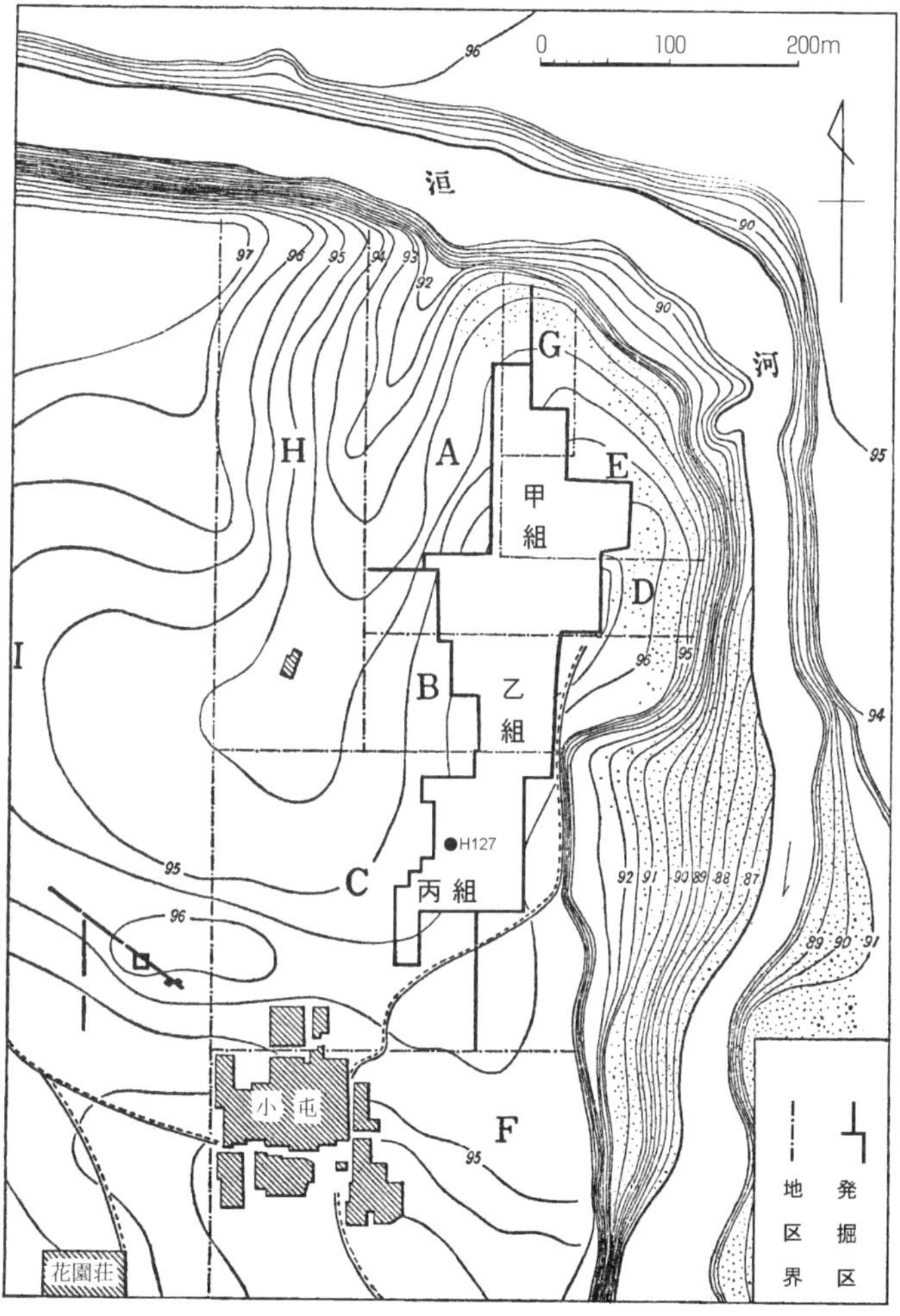


図28●河南省殷墟の小屯遺跡。

埋められた。乙七号基址の南側には建築後の墓・車馬坑・犠牲坑が整然と配列され、人骨だけでも計六〇〇体近くにおよんでいる。調査者の石璋如《せきしょうじょ》は馬車と歩兵を中心とする軍隊をそのまま埋めたと推測するが、甲骨卜辞を参考に、戦争で捕獲した人や馬車などを殷王の祖先神に供えたと考える説もある。[118] 丙組には東西対称形に配置した一七基の基址がある。東西二〇×南北一七メートルの丙一号基址をのぞく一六基はすべて小型で、焼けたウシやヒツジの骨が出土したことから、犠牲を火あぶりにしてまつる祭壇と考えられた。

乙組と丙組の建築址には多数の犠牲をともなう祭祀坑が整然と分布し、王室の主催する祭儀の場であったと考えられる。一般居住区から出土するウシにはコウギュウとスイギュウとがあるのにたいして、ここから出土するウシは肉質のよいコウギュウだけである。食肉用として農村で普遍的に飼われていたブタも、ここでの供犠から排除されている。神にささげる犠牲は、王の身分にふさわしい家畜だけが選択されたのである。[119] また、小屯の南に位置する花園荘南地遺跡では、長径三九メートルの大きなH二七坑から三〇万点近い動物骨が出土し、その九八パーセント以上がウシであった。とくにその骨の多くは、骨器の製作には不向きなウシの頭骨・下顎骨・歯・脊椎骨・肋骨・大腿骨などであり、破砕されたものが多く、鋸で切断した痕跡をもつ骨器未製品はきわめて少ない。このことから犠牲を殺して解体したり、卜用の肩胛骨を採取した後に不用の骨を廃棄した坑と考えられている。[120]

一九三七年までの小屯の調査では、偃師城や洹北城に匹敵する規模の宮殿は発見されていなかったが、近年の調査で丙組の南から逆「コ」字形に並ぶ大型建築基址が発見された[121]。北側の一号基址は東西六一メートル、西側の三号基址は南北五〇メートル、南側の二号基址は東西七五メートル、いずれも幅が七・五メートルである。一号基址の南面には祭祀坑が一〇基あり、少なくとも二九人の犠牲が確認された。また、門の西側に埋めた土器内に「武父乙」銘の銅盉があり、報告者は武丁が小乙をまつったものとみなしている。

丙組建築址の西には低い台地があり、未盗掘の婦好墓をはじめとする殷墟前半期の貴族墓が分布している[122]。武丁の王妃とされる婦好は、武丁期の軍事にかんする甲骨卜辞にしばしば名がみえ、死後は「妣辛《ひしん》」としてまつられた。墓に副葬された青銅器には「婦好」や「司母辛」などの銘文があり、東に隣接する一八号墓からは武丁期の甲骨卜辞にみえる「子漁」銘の青銅器が出土した。このように武丁期の王妃や王族などの有力貴族たちは、西北岡の王陵区に葬られずに、宮殿宗廟区の近くに埋葬されたのである。

その南の小屯村周辺では以前から多数の甲骨が出土していたが、小屯南地では一九七三年の調査で五〇〇〇点あまりの甲骨がまとまって発掘された。ウシの肩胛骨を用いた卜骨ばかり一三一五点が層をなして出土した楕円形のH二四坑のほか、未加工の卜用骨を保管する坑もみつかっている。ここでは亀甲が少なく、ほとんどが殷墟後半期の甲骨第三・第四期卜辞で、王の活動を占うさまざまな内容を刻んでいた。

いっぽう小屯より三〇〇メートルほど南の花園荘東地では、H三坑から一五八三点の甲骨が層をなして出土した(123)。YH一二七坑と小屯南地につぐ甲骨文の大発見であり、やや詳しくみておこう。その地点は宮殿区を囲む壕の内側にあり、平面が二×一メートルの長方形坑で、深さは二メートルあまり残っていた。甲骨は完全な亀甲七五五点をふくむ一五五八点の卜甲があり、卜骨はわずか二五点であった。亀甲は長さ一三～三四センチ、ハナガメ（*Ocadia sinensis*）とカラスガメ（*Chinemys reevesii*）と鑑定され、いずれも黄河中流域に生息している種類である。占いのすんだ甲骨は、一定期間の保管ののち坑に納入し、土をかぶせて堅く叩きしめていた。それは神聖な占いの文書を地下に密封するためであった。その時期は層位と甲骨編年から武丁期に限定される。占いの主体は王ではなく、殷王の傍系の「子」である。祭祀対象は「祖甲」「祖乙」「妣庚《ひこう》」「妣己《ひき》」など殷の先王・先妃が多いことから、その「子」は第一五代の沃甲《よくこう》の後裔と報告者は考えている。しかし、卜辞には婦好の名もみえ、内容は身近な祖先の祭祀のほか、田猟や亀甲の貢納におよんでいる。その「子」は王朝の中枢にいた有力な傍系の王族であることは確かであろう。

洹河と壕で囲まれた小屯には、複雑に配置された建築基壇の下や周囲に多数の犠牲を埋めた祭祀坑があり、王や傍系の王族が占いをした甲骨が集中し、武丁王妃の婦好をはじめとする貴族墓が分布していた。時期ごとの変遷を明らかにすることが今後の課題だが、ここが王朝の祭祀と儀礼の中心であったことはまちがいないだろう。

殷前期の鄭州城と偃師城、殷後期への過渡期の洹北城は、いずれも城郭に囲まれ、軍事的・計画的に設置された王都であった。これにたいして殷墟には城壁がなく、中枢部を自然の河と人工の壕とで防御し、およそ五キロ四方の範囲に手工業工房、貴族の邸宅と墓地が散在していた。殷墟は遠近さまざまな地方に出自をもつ族集団が集住する新しいタイプの王都であり、この居住形態は西周時代の王都に継承されていった。

かつては墓地がさかんに発掘されていたが、近年では小屯以外でも建築遺跡が調査されるようになった。小屯の南西二キロにある北徐家橋遺跡では、殷墟末期の建築群が発見された[124]。およそ一六〇メートル四方の範囲に、一六基の建築基址が南北に列をなすように配列されている（図29上）。それには長方形の基壇が組みあった基址と「回」字形に中庭を囲む基址とがあり、最大の四号基址は東西二〇×南北二〇メートルである。小屯の建築基址ほどの規模がなく、多数の犠牲や甲骨を埋めた坑がともなっていないことから、貴族の邸宅であったと考えられる。周囲には青銅器を副葬する墓が散在しているが、いずれも木棺をもつだけの小型墓であり、この建築基址にともなうものかはわからない。

これにたいして小屯の西二・五キロの孝民屯は、かつて殷墟西区墓地として九〇〇基あまりの殷代の墓が発掘され、二〇〇〇年からは五ヘクタールにおよぶ殷墟後半期の青銅器の鋳造遺跡が調査されている。鋳造遺跡の北と東では三群に分かれた計九〇基の竪穴住居が発掘され、そのうちA区では密集する二七基の竪穴住居が検出された[125]（図29下）。住居は床面積五平方メートル前後の長方形竪穴二〜

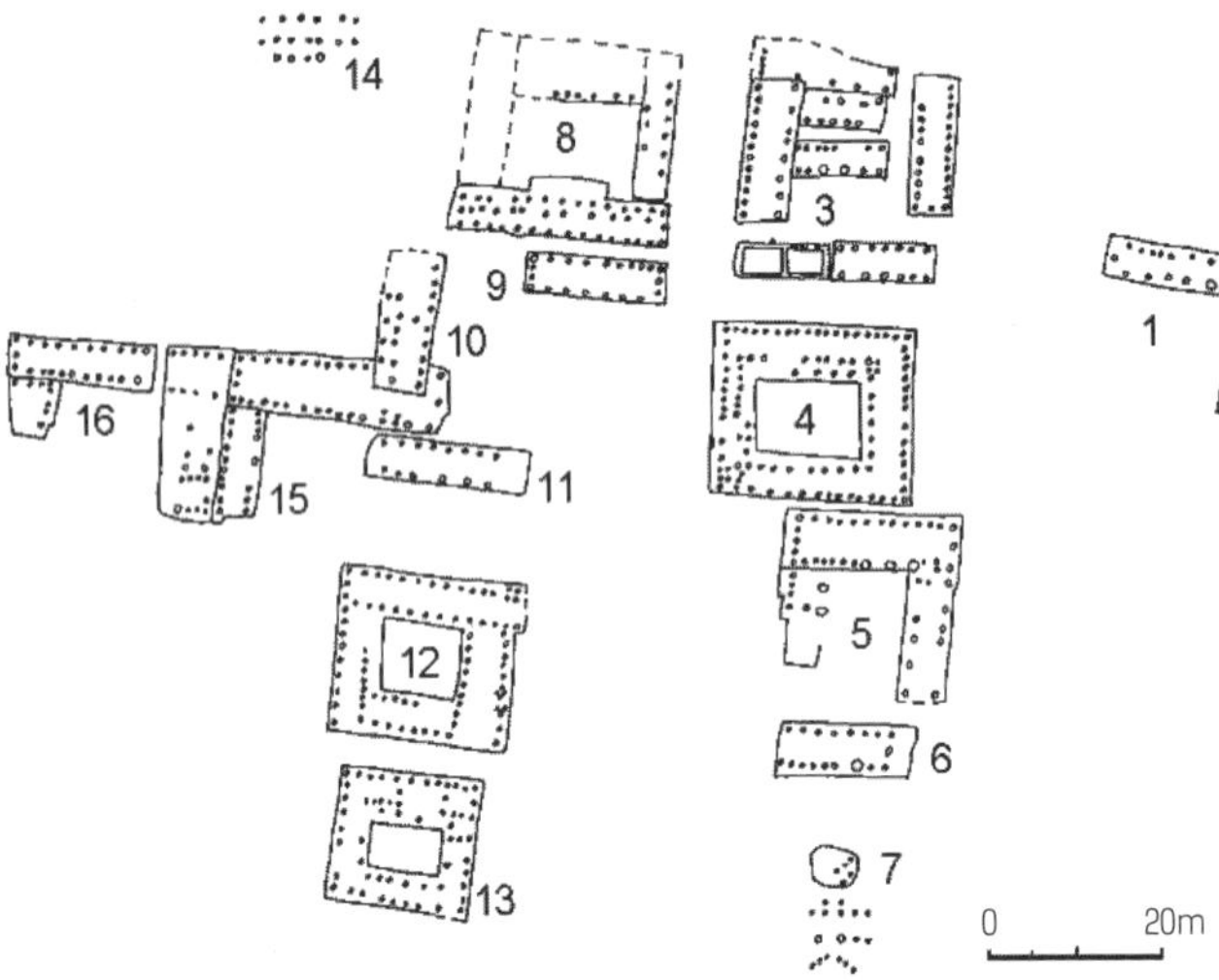

**図29**●河南省殷墟の北徐家橋遺跡（上）と孝民屯遺跡（下）。

五基が通路でつながった多室構造で、五室からなる一一五号住居でも総面積は二四平方メートルにすぎない。二七基の住居で計七〇室になる各部屋にはベッド状の土台と炊飯用の竈があり、それぞれの部屋は日常の生活単位として独立していた。ここから出土した炊飯用の鬲は口径・高さともに二〇センチに満たない四合炊きぐらいの容量であること、各部屋の床面積が五平方メートルほどであることから、部屋ごとに五人ほどの家族が肩を寄せあって生活していたのだろう。各住居の向きは一定ではないが、めだった格差や重複関係もなく、等質的な住居が整然と分布している。時期は殷墟前半期であり、その住民は殷墟後半期の青銅器生産や殷墟西区墓地とは直接の関係がなかった。しかし、日常土器をのぞけば出土品は多くなかったというから、自営農というより土木工事や手工業生産などの用役に従事する労働者たちの集落であった可能性が高い。

以上のように殷墟で発見された建築遺構には、小屯にみる王室の宮殿宗廟区、北徐家橋にみる貴族の邸宅、孝民屯にみる下層民の竪穴住居群、という三階層が識別できた。これらは広い面積の発掘によって居住形態が明らかにされたもので、ほかに苗圃北地の鋳造遺跡でみつかった平地住居など部分的に調査された建築遺構を考えるならば、さらにいくつかの階層に区分することができよう。これまで墓地と青銅器の族記号の分析からさまざまな出自をもつ族集団が殷墟の各地に住み分けていたと考えられていたが、階層を同じくする人びとが殷墟の各所にまとまって集住することもあったのである。

## 金文からみた西周時代の王都

西周王朝の本拠地は、いまの陝西省西安市から宝鶏市の一帯にあった。古公亶父のとき戎狄《じゅうてき》の圧迫をうけて周人は岐山《きざん》の麓に移り、都邑の「周」を造営した。それが岐山県と扶風県にまたがる周原遺跡群である。ついで西伯《せいはく》（文王）と武王がいまの長安県に「宗周《そうしゅう》」を建設する。殷を滅ぼしたのち、武王の弟の周公は幼い成王を補佐し、東方の殷の遺民を鎮撫する拠点として洛陽に「成周《せいしゅう》」を造営する。その経緯は『逸周書《いつしゅうしょ》』や『尚書』などにみえ、陝西省宝鶏市から出土した西周前期の「何尊（集成六〇一四）の銘文によってその伝承が裏づけられるが、ここでは河南省洛陽市から出土したと伝える西周前期の「令」方彝《ほうい》（集成九九〇一）の銘文からその都市機能を考えてみよう。

①八月甲申の日に、王は周公の子、明保（明公）に三事（王室行政）と四方（諸侯）を管轄するべく、卿事寮《けいじりょう》の総攬を命じた。②丁亥の日（四日後）に、明公は矢令《そくれい》に命じて、それを周公の宮廟に告祭させた。③明公は矢令を成周の都に派遣し、卿事寮を会同させて就任式の準備をさせた。④十月上旬の癸未の日の朝、明公は成周に赴いて王命を伝達し、三事の命令を卿事寮と諸尹《しょいん》（長官）と里君（村長）と百工（手工業・職能者）に告げ、四方への命令を諸侯の侯・甸《でん》・男に告げた。王命の伝達はすべて終了された。⑤甲申の日（翌日）、明公は犠牲を京宮に用いた。乙酉の日

（その翌日）、犠牲を康宮に用いた。すべて完了された。犠牲を王（宮）に用いた。明公は成周の王（宮）より帰った。⑥明公は亢師《こうし》に鬯《ちょう》（酒）・金（銅）・小牛を賜い、「それを用いて祖先をまつれ」と告げた。令にも鬯・金・小牛を賜い、「それを用いて祖先をまつれ」と告げた。そして、「いま、我れは汝ら亢師と矢令の二人に命令する。精いっぱい汝の同僚たちと汝の職友たちとを助けよ」と命じた。⑦作冊（矢）令は明公尹の恩寵にこたえるべく、父の丁をまつる青銅彝器をつくり、明公の寵栄を父丁におよぼし、父丁の遺徳を顕彰しようとするものである。

まず、成周の政治機能について。④は王室行政をおこなう「三事」と「四方」を管轄する「卿事寮」のほか、「諸尹」と「里君」と「百工」などの役人や手工業・職能者があり、四方の諸侯に王命を伝達する場として機能したことを記している。礼書によると、諸侯は定期的に王のもとに朝覲《ちょうきん》することが定められていたが、成周にはそうした朝覲の場としての王宮が存在したのであろう。西周初期に召公の一族を封じた匽《えん》（燕）の遺跡が北京市琉璃河《るりが》で発見され、二五三号墓の「圉《ぎょ》」甗《げん》（集成九三五）には匽侯に仕える圉が成周で王より貝を賜ったことが記されている。また、「匽侯旨《し》」鼎（集成二六二八）には「初めて宗周に見事す」とあり、「圉」甗と共伴した「堇《きん》」鼎（集成二七〇三）には匽侯が臣下の堇を宗周に派遣したことが記されているから、ときには遠く宗周に朝見することもあったらしい。⑤は成周に「王（宮）」のほか「京宮」「康宮」という宮殿があり、犠牲を用いた臨時の祭祀がおこなわれたことを記している。西周前期の「何」尊は王が成周の「京室」でおこなった儀礼のことを記しているが、その「京室」は「令」方彝の「京宮」と同じであったかもしれない。また、山西省曲沃県の晋侯墓地から出土した西周後期の「晋侯蘇」鐘には、王にしたがって夷の討伐に多大な軍功をあげた晋侯蘇にたいして、王は成周の「公族整師宮」で駒四匹を賜い、その九日後には「邑伐宮」で秬鬯《きょちょう》・弓矢・馬を賜与したことが記されている(126)。そのとき成周には二か所の「宮」があったのである。ちなみに『逸周書』作雒《さくらく》には「大廟・宗宮・考宮・路寝・明堂の五宮を立てる」とあり、成周には宮殿や宗廟などが数か所に建てられていたらしい。また、西周中後期の金文には王が周の「大廟」「康廟」「康宮」「康昭宮」「昭宮」「康穆《こうぼく》宮」「般宮」「駒宮」などで冊命の儀礼をおこなったことがみえている(127)。そのいくつかは同一宮の別名の可能性があるものの、複数の宮殿が王都に並存していたことは確かであろう。

つぎに成周の経済機能について。⑥をみると、亢師と矢令が明公より賜与された「鬯」と「小牛」は祭祀に用いる酒と肉で、「金」は祭器をつくる銅原料であった。南淮夷の征討などによって獲得した銅原料は、いったん王室に納められ、賞賜というかたちで王から臣下へと再分配されたのである。殷の王都である鄭州城や殷墟、西周の周や成周にそれぞれ大規模な青銅器の鋳造工房があったことは、鋳型や工房址などの出土によって判明している。そうした工房では、王室で用いる青銅器を製作することのほかに、王から与えられた銅原料をもとに貴族たちの青銅礼器も鋳造されたのであろう。⑦には矢令が賜与された銅原料で父をまつる青銅器をつくり、明公の恩寵を報告したことが記されている。また、下賜された「鬯」は貢納された穀物を用いて王都でつくられた特別な酒であり、「小牛」は王都の特別な施設で肥育された犠牲用の牛であったのだろう。つまり、穀物・家畜・銅原料などさまざまな貢納物が各地から王都に集積されたのち、王室の工房で家畜の肥育・聖化と青銅器や酒など各種の祭儀用品が加工・製作され、王都における祭祀と儀礼の場で使用・消費されたのであり、王都はそうした祭儀用品の生産と消費の中核であったと考えられる。矢令とともに酒・銅原料・小牛を賜った亢師は別に「亢」鼎をつくっているが、そこでは大保と羌亞《きょうあ》との交換を仲介した労によって酒・銅・牛などが同じように贈与されていた。[128] ④にみえる「百工」は王権によって掌握された手工業者たちであり、王都では日常の生活用品も生産されていたものの、王権の政治的身体を再生産するところにその主たる役割があったのだろう。西周後期の「伊」簋《き》（集成四二八七）に「王は令尹の封を呼んで伊に冊命し、併せて康宮の王臣妾《おうしんしょう》・百工を官司させた」とあるように、「百工」は周の王宮にも付属していた。『周礼』考工記の「百工」について後漢の鄭玄は「百工は司空に事《つか》える官属」と注し、『尚書』禹貢兗州条の鄭玄注では「貢は百工の府が受理して貯える」というから、礼学の理念によると、王都に集められた貢納物は「百工」が管理していたことになる。[129] ただし、「百工」は手工業者だけにとどまらず、音楽・医術・卜占などをふくめた職能者集団の総称であった。[130] このような王権に奉仕する特殊な手工業者や職能者たちが王都に居住していたのである。

成周の鋳造工房では、西周後期まで青銅器がつくられつづけた。西周後期の「虢仲《かくちゅう》」盨《しゅ》（集成四四三五）の銘文には、

虢仲は王とともに南征し、南淮夷を討伐した。成周にあり。旅盨をつくるに、この盨は十二器であった。

とあり、虢仲は王に従軍して南淮夷を攻めたとき、祭礼に用いる一二器セットの盨を成周の鋳造工房で製作したのである。西周後期になると、成周は南淮夷との交易や軍事行動の拠点として重要性が増していった。西周後期の「兮甲《けいこう》」盤（集成一〇一七四）はつぎのようにいう。

五年三月、王ははじめて自ら玁狁《けんいん》を討伐された。兮甲は王にしたがって折首執訊の軍功があった。そこで王は兮甲に馬四匹と駒車を下賜し、つぎのように命じられた。「成周の都で四方から集められる貢納物を管理するとともに、南淮夷に赴いてその徴収にあたるように。もともと淮夷はわれわれに貢納の義務を負う人たちであった。必ずその布帛、その農産物、その進人（奴隷）、その貯（特産品）を献上させるように」、と。

玁狁は北方の牧畜民である。その遠征ののち王は一転して南に矛先を向け、兮甲を成周に配転して南淮夷との交渉にあたらせたのである。ここでは省略したが、王の命令はさらに、淮夷が貢納を怠った

ばあいには武力で制裁を加え、周の諸侯たちが淮夷の特産物を侵犯してはならない、とつづいている。淮河流域の夷族は、かねてより周王にたいして奴隷をふくむさまざまな貢納の義務を負っていた。この青銅器をつくった兮甲は、諸侯や蛮夷から成周に集められた貢納物の管理を周王から命じられたのである。その貢納物が具体的に何であったのかはともかく、淮夷が貢納の義務を怠ったために西周王朝の討伐を受けたことは、西周後期の「師寰《しえい》」簋（集成四三一三〜四三一四）にもみえ、周王と淮夷との間に貢納をつうじた支配と従属の関係が成り立っていたのである。また、成周に王室の倉庫群があったことは、西周後期の「頌《しょう》」壺（集成九七三一〜九七三二）にみえる。

王はつぎのように命令された。「頌よ、汝に成周の貯（倉庫）廿家の管轄を命じる。また、新しく造営した貯を監督し、そのたくわえをもとに王宮を維持せよ」、と。

この青銅器をつくった頌は周王から「廿家」をもって数える成周の倉庫の管理と王宮の経営を命じられたのである。

殷周時代の王都には、王権によって人も移住させられた。周原の荘白一号坑から出土した西周後期の「史墻」盤（集成一〇一七五）には二八四字からなる長い銘文があり、微史族の祖先の輝かしい功績が記されている。そのなかに、静幽なる高祖（微史族の始祖）はもともと微《び》（地名）の本拠におられた。武王が殷を討伐されたとき、微史の烈祖は武王のもとに来朝し拝謁された。武王はそこで周公に命じて微史の家を周の地に定めて住まわせた。

とあり、もともと殷に属していた微史族は、殷王朝の滅亡とともに周に従属し、王命によって微から周の都に移住したのである。「史墻」盤と共伴した銅鐘の銘文から、その新しい土地は「五十頌」という広大な農地をふくむ采邑であったと考えられている(131)。

王都の軍事的な機能については、宗周に「西六師」、成周に殷人を中心とする「殷八師」または「成周八師」という軍団組織があり、とくに東方の征服地に設置された成周は、西周後期になっても「兮甲」盤・「虢仲」盨・「晋侯蘇」鐘などにみるように、淮夷などの東夷にたいする軍事的な拠点として重要な役割をはたした。

以上のように金文から復元できる西周時代の王都は、（一）数か所に王宮や役所が分散、（二）王権に奉仕する「百工」という手工業・職能者集団が居住、（三）貢納物を納める倉庫群、（四）王権に奉仕する族集団が王畿外からも集住、（五）王権を再生産する祭儀と再分配、（六）軍隊の駐屯地、などの性格をもっていた。次節にみるように、西周時代の王と諸侯との政治関係は、経済的な贈与交換と不可分であり、畿内と畿外の諸侯は王に服属して奉仕と貢納をおこない、反対に王は諸侯にたいして恩寵として祭儀用品を下賜していた。王都には諸侯や蛮夷からの貢納物が集積され、王はそれを直属の工房で祭儀用品に加工したうえで、諸侯に再分配したのである。

このように西周時代の王都は、王権によって政治・経済・軍事の機能が集中させられた都市であり、経済は政治や祭儀のシステムに埋めこまれていた。このため王権が崩壊すると、王都はただちにその機能を停止し、廃墟になった。経済が礼制の桎梏から解放されるのは戦国時代のことで、このときはじめて成熟した経済都市が生成したのである。

## 周原遺跡群

西周の王都について、考古資料が充実しているのは陝西省の扶風県と岐山県にまたがる周原遺跡群である（図30下）。殷後期（先周文化）の古公亶父のときに周族の居住がはじまり、西周時代末期まで王都として機能した。殷墟と同じように城郭をもたないが、岐山南麓の三キロ四方ほどの範囲に大型建物・墓・手工業工房址などが密に分布し、「宗周」の豊鎬や「成周」の洛陽をはるかにしのぐ数の青銅器が埋蔵坑から出土している。

鳳雛《ほうすう》甲組建築址（図30左上）は、東西三二・五×南北四五メートル、瓦葺きで、前堂と後室の両側に回廊をはさんで廂室がめぐる「日」字形の四合院建築である(132)。南門の前には目隠しの影壁《えいへき》が、門の両側には塾《じゅく》がある。前堂の前には三か所に階段がついている。西廂内のH一一坑からは一万七〇〇〇片あまりの甲骨が出土し、その大部分が卜甲であった。それらは殷王をまつる内容や「太保」「畢《ひつ》公」「楚子来告」「伐蜀《しょく》」などの文字を刻み、殷末期における周の外交関係を知る重要な資料である。その内容と建物の構造からみて、周の王宮ないしは王室の宗廟であろう。柱の放射性炭素年代は前一〇九五±九〇年と殷末周初を示すが、出土の土器からみて西周後期まで用いられたとされる。近年、この建築址の南と北で東西に七〇〇メートルあまりのびる土壁が発見され、ここが王都の中枢部にあたる宮城の可能性が高まってきた。

　鳳雛から二キロ東南の召陳村や東一キロの雲塘《うんとう》村と斉鎮《せいちん》村でも瓦葺きの大型建築址群が発掘されている。召陳《しょうちん》遺跡[133]では西周中期の層から整然と並ぶ一三基の瓦葺き大型建築址が検出された。最大の三号建築址は東西二四×南北一五メートルの長方形建物で、その柱配置から、中心に円形屋根をもつ寄棟造りの宗教的建物に復元する案がある。雲塘の建築址群[134]は、散水をめぐらせた「凹」字形の一号建築址を中心に、その前面両側に二号・三号建築址を「品」字形に対置させた西周後期の建物群である（図30右上）。南門の八号建築址から石敷きの通路がU字形に伸び、「凹」字形建物の二か所の階段につながっている。その特殊な建物の構造と配置から、これも宗教的な建物であったと考えられている。これらは金文に某「宮」と呼ぶような宮殿や宗廟であり、周原一帯にそれらが散在していたことがうかがえる。

　また、斉家村では玉石器の工房址、雲塘村では骨器の工房址、その南の荘李《しょうり》村では青銅器の鋳型

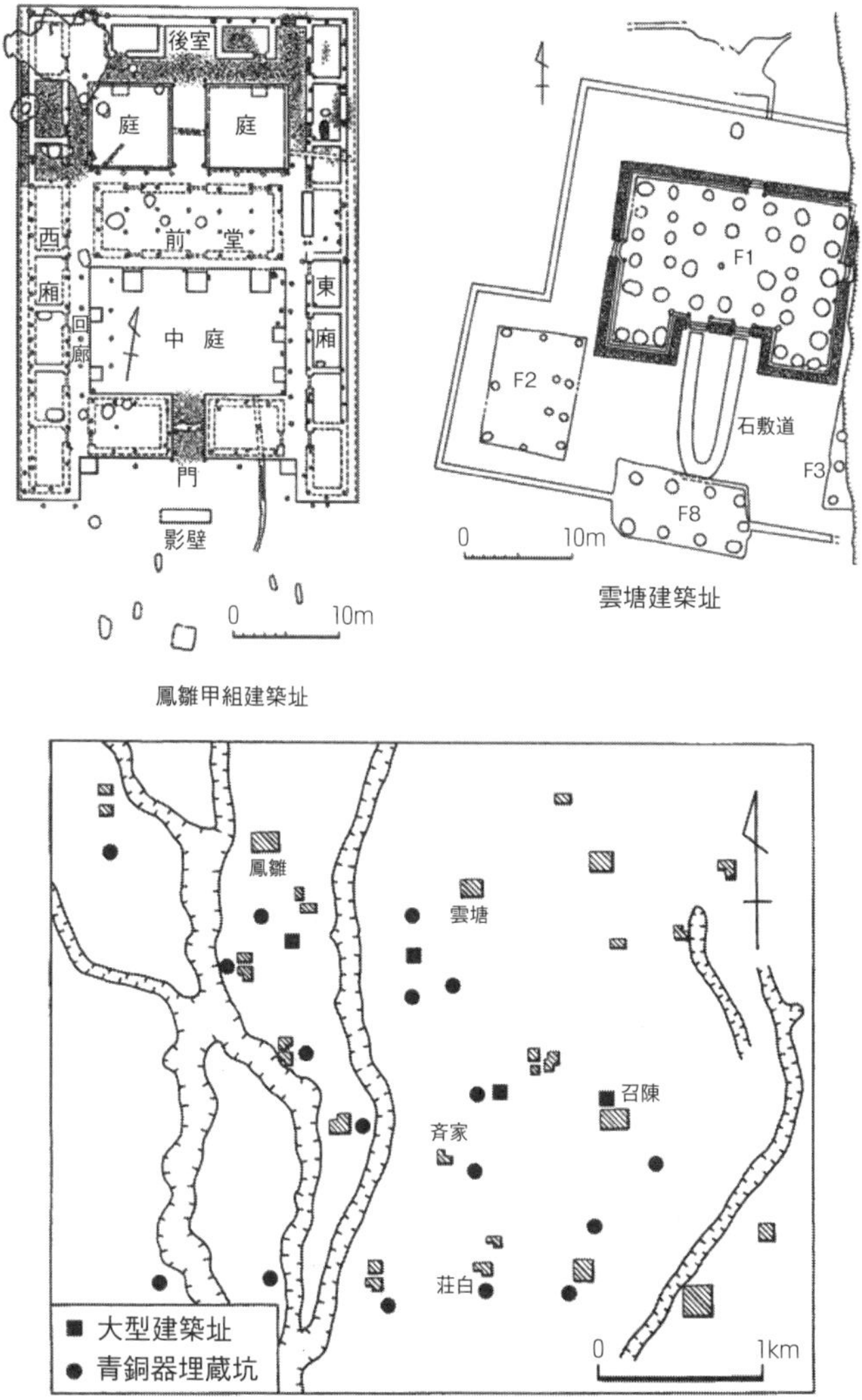


**図30**●陝西省周原遺跡群。

や銅滓が大量に出土している。雲塘の骨器工房址は六ヘクタールにおよぶ面積があり、ごく一部の試掘でも二万点以上の骨材が出土し、その八割がウシ骨であった。未製品のほとんどが笄であることから、製品の種類ごとに工房が分かれていたらしい。上記の雲塘建築址は骨器工房址の東二〇〇メートルにある。荘李の青銅器工房址[135]では、土製の鋳型と原型、炉壁・銅滓などが大量に出土した。そこで製作された青銅器の多くは西周中後期の車馬具で、ほかに方鼎の原型も発見されているが、青銅器や骨器の製作ではかなり分業が進んでいたことがうかがえる。

　周原で発見された青銅器の埋蔵坑はすでに一〇〇か所あまりに達し、長い銘文の青銅器をともなう重要な坑だけでも数十か所にのぼっている。なかでも荘白村一号坑からは一〇三点もの青銅器がまとまって出土し、西周後期の「史墻《ししょう》」盤をはじめとする五世代の微史族の有銘青銅器七四点がふくまれていた。先述のように、殷王朝の滅亡とともに周に従属し、武王の命令によって微から周に移住した微史族の青銅器群である。この荘白村一号坑の南六〇メートルには瓦葺きの建築址があり、周辺に微史族の屋敷地がひろがっていた可能性が高い。このような埋蔵坑は、西周王朝が衰え、外敵の侵入などに備えて居住者が屋敷地内に隠匿したものと考えられている。なかには厲王の作器と考えられる「㝬《ほ》」簋のほか、「虢季子白《かくきしはく》」盤など周王室と同じ姫《き》姓家族の青銅器が出土しているものの、大部分は微史族など非姫姓家族の青銅器である[136]。このように周原にはさまざまな出自をもつ族集団が、相互に婚姻関係をもちつつ、各所に住み分けていたのである。

王都に出自の異なる族集団が集住したことは、周原のあちこちに数十か所の墓地が分散し、しばしば墓地と居住区とが上下に重複していることからもうかがえる。しかも、墓の向きや墓制が一定しないことが少なくないため、短期間のうちに被葬者の家族が交替したと推測されている[137]。

この周原遺跡群の景観を、金文から復元した西周時代の王都と対照してみると、（一）数か所に王宮や宗廟が分散し、（二）王権に奉仕する青銅器・玉器・骨器などの手工業工房があり、（三）王権に奉仕するさまざまな出自の族集団が集住する、という三点については、考古学からほぼ確かめられた。しかし、貢納物を納める倉庫群や軍隊の駐屯地という王都の性格については、今後の調査にゆだねなければならない。

二〇〇三年末になって、周原より一八キロほど西の周公廟《しゅうこうびょう》（鳳凰山）遺跡で殷末周初の地層から「周公」や「新邑」などの文字を刻んだト甲が出土し、つづいて北側の丘陵で土壁に囲まれた一二基の大墓群、西側の白草坡《はくそうは》（東八爪）という丘陵では二〇〇基近い中小墓群が発見された。大墓には四面に墓道をもつ十字形の墓七基がふくまれている。発見当初は古公亶父の都邑とみる説も提起されたが、大墓が発掘されたいまでは周公一族の采邑とみる説が有力である。調査はいまも継続中であり、今後の成果に期待したい。

# 3 地方支配の構造

## 周初における諸侯の封建

関中に興った西周王朝は、武王のときに殷を滅ぼし、成王のときに東方への拠点として洛陽に王都を設置した。さらに、その広大な領域を支配するため、一族の有力者や功臣を諸侯として各地に封建した。諸侯は王から土地と住民の支配をゆだねられた反面、自国内はもとより周辺の有事に備え、定期的にさまざまな特産物を王に貢納し、王のもとで軍事や儀礼に奉仕する役目を負っていた。諸侯の自立と離反を防ぐために、王は諸侯にさまざまな賜与をおこない、諸侯は王にさまざまな貢納と奉仕をおこなったのである。

河南省北部の出土と伝える「康侯《こうこう》」簋（集成四〇五九）は、衛《えい》の封建を記録した西周前期の青銅器である。そこには「王が商邑を討伐され、康侯に命令を下して衛に鄙《ひ》（国）をつくらせた」ことが記されている。康侯は武王の弟で、「あまねく古先哲王の道を求め、よく殷民を治めよ」という王命が『尚書』康誥《こうこう》に記録されている。康侯の封じられた衛は殷の旧都（商邑）に隣接し、殷の遺民を監視するため新たな「鄙（国）」を建設したのである。その出土地とされる濬《しゅん》県辛村墓地は殷墟の東南五

○キロほどにあり、二つの墓道をもつ大型墓が発掘されて、衛侯とその一族の墓地が明らかになった。衛の封建については『史記』衛康叔世家に詳しく、「康侯」簋はその伝承を裏づけている。

長江下流域の江蘇省煙墩山《えんとんざん》墓から出土した西周前期の「宜侯矢《ぎこうそく》」簋[138]（集成四三二〇）は、周王による封建を詳細に記した銘文のひとつである（図31）。出土時に器の内底が破損したために読めない部分があるが、その全文はおよそつぎのとおりである。

これ四月、日は丁未にあり。王は武王・成王の伐たれた商（殷）の領地に行幸されて東域の土地を省察された。王は宜の地に立って南面された。そこで王は虎侯矢に「ああ、宜に侯となれ」と命じられ、秬鬯一卣《ゆう》・商瓚《しょうさん》一・□・彤《とう》（丹塗り）弓一・彤矢百・旅弓十・旅矢千を賜った。賜った土地は、その川は三百□、その□は百又□、その□邑は卅又五、その□は百又四十である。宜にある王人の□又七姓を賜った。鄭の七伯とその鬲千又五十夫を賜った。宜の庶人の六百□□六夫を賜った。宜侯矢は王の恩寵に応えて虎侯父丁をまつる器をつくる。

ここに「武王・成王の伐たれた商の領地（原文では商図）」というのは、西周初期に武王と成王が殷（商）王朝を滅ぼしたときに新たに接収した領土のことである。周王（成王を継いだ康王か）はその東方（原文では東或図）にある「宜」の地を視察し、「虎」侯に封じられていた矢を「宜」に移封したのである。それはわが国の江戸幕府による大名の移封とよく似ている。同時期の「中」鼎に南方の「虎

図31●江蘇省煙墩山墓出土の「宜侯夨」簋。

方」の反乱がみえているから、矢がさきに封じられていた「虎」も周王朝の辺境に位置していたのだろう。この「宜侯矢」簋が出土した煙墩山墓は、西周文化圏の外に大きくはずれたところにあり、西周後期に下る地方的な青銅器や灰釉陶器がその主要な副葬品であったから、時代のさかのぼる「宜侯矢」簋がなんらかの理由で封地の「宜」から流出し伝世したものと考えられる。

この銘文で着目したいのは、周王が封建を象徴する酒（秬鬯）・玉器（商瓚）・弓矢を下賜したことのほか、賜与した土地と人民の明細を示していることである。封じられた「宜」の土地は、三〇〇あまりの河川と三五か所の邑（村落）などからなっている。この「宜」にもとから住んでいた役人の「王人」や六〇〇人あまりの「庶人」のほか、「鄭」から役人の「伯」七人と一〇五〇人の「鬲」を移住させている。封建とは王が諸侯に土地と人民の支配を委ねることであるが、このように封地以外のところから多数の人びとを移住させることもあったのである。

伝世の古典籍をみると、『春秋左氏伝』定公四年条には周公の子の伯禽《はくきん》が魯《ろ》に封建されたとき、周に滅ぼされた殷民の六族が分与されたことが記録されている。外諸侯の封建にあたって服属した族集団が半強制的に移住させられたのである。また、『春秋左氏伝』僖《き》公二八年条によれば、楚と戦って勝利をおさめた晋の文公は、楚の捕虜を王に献上した。そこで王は尹氏と王子虎と内史の叔興父《しゅくこうほ》とに命じて晋侯に冊命して侯伯（諸侯）となした。そして王は晋侯に大輅《たいろ》（天子の馬車）の装備、戎輅《じゅうろ》（戦車）の装備、丹塗りの弓一張、丹塗りの矢一〇〇本、黒塗りの弓矢一千本、秬鬯（キビ酒）一壺、虎賁《こほん》（勇猛な兵士）三〇〇人を賜り、つぎのように告げさせた、「王はなんじにいう、『王命を敬服し、もって四国を安んじ、王の慝《あやまち》を糾し遠ざけよ』」と。晋侯は三たび辞退してその命をうけ、「（わたくし）重耳は敢えて再拝稽首して天子の丕顕なる休命（賜与品と命令）を奉揚せんとす」と答えた。晋侯は冊書《さくしょ》をうけとって（いったん）外に出た。そして三たび出入りして王に朝覲したという。冊命にあたって周王は「宜侯矢」簋と同じように封建を象徴する馬車とその装備、丹塗りや黒塗りの弓矢、香り酒などを下賜し、さらに近衛の兵士までも与えたのである。意外なことに、戦国時代に成立した『春秋左氏伝』にも西周時代にさかのぼるような儀礼が伝承されていたのである。

このように周初の諸侯封建にともなって、王権は従属する族集団の遷徙《せんし》を強制することが少なかった。集団的な移動の活発化とともに、多くの族集団が集住する王都や諸侯の国都が出現し、新たな社会関係が生まれたのである。

## 燕の琉璃河遺跡

周の成王が重臣の召《しょう》公を封建したという燕の遺跡が、北京市の西南でみつかった。その琉璃河遺跡(139)は、城郭は南半分が破壊されているが、東西八二九×南北五〇〇メートル以上の長方形で、城壁の部分的な発掘によって西周初期の築造が明らかになった。遺跡の規模は、王都の周原と比べると、面積にして五分の一ほどである。

北京市の北には八達嶺として名高い長城があり、古来より漢人と牧畜民とが角逐をくりかえしていた。前二千年紀前半までは北方の夏家店下層文化の影響が強く、前二千年紀後半になって中原の殷文化が波及した。それでも牧畜民がひんぱんに南下してきたらしく、殷後期の北京市塔照墓地では、被葬者の頭の上にウシやヒツジの頭骨を副葬する北方牧畜民の習俗がみられた。このような殷王朝の最前線であったところに、周は燕の都城を建設したのである。

城郭は人煙のまばらなところに築かれた。城郭内から出土した西周前期の土器は、形のちがいをもとに、周系、殷系、在地系の三系統に分けられている(140)。周系は燕侯の封建にともなって周人がもちこんだ土器のタイプ、在地系はこの地域にみられた土器のタイプである。殷系は殷墟の土器に類似するタイプで、燕侯の封建にともなって遷された殷の遺民がもちこんだものであろう。煮炊き用の鬲を例にみると、周系は三足がゆるやかにつながった連襠《れんとう》鬲、殷系は三足の境が明瞭な分襠《ぶんとう》鬲、在地系は胴部の細長い鬲である。在地系の鬲は、夏家店下層文化の系譜を引いた形である。この三系統の土器は、同じ遺構から混じって出土することがあり、同一の土器に二系統の特徴が混用されていることもある。このため三系統の人たちは、ばらばらに住み分けていたのではなく、同じ場所で生活をともにしていたことがうかがえる。このような共生が反復された結果、土器様式はしだいに周系へと収斂していった。つまり、封建の当初は出自を異にする三つの集団が生活をともにしていたが、やがてひとつの地縁社会に同化していったのである。

城郭の東に二か所の墓地があり、調査者は北区と南区とに分けている。一九七〇年代に計六一基の墓と五基の車馬坑が発掘され、城郭と同じように西周時代を通じて継続していたことが明らかになった。北区は中小型墓からなり、青銅器に殷系の族記号があること、土器の組合せが殷代と共通すること、墓の底や埋土に人やイヌを殉葬する習俗の特徴などから、周に服属した殷人もしくは在地の有力者を埋葬した墓地とみなされた。これにたいして南区には、中小型墓のほかに二つの墓道をもつ大型墓がふくまれ、土器の組合せが西周墓と共通すること、人やイヌの殉葬がほとんどみられないことから、燕に封建された周人の墓地であると考えられた。とりわけ一九八六年に発掘された南区の一一九三号墓は、墓坑の四隅に墓道をもち、盗掘をまぬがれた遺物には、燕の封建を記した「克」罍《らい》・「克」盉（図32）のほか、「燕侯舞」銘の銅泡や「成周」銘の銅戈などがあり、燕侯の墓であることが確かめられた。「克」罍と「克」盉には、つぎのような銘文があった(141)。

王の曰く、「太保よ、これ、なんじの明徳と香り酒とをもって、なんじの主君を供応してくれた。われは、なんじのその供応に手厚く応え、克に命じて燕の侯となし、旗・羌・馬・叡《えい》・盂《う》・馭《ぎょ》・微を監視せしむ」、と。克は燕に出向いて、その土地とその役人とを支配し、（克は）これを記念して祭祀用の器をつくった。

解釈の分かれるところが少なくないが、王が命令を下した「太保」とは召公奭《せき》の職名であり、北燕に

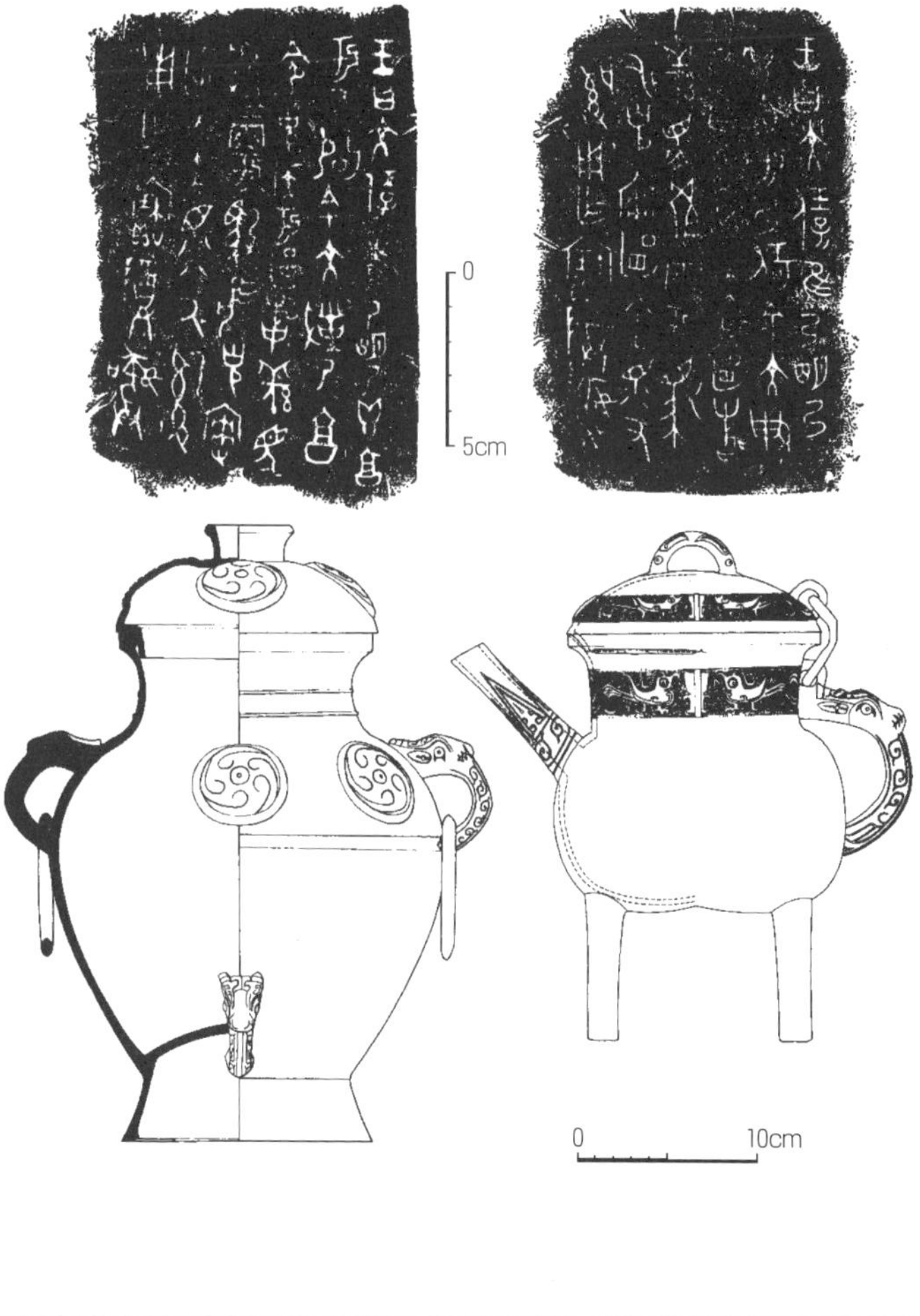


**図32**●北京市琉璃河1193号墓出土の「克」罍（左）・「克」盉（右）。

封じられたと『史記』が伝える召公その人を指しているのであろう。召公は周公とともに周王朝の創業を支えた功労者であり、ここでは周王が召公の功績をたたえ、その近親者である克を燕侯に封じたと解釈した。この部分を「克《よ》く燕に侯たらしむ」と読み、太保の召公が燕侯に封じられたとみる意見もある。いずれにせよ、『史記』のいうように、西周時代のはじめに召公ないしはその近親者が燕侯に封じられたことは確かである。その燕侯が命じられた任務のひとつは「旗・羌・馬・叡・盂・馭・微」など周辺の諸族を監視することであった。そのいくつかは殷代の甲骨卜辞にもみえ、西周時代になっても不穏な動きをみせていたのであろう。燕侯は領主として燕国を統治するだけではなく、広く周辺地域にもにらみをきかせることが期待されていたのであった。琉璃河で発見された城郭は、そのような役割をもった周王朝の軍事拠点であったのだろう。

また、五二号墓から出土した「復」尊（集成五九七八）には、復は燕侯から礼服・臣・妾・貝を賞賜されたことが記されていた。復に恩賞として与えられた「臣・妾」が、もとから燕侯に隷属する人びとであったのか、戦争でとらえた捕虜であったのか、知るすべはない。しかし、燕侯は周王朝の北辺の領主として政治と軍事の両面で自立的な権力をもっていたことはまちがいない。

とはいうものの、前節にみたように、南区の二五三号墓から出土した「圉」甗（集成九三五）には燕侯に臣属する圉が成周に参向して王より貝を賜ったことが記され、「匽侯旨」鼎（集成二六二八）には「初めて宗周に見事」して王から貝二〇朋を賞賜されたことが記されているから、燕侯は王の支配を受けていた。また、城内の宮殿区から出土した卜甲には「成周」の文字が刻まれ、「克」の青銅器が出土した一一九三号墓には「成周」銘の銅戈がともなっていたことから、政治と軍事の面では洛陽の「成周」の管轄下にあったらしい。ただし、「圉」甗と共伴した「堇」鼎（集成二七〇三）は燕侯が臣下の堇を宗周に派遣して太保に奉仕することを命じたというから、一族の宗主にも従属する関係にあった。辺境の外諸侯はときどき王や族長のもとに出仕する義務があったのである。

## 西周王朝の周辺

西周後期に王朝の統制が弛緩すると、周辺民族を制御するために配された外諸侯のなかに反乱を企てるものがあらわれる。そのうち鄂《がく》侯馭方《ぎょほう》が南淮夷や東夷とともに反乱をおこした事件が「禹」鼎（集成二八三三〜三四）に記録されている。

鄂侯馭方が南淮夷・東夷を率《ひき》いて南国・東国を広伐し、歴寒《れきかん》にいたった。王は、すなわち西の六師と殷の八師とに命じて曰く、鄂侯馭方を討伐し、寿幼をも生かすことなかれ、と。しかるに、軍師は気おくれ混乱し、鄂侯を討つことができなかった。そこで、武公は禹を遣わし、公の戦車百乗、車戦の兵士二百人、歩兵千人を（禹に）したがわせた。そして曰く、わが深謀にのっとり、（ふたたび）西の六師と殷の八師を率いて鄂侯馭方を討ち、寿幼をも生かすことなかれ、と。ここに禹は武公の軍士を率いて鄂にいたり、鄂を討伐することに成功し、君主の馭方を捕獲した。鄂の諸侯であった鄂侯馭方は、もともと南淮夷・東夷を監視する役目をもっていた。鄂の地名から長江中流域にあてられるか否かはともかく、南淮夷・東夷に対峙する辺境の諸侯であったのだろう。鄂侯馭方がつくった鼎（集成二八一〇）には、馭方が王に朝見して饗礼と射礼に参加し、王は馭方に親しく玉・馬・矢を賜わったことが記されている。ところが、あろうことか、鄂侯馭方は南淮夷や東夷とともに反乱をおこし、周の南国と東国を広く攻略したというのである。周王はすぐに討伐軍を差し向け、老若を問わず誅殺するよう命じたが、作戦は失敗した。そこで武公は禹に命じて軍を立て直し、鄂の地を奪回して鄂侯馭方を捕らえたのである。この「禹」鼎は、禹がみずからの戦功を記念してつくったものである。

前節にみた西周後期の「兮甲」盤（集成一〇一七四）には、淮河流域の異民族はかねてより周王にたいして特産品や奴隷をふくむさまざまな貢納の義務を負い、兮甲は南淮夷に赴いて貢納物を滞りなく成周（洛陽）に集めるよう周王から命じられたことが記されていた。陝西省武功県から出土した同時期の「駒父《くほ》」盨（集成四四六四）にも、南淮夷から貢納物を徴収した記事がみえる。その関係部分の大意をみると、

　王の十八年正月、駒父は南仲邦父《なんちゅうほうほ》の命により、南諸侯の地に赴き、高父をともなって南淮夷を

巡視した。それは貢納品を徴収し、服属を確認するためであった。南淮夷の諸族はみな王命に恭順し、駒父にたいして貢納物をささげて服属の意を示した。

とある。駒父が最初に赴いた南諸侯とは、周王朝の南辺に封建されていた諸侯であろう。周の使者が蛮夷と直接交渉した「兮甲」盤とちがい、ここでは外諸侯の仲介によって王命を伝達している。また、近年報告された「士山」[142]盤には、つぎのような銘文があった。

王は作冊尹を呼んで（士）山に冊命した。「まず中侯のところに行き、そこから鄀《じゃく》・荊《けい》・方の地に赴き、さまざまな貢納や奉仕の職務を督促せよ」、と。中侯・鄀・方は（士山を）もてなし、貝と金（銅原料）を差しだした。

中侯は西周王朝の南辺にいた諸侯であり、鄀・荊・方は漢水流域の種族であろう。士山はこれらの地に派遣され、貢納を督促する王命を伝えたのである。中侯・鄀・方はすぐさま貝と銅を差しだしたのであるが、そのなかに荊が脱落しているところからみると、荊は貢納を拒否したらしい。荊が長江中流域の種族であったのかはともかく、それで想いだされるのが『春秋左氏伝』僖公四年の記事である。斉侯が諸侯の軍を率いて蔡を討ち、楚に迫った。楚にたいして斉は「(周王が）楚に義務づけた苞茅《ちがや》の貢納が滞っているので、酒を漉《かも》すことができず、周王の祭祀に支障をきたしている」ことを責め、楚は滞納を謝罪したというのである。周の直接支配をうけない周辺民族でも外諸侯を介して周王に服属し、貢納の義務を負うこともあったのである。

## 殷前期の地方城郭

時代はさかのぼって、殷前期の地域支配を考えてみよう。王都の鄭州城・偃師城が堅固な城郭で囲まれていたように、二里岡文化の周縁部に位置する河南省府城・山西省南関（垣曲城《えんきょくじょう》）・山西省東下《とうか》馮《ふう》・湖北省盤龍城《ばんりゅうじょう》でも城郭が確認されている。それぞれの城郭の規模は表2のとおりであり、王都の鄭州城・偃師城と垣曲城以下との格差はいちじるしい。これら地方の城郭は鄭州城の二〇分の一以下の面積だが、版築による城壁の構築方法、磁北よりやや東に傾く統一的な城郭の方位、遺跡から出土する典型的な二里岡文化の土器、大型宮殿、青銅器や玉器を副葬した墓などの特徴からみて、殷王権と密接な関係をもってつくられた政治的ないしは軍事的な拠点と考えられる。

湖北省盤龍城遺跡[143]は、鄭州城から南に四五〇キロ離れた長江北岸の丘陵上に立地し、東・南・西の三面が盤龍湖に囲まれる（図33）。二里頭二〜三期のころに北から移住してきた人びとによって集落が形成され、二里岡上層期に城郭と大型宮殿が築造される。城郭はいびつな長方形で、周囲の長さは一一〇〇メートル、城壁の幅は二一メートル、城内の面積は七ヘクタールあまりである。城壁の構築方法は鄭州城と基本的に同じで、城郭各辺の中央に門がある。高くなった城内東北部が宮殿区で、南

| 遺　址 | | 規　模 |
| --- | --- | --- |
| 鄭州 | 鄭州城 | 1870×1700m（内城） |
| 偃師 | 偃師城 | 1710×1240m（大城） |
| | | 1100× 740m（小城） |
| 垣曲 | 垣曲城 | 400× 350m |
| 夏県 | 東下馮 | 370m |
| 焦作 | 府　城 | 277× 276m |
| 黄陂 | 盤龍城 | 290× 260m |

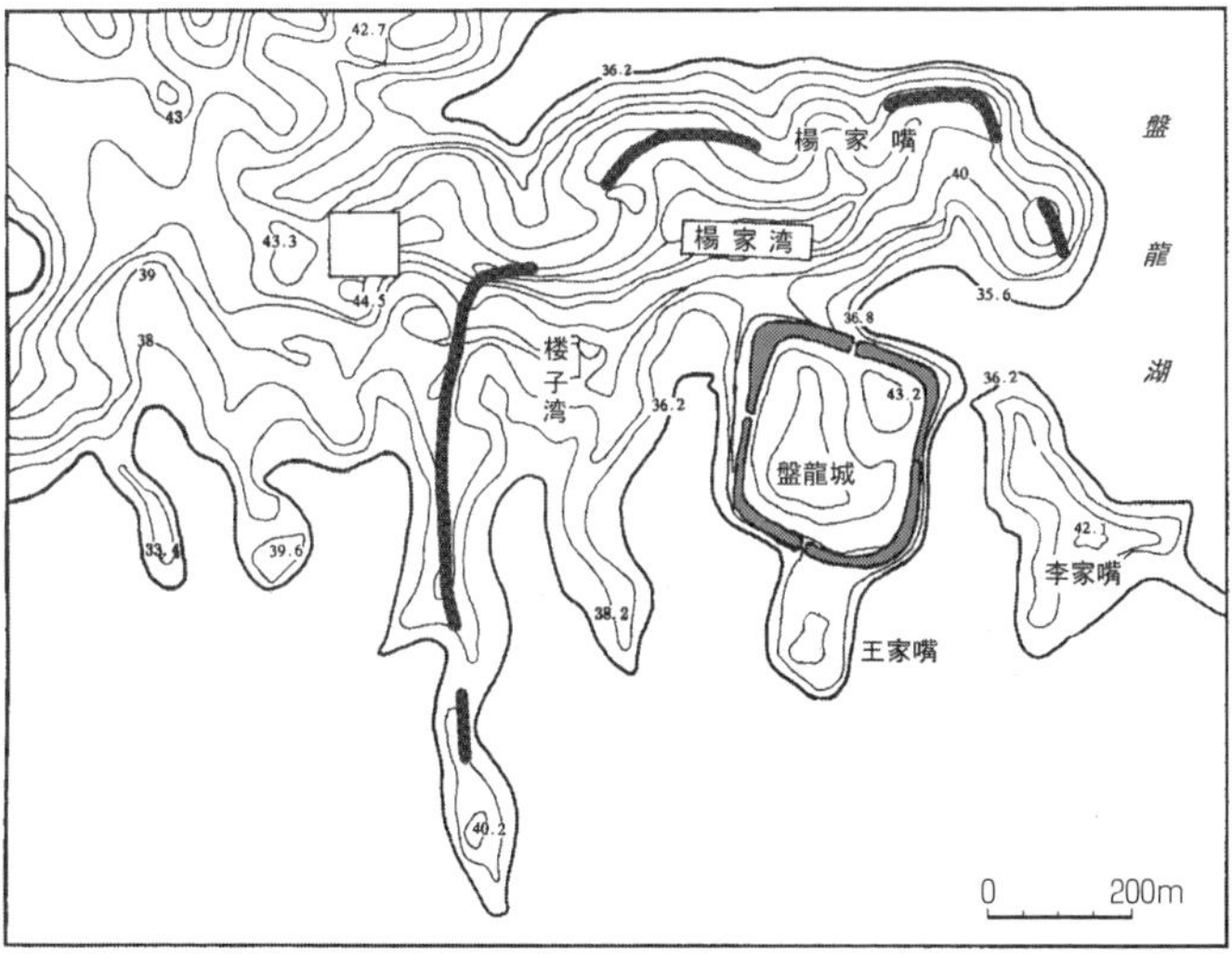


表２●殷前期の城郭遺跡。
図33●湖北省盤龍城遺跡。

北に並列する三基の建築基址が確認されている。発掘された一号宮殿は東西四〇×南北一二メートルほど、四室が東西に並び、周囲に回廊がめぐっている（図34上）。その南側の二号宮殿は、一号宮殿より東西の長さが短く、部屋を区切る壁のない構造である。また、一号宮殿の北側には中庭をはさんで回廊状の基壇が一部検出されている。すなわち、一号・二号宮殿の全体を回廊が囲む「目」字形の配置であり、二号宮殿と一号宮殿とが前堂・後室をなしていたと考えられている。この城郭と宮殿が廃絶するのは、王都やほかの地方城郭とほぼ同じ二里岡文化末期である。

城外の丘陵上には多数の墓が分布し、これまでに三七基の中小型墓が発掘されている。李家嘴《りかし》二号墓は墓坑の面積が一二平方メートル、いま知られている二里岡文化で最大の墓であり、赤・黒漆の塗彩と饕餮文の彫刻をほどこした木槨、墓底には獣または人と玉戈をいれた腰坑、木槨外に三人の殉葬があり、そのうちの一人は児童であった。棺と槨の間には青銅容器二三点（図34下）と武器四〇点を副葬し、肉を煮る銅鼎は高さ五五センチ、首を切る武器の銅鉞は刃幅二六センチと大きい。ほかに玉器や土器も多数副葬していた。時期は二里岡文化末期、盤龍城が廃絶する直前である。土器はほとんどが現地で生産したものだが、青銅器の形や文様は鄭州城の出土例にきわめて類似し、王都でつくられた製品がもたらされた可能性が高い。墓の構造も二里岡文化の典型例とみてまちがいない。したがって、その被葬者は土着の酋長というよりも、中央から辺境の盤龍城に派遣された地方官ないしは将軍のような人物であったと考えられる。

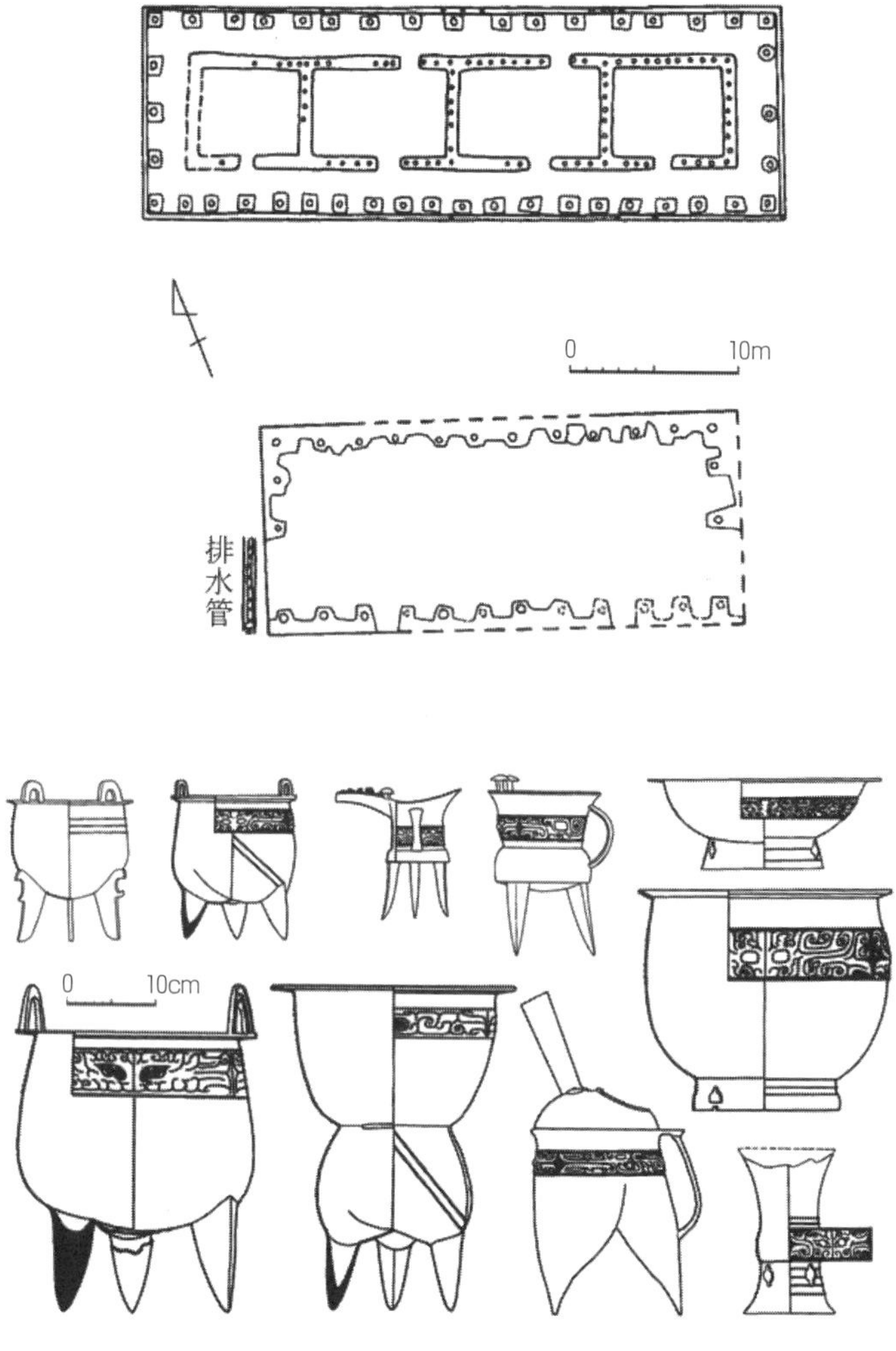


**図34**●盤龍城遺跡の宮殿址（上）と李家嘴２号墓の青銅容器（下）。

盤龍城の城郭は二里岡文化の地方城郭のなかでもっとも小さいが、城外北側の楼子湾《ろうしわん》・楊家湾《ようかわん》・楊《よう》家嘴《かし》に青銅器や土器などの手工業工房・土器窯・居住区・墓地がひろがっている。近年ではそれをとり囲む丘陵の尾根上に断続的につづく城壁が確認され（193頁、図33）、およそ八〇〇メートル四方の不規則な形の外城郭が想定されている。[144] 城郭外にも遺跡がひろがる状況は、王朝の北辺に配置された東下馮・垣曲城・府城とはちがっており、軍事的な目的よりも、銅原料や灰釉陶器など王朝の必要物資を獲得する経済的な拠点として重要な役割があったのかもしれない。

偃師城の西およそ一〇〇キロに位置する垣曲城[145]は、黄河を臨む丘陵の先端に立地する。周囲には平野がほとんどない。城郭の平面は台形をなし、周囲の長さは一四七〇メートル、面積は一三ヘクタール。西城壁の中央やや北のところに門があり、そこから南は狭い出入り口を夾む二重の城壁となって、外側に幅八メートルあまりの壕がある。出入り口を夾む二重城壁は南門の西側にもある。黄河に面した丘陵端に当時の交通路があり、そこからの出入りを厳重に固めていたのであろう。中心となる宮殿区は中央やや東にあり、西門とは直線道路でつながっている。二里頭三期の環壕集落の上に二里岡下層期に城郭が築かれ、二里岡上層末期に廃絶した。二里頭文化から二里岡文化へは、土器様式があまり連続しないし、墓制にも差異があるため、その間に住民が交替した可能性がある。また、二里岡下層期の袋状穴H三五三には、七体の人骨が無造作に投げこまれ、そのうちの一体は左足に銅鏃が刺さっていた。このような暴力的に人を殺した遺構のほか、城郭の立地や形態からみても、垣曲城は軍事的な目的で築かれたことがうかがえる。

垣曲城から西北に五〇キロほどいったところに東下馮遺跡[146]がある。龍山文化から二里頭・二里岡文化に継続し、二里頭三期には集落をとり囲む一辺一二七〜一五五メートルの長方形の二重環濠が掘られた。二里岡文化に築かれた城郭は、南半分だけが遺存し、東西三七〇メートル、幅八メートルほどで、外側に幅五メートルあまりの壕がめぐっている。ここでも袋状穴H五五〇から無造作に投げこまれた五人分の人骨がヒツジやイヌの骨とともに出土し、暴力的な儀礼がおこなわれていた。中心となる宮殿区は確認されていないが、城郭内の西南部には直径九メートル前後の円形建物四〇〜五〇基あまりが密集し、サイロのような穀物倉庫と考えられる。かりに壁の厚さ分を差し引いて内部に穀物を二メートルの高さまで積みあげると、およそ倉庫一基につき一〇〇立方メートルの容量があり、五〇基の倉庫で五〇〇〇立方メートルの穀物が貯蔵できる計算になる。第1章第2節で分析したように、一世帯につき一年間に二立方メートルの穀物を消費するとすれば、東下馮の倉庫群だけで二五〇〇世帯の人口を養うことが可能である。この城郭内にそれだけの人口があったとはみなしがたいから、周囲の村落から租税として徴収された穀物がここに集積されていたのだろう。

このような城郭をもつ東下馮と周囲の村落との関係を明らかにするため、二〇〇〇年にわたしは現地の研究者とともに夏県一帯の遺跡を広く踏査し、そのうち東下馮遺跡の南西八キロにある夏県東陰《とういん》遺跡を京都大学留学生の秦小麗《しんしょうれい》さんに委嘱して試掘した。[147]ここは一九二六年に李済が中国人としてはじめて先史時代の遺跡を発掘した西陰村遺跡の東にあり、面積は四ヘクタールほど、レンガ工場の土取りで文化層が削られ、二里岡文化の土器や卜骨が散らばっていた。出土した鬲・盆・大口尊などの土器は、王都の鄭州城から出土するものと形や文様が酷似し、甗など若干の在地系土器をのぞけば、大半が典型的な二里岡上層式の土器である。それを焼いた土器窯も発見された。また、柄形玉器や玉鉞のほか、ウシの肩胛骨を用いた卜骨が四点、長江流域で生産された灰釉陶器や印文硬陶など、一般の村落には不相応な遺物も出土した。ウシの肩胛骨はブタやヒツジと比べて厚みがあるので、焼灼の前に錐で孔を凹ませて薄くする工夫がなされた。東陰遺跡の卜骨（図35−1・3）は直径七ミリほどの丸底の円孔を密にあけており、鄭州城や府城（図35−2）の卜占とまったく同じ手法である。

東下馮遺跡における卜骨材料の変化をみると、(148)二里頭文化から二里岡下層期まではブタが過半を占めたが、二里岡上層期に一転してウシが八割以上を占める卜骨に大きく転換した。二里岡上層期に卜占の手法にかんする情報が、地方の拠点である東下馮だけでなく、東陰のような末端に位置する村落にまで伝達されていたのである。しかも東陰遺跡では銅鋸の切断痕をもつウシ骨（図35−4）が大量に出土し、ここで骨器が製作されていたことが判明した。銅鋸が出現したのも二里岡文化のことで、新しい骨器の製作技術が中央から東陰にまで伝わっていたのである。

黄土高原地帯に近い山西南部は、農業の発達によって前三千年紀に陶寺遺跡のような巨大な城郭集落を生みだしたが、前二千年紀には気候の乾燥寒冷化にともなって牧畜に適応した環境に変化してい

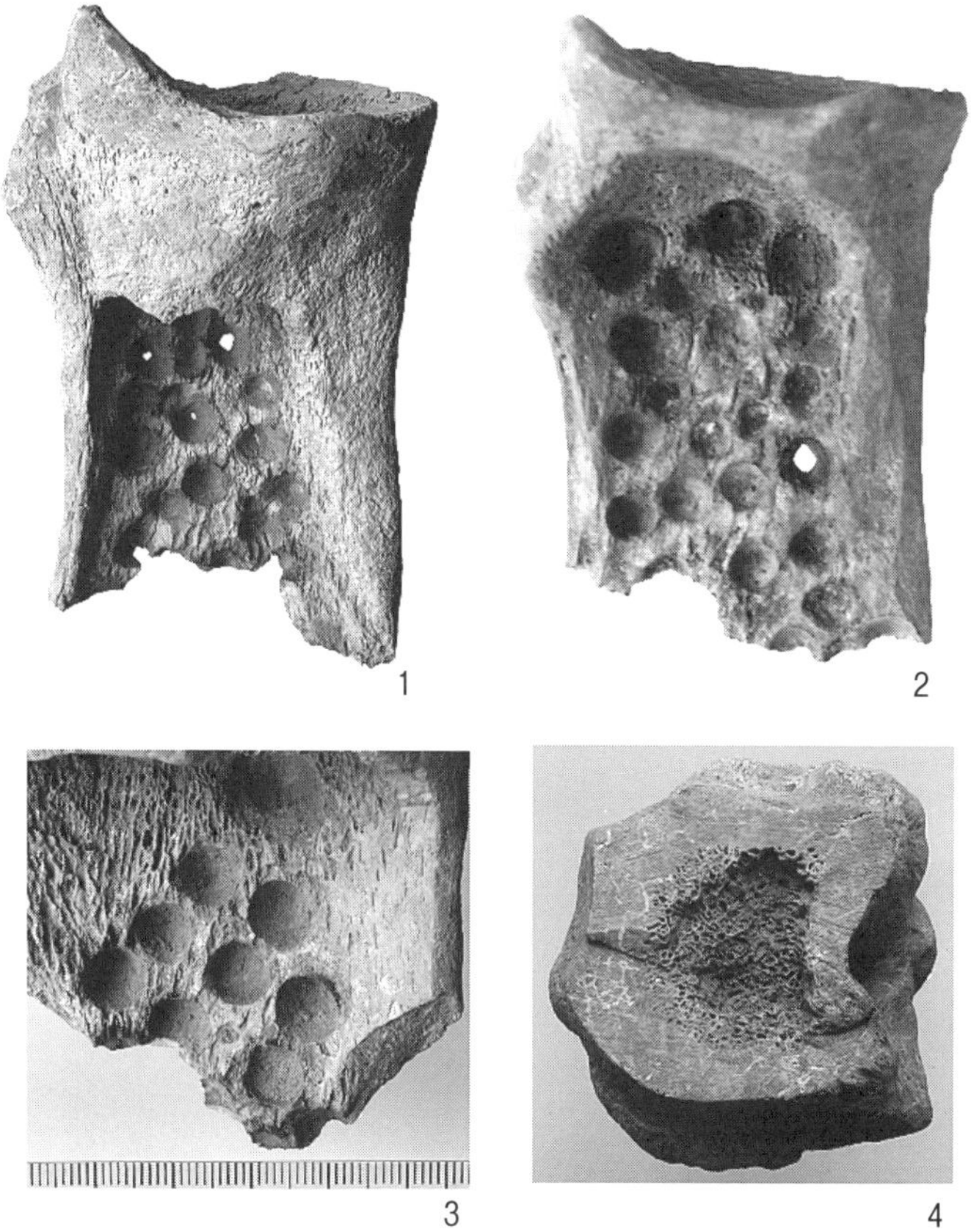

**図35●**二里岡文化の卜骨と骨器切断痕　1・3・4：山西省東陰遺跡、2：河南省府城遺跡。

った。晋の国都であった山西省天馬・曲村遺跡では、西周前中期のウシ・ヒツジの百分比が五〇パーセントをこえ、ブタ優位型の畜産から牧畜並存型へと転換しつつあった。二里岡文化の東下馮・東陰遺跡にみる動物相は、そうした畜産の変革を示すものであろう。殷王朝が東下馮に城郭を築いたのは、西北辺境の備えを固め、牧畜資源を獲得することにひとつの目的があったのかもしれない。

## 河南省府城遺跡の発掘

太行山の南麓にある府城遺跡は、鄭州城の西北七〇キロに位置する。この城郭遺跡はかつて西周時代の雍城《ようじょう》と考証されていたが、一九九〇年代の踏査で二里頭文化や二里岡文化の土器が採集され、北と西に残存する城壁は鄭州城と同じ版築技法を用いていることが明らかになった。そこで、わたしは一九九七年に現地を踏査し、その重要性と年々破壊が進行していることにかんがみ、河南省文物考古研究所と共同で一九九八年秋から九九年春にかけて発掘調査を実施した(149)。

府城遺跡は二里頭三期に集落の形成がはじまった。土器の系統は多様だが、二里頭遺跡を指標とする黄河以南の系統が全体の過半を占め、ほかに在地の土器や北の山西系統の土器がふくまれていた。なかでも太行山の北から卵形甕や鬲などの大型土器が運びこまれており、ここが南北交通の要衝であったことがうかがえる。

城郭は二里頭文化の集落の上に築造された。西周・前漢・唐代にかなり破壊されているが、西と北

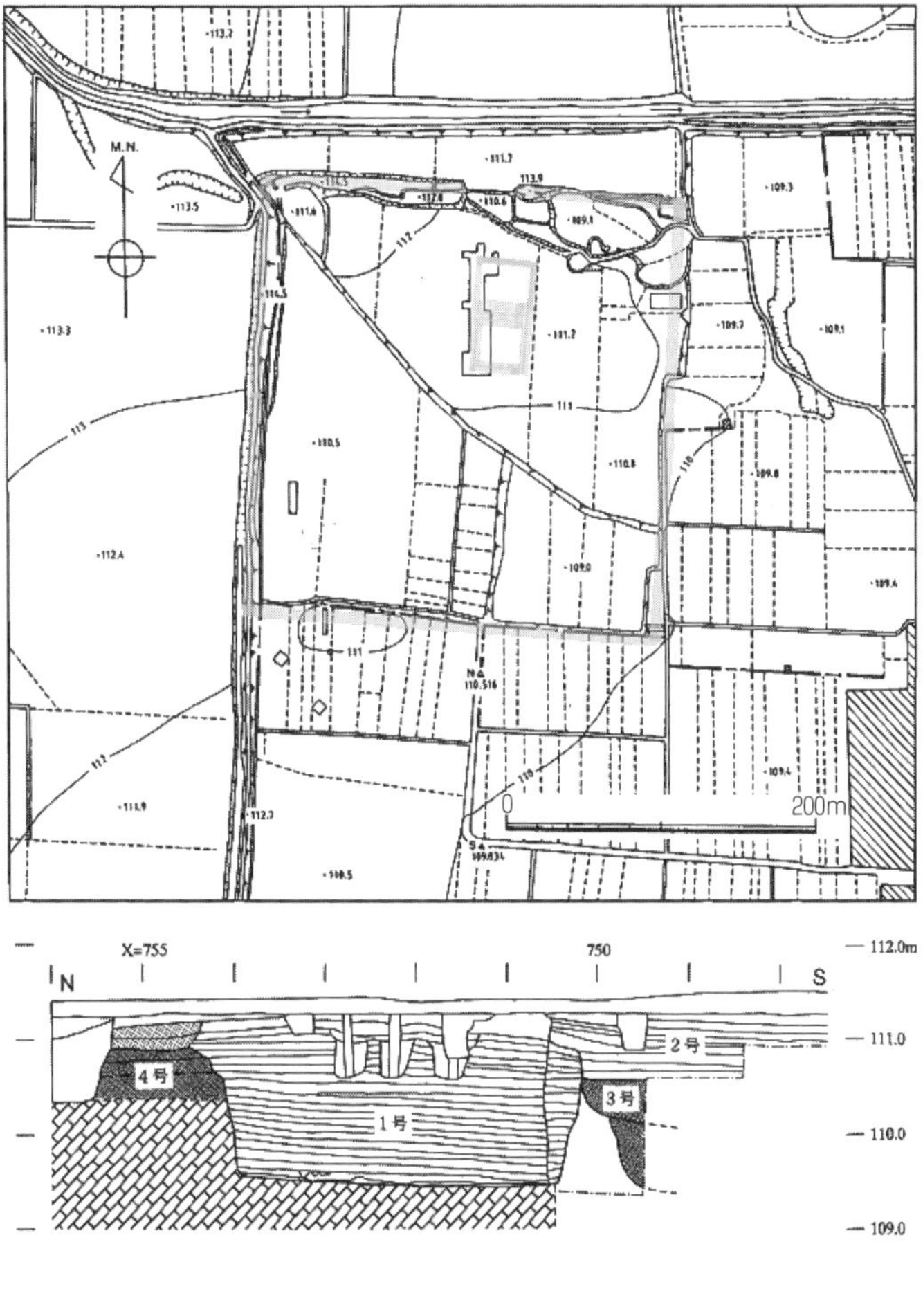


図36●河南省府城遺跡（上）と宮殿基壇の断面（下）。

の城壁はいまも地上に遺存し、東と南の城壁は発掘によってその位置を確かめた（口絵6）。城壁の外側で計測して城郭は一辺二七七メートルの正方形、方位は磁北より四度ほど東にふれており、ほぼ真北にあわせている（図36上）。城壁は地下一メートルまで掘りこんだ基槽《きそう》から版築によって構築し、城壁の幅は約一五メートルと厚い。各版築層の厚さは八〜一二センチ、五花土《ごかど》という数種類の土を混ぜて突き固め、その突き棒の痕跡は地山面では大きくまばらだが、版築層では小さく密で、その痕跡は鄭州城や垣曲城で実見したものと同じである。城郭の年代は、城壁内に二里頭三期の土器片をふくみ、東城壁が二里岡文化末期の坑に破壊されていることから、上限と下限が決められる。遺跡の中央では重複する四基の版築基址を検出した（口絵7）。一号基址は西半分だけを発掘したが、南北二院に分かれた「日」字形の平面で、南北六九×東西三七メートル前後に復元できる。正殿の南北幅は一五メートル、その南北に中庭があり、北回廊の中央には梁行二間の北門がある。方位は城郭と同じ真北にあわせている。基壇は地下に掘りこんだ基槽から版築によって構築し、純質で緻密な褐色土を選別して城壁よりも丹念につくられている。この褐色土は偃師城二号宮殿址で実見したものと類似し、二里頭・偃師城の技師が関与したことを推測させる。一号基址の下には南北に三号基址と四号基址を検出し、一号基址北回廊の南縁を一部切りこんで南北幅八・五メートルの二号基址を増築している（図36下）。一号基址の年代は二里岡下層期、四号基址は二里岡上層期であり、その位置と規模からみて、府城の中心的な宮殿であったと考えられる。

一号基址の外壁に接して発見されたH五九坑から二里岡下層期の土器がまとまって出土し、煮炊き用の土器が半分近くを占めた。食器や貯蔵器と比べると、毎日の炊飯に用いる土器は、火をうけて壊れやすいからである。そのうち二里頭文化の伝統である丸底の深腹罐が九点、これにたいして殷系統の鬲はわずか一点にすぎなかった。しかし、二里岡上層期には深腹罐が激減し、鬲が主体を占めるようになる。このことは府城に城郭を築いて居住した人びとには二里頭文化の遺民たちが多くいたが、しだいに鬲を用いる殷人の生活様式に同化していったことを示している。

いっぽう府城の周辺にあった二里頭文化の村落は、府城の築城と相前後してほとんど廃絶し、二里岡文化の遺跡も府城遺跡の周辺にみあたらなくなる。府城の西三キロにある南朱村と府城の南五キロにある大駕村では、それぞれ二里岡文化の青銅器を副葬した墓が発見されているが、府城との関係はわからない。とはいえ府城における城郭の建設が、周辺集落の廃絶にも大きくかかわっていたことは確かであろう。

中国考古学の土器研究は、形の変化から編年を組み立てることに主眼がおかれている。これにたいして、わたしたちは土器をつくり使った人びとの生活にも目を向けるよう心がけた（図37）。たとえば、H五九坑から出土した二里岡下層期の深腹罐は、形が近似するだけでなく、口径は一八・〇〜一九・一センチ、高さは二六・二〜二七・六センチ、容量は四・一〜四・六リットルと規格的な大きさである。これにたいして同じ坑から出土した鬲は容量が二・二リットル、およそ深腹罐の半分の容量

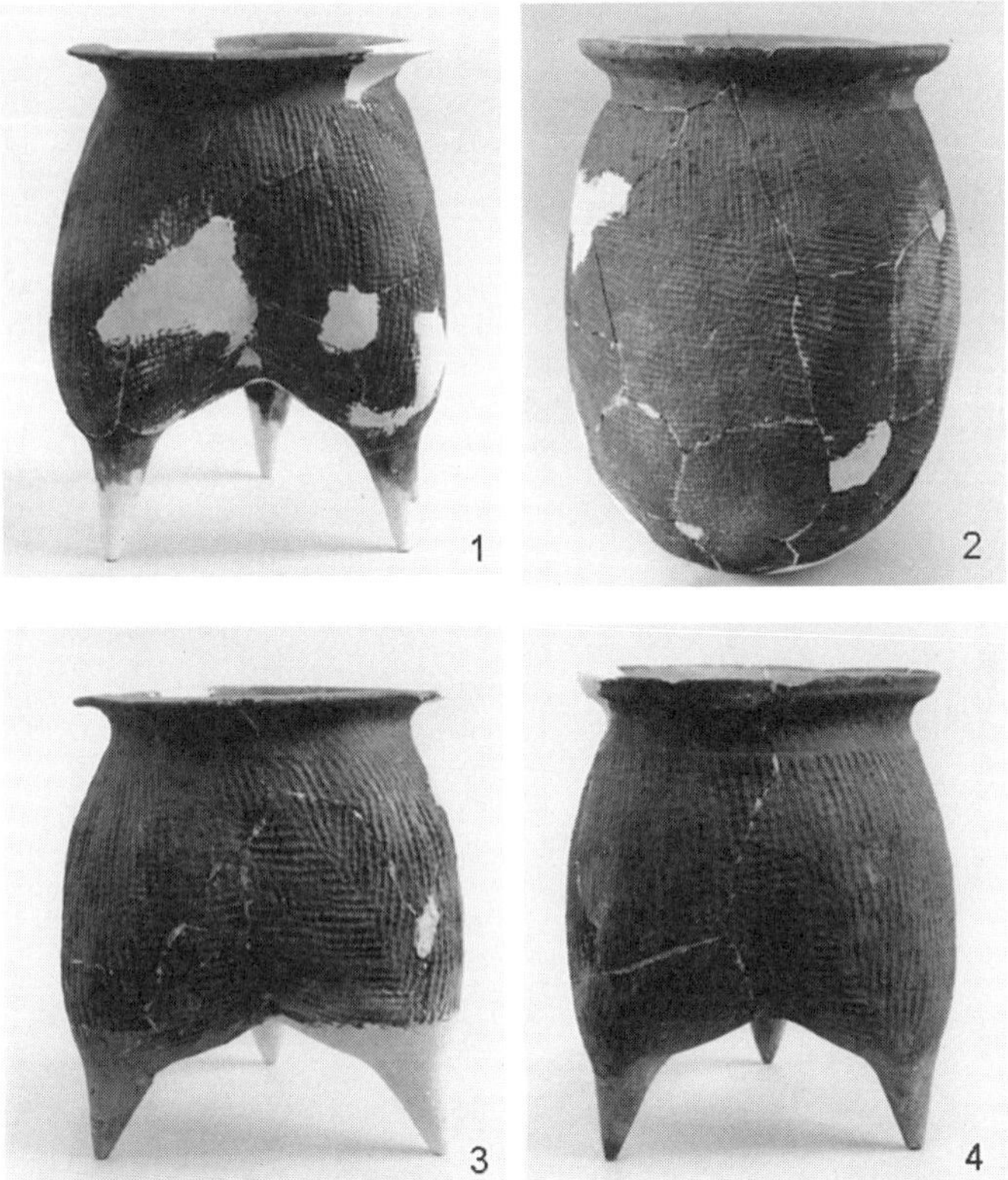


**図37**●河南省府城遺跡の土器　1・2：二里岡下層期、3・4：二里岡上層期。

しかない。いっぽう二里頭文化の深腹罐は五・六～六・〇リットル、平均五・八リットル、二里岡上層期の鬲は二・一～二・七リットル、平均二・四リットルであった。二里頭文化から二里岡文化へと深腹罐が小型化し、二里岡文化のなかで深腹罐から鬲へとさらに小型化していったのである。ちなみに、わが家の電気炊飯器は五合炊きで約三リットルの容量であるから、二里頭文化の深腹罐はおよそ一升炊き、二里岡下層期の深腹罐は七合炊き、二里岡文化の鬲は四合炊きに相当する。ご飯にするのとお粥にするのとで食べる米の量がちがってくるし、一人あたりの食べる量がわからないから、実際にそれで何人が食べられたのかは計算できない。とはいえ、炊飯用の土器が半分以下の容量に減少していった背景には、たんなる土器の形の変化だけではなく、むしろ生活様式の変化があったものと考えられる。二里岡上層期には殷人の生活様式が人びとの生活にも深く浸透していったのである。

## 武力による地方支配

周は殷王朝を倒したのち、征服した東方経営のために、洛陽に王都を造営するとともに各地に同族や功臣を諸侯として封建した。西周前期の青銅器には「康侯」簋や「宜侯夨」簋など諸侯の封建を記した銘文があり、西周中後期の青銅器には周辺諸族にたいする軍事行動や交易に外諸侯が関与したことが記されていた。また、征服と封建にともなって多数の人びとが王都や封地に移住させられ、新たな人的結合が生みだされた。北辺に設置された燕の城郭が北京市郊外の琉璃河遺跡で発見され、墓地から出土した青銅器の銘文によって燕侯の職務の一端が明らかになった。城郭内から出土した西周前期の土器は、形のちがいをもとに、周系、殷系、在地系の三系統に分けられたが、しだいに周系に収斂し、周人を中心とする地縁社会が徐々に形成されたことがうかがえた。

いっぽう史書によれば、殷は夏を武力で滅ぼしたと伝え、殷墟出土の甲骨卜辞には方国や周辺諸族とひんぱんに戦争していたことがうかがえる。殷前期の二里岡文化をみると、殷は二里頭遺跡の東六キロのところに偃師城を築き、二里頭の勢力を制圧したのち偃師城を二倍以上に拡張し、その遺民にたいする監視をつづけた。さらに二里頭文化のおよんでいた西や南に戦線を拡大し、二里岡上層期までに相ついで小城郭を設置していった。鄭州城から南に四五〇キロ離れた長江中流域の盤龍城では、二里岡上層期に城郭と大型宮殿が築造された。城外の李家嘴二号墓は二里岡文化における最大の墓で、棺槨と腰坑を備え、殉葬三人、多数の青銅武器や容器、玉器を副葬しており、被葬者は中央から派遣された人物であったと考えられる。偃師城の東北七〇キロにある府城遺跡では、宮殿基壇の版築が偃師城のそれに類似し、二里岡下層期の煮炊き用土器は二里頭文化の伝統をもつ深腹罐がほとんどで、二里岡上層期になってようやく殷系の鬲に交替した。このことから、府城の経営には多数の二里頭文化の遺民が参画していたことがうかがえた。殷はさらに偃師城から西北一〇〇キロの黄河北岸に垣曲城、そこから中条山をこえた東下馮にも城郭を築いて北方への備えとした。東下馮に近い東陰遺跡でも典型的な二里岡文化の土器や卜骨が出土し、銅鋸を用いたウシ骨の加工をおこなっていた。辺境の小さな村落にあっても二里岡上層期には中央の文化様式が深く浸透していたのである。二里岡文化の地方城郭は、辺境に封建された西周時代の諸侯国のような役割をもっていたのだろう。

鄭州城の宮殿区で発見された二里岡文化直前の墓（T一六六M六）は、三人を合葬した東向きの土坑墓である（図38）。中央は体格のよい成人男性、北側は二〇歳前後の女性、南側は一〇歳前後の少年であった。中央の男性が墓主で、その両側は殉葬者であろう。この墓には束になった四三点の骨鏃・貝鏃と銅戈のほか、鬲や盉などの銅容器が副葬されていた。銅鬲は高さ二五センチ、在地の土器を模倣した形で、銅盉は高さ二三センチ、二里頭文化の土器をまねた形である。二里頭三期に戈・鉞など儀仗用の銅武器が出現し、墓に副葬することがはじまるものの、二里頭文化では実戦で多く用いた鏃を墓に副葬することはなかった。殉葬など血なまぐさい風習もみられなかった。ここではじめて二人の殉葬と鏃の束や銅戈を副葬した墓主の男性は、宮廷儀礼に親しむ貴族というよりも、武勇にたけた戦士であったのだろう。かつて貝塚茂樹は殷・西周王朝を「戦士国家」と呼んだ[150]。二里頭文化のときには想像もできなかった規模の城郭を鄭州と偃師に築き、二里頭文化の勢力を制圧してからは山西南部や長江中流域などに遠征して前線基地の小城郭を設置しているから、殷は当初から「戦士国家」の性格を強くもっていた。鄭州城の宮殿区に多数の武器をともなって埋葬された人物は、そうした戦いに従軍した軍人であったのかもしれない。

しかし、二里岡文化末期になると、王都の鄭州城や偃師城と足並みをそろえるように、辺境の城郭

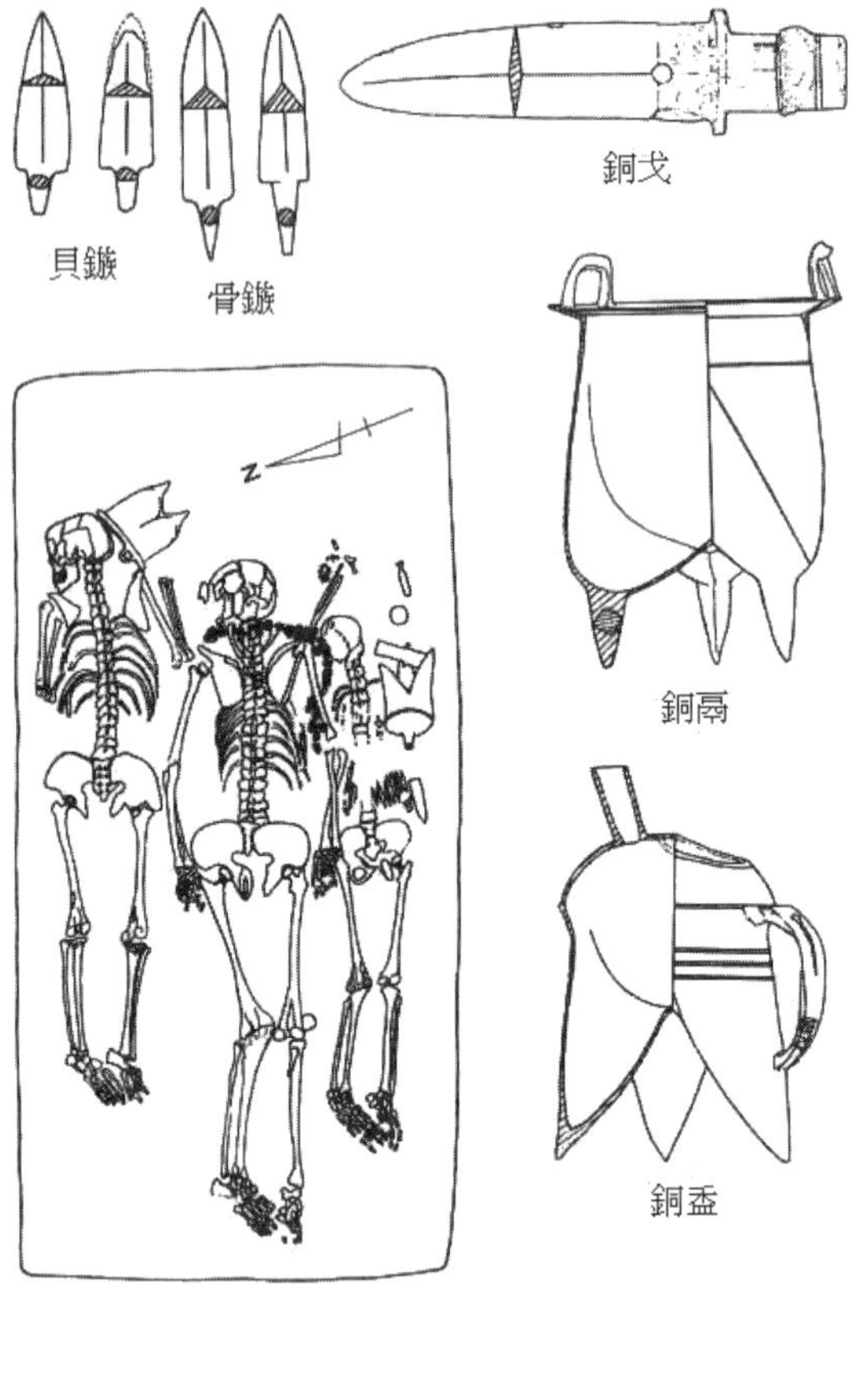


**図38**●河南省鄭州城 T166-6 号墓。

はすべて一斉に廃絶していったのではなく、中央の王権と直結していたからである。それに交替するように、鄭州城の西北二〇キロに東西八〇〇×南北一八〇〇メートルの範囲に宮殿址がひろがる小双橋《しょうそうきょう》遺跡が突如として出現し、殷墟に隣接する平地には東西二一五〇×南北二二〇〇メートルの城郭をもつ洹北城が築かれた。鄭州城の内城外に多数の青銅器が埋められ、垣曲城より黄河を五〇キロあまりさかのぼった河畔の急斜面に大銅鼎をふくむ多数の青銅器が埋められるのも同じころである。その背景に、西周から東周への政権交替のような、王朝全体をまきこむ動乱があったことはまちがいない。二里岡文化から殷墟文化への連続性からみて、それは外部勢力による王朝交替ではなく、内部勢力による政権の変動であったのだろう。とはいえ「戦士国家」の興亡は血なまぐさい暴力に彩られていた。殷墟に成立した殷後期の政権は、王都に城郭こそ築いていないものの、北方からウマや戦車を導入し、新たに矛・刀などの銅武器や冑などの銅武具を整備していった。武装と戦法の変革にともない、殷の勢力圏は急速に拡大した。北はいまの北京市のあたりまで、西は山西中部や陝西東部まで、東は山東西部にまでおよんだ。それ以前の王都や地方の城郭を廃棄し、王都を黄河の北に遷したのは、こうした領域の拡大と連動した戦略であったのだろう。殷墟の宮殿区や王陵区で発見された犠牲者は、発掘された数だけでも三〇〇〇人をこえ、甲骨卜辞に記された犠牲者は一万人を優にこえている。殷・西周王朝の地域支配は強力な武力を背景としていたのである。

# 4 王統と王陵の成立

## 殷墟西北岡の王陵区

かつて侯家荘と呼ばれた西北岡の殷王陵区は、小屯の西北二キロの微高地上にある。一九三〇年代に墓道をもつ一〇基の大墓と未完成の大墓、一二二一基におよぶ祭祀坑・陪葬墓が発掘され、新中国の成立後は、武官村大墓とその周辺、「司母戊」大方鼎が出土したと伝える二六〇号墓とその周辺、一九七〇年代には二三〇基以上の祭祀坑が発掘されている。古来いちじるしい盗掘を受けながらも、発掘やボーリング調査によって、王を埋葬した大墓を中心に祭祀坑・陪葬墓が分布する墓地のほぼ全体が明らかにされた。ボーリング調査で検出された七〇〇基以上の祭祀坑はまだ未発掘であるが、王陵の研究において比類のない良好な資料を提供している（図39上）。

西北岡の大墓は東西に大きく分かれて分布している。西区には四面に墓道をもつ大墓が七基と未完成の大墓が一基、東区には四面に墓道をもつ大墓が一基、南北に墓道をもつ中字形大墓が三基、南に一墓道をもつ甲字形大墓が一基ある。地下深くに墓坑を穿った大墓は、底部の腰坑に銅戈をもつ人とイヌを埋め、木材を積んで亞字形または正方形の槨室をつくり、その周囲の二層台と墓道には本来さ

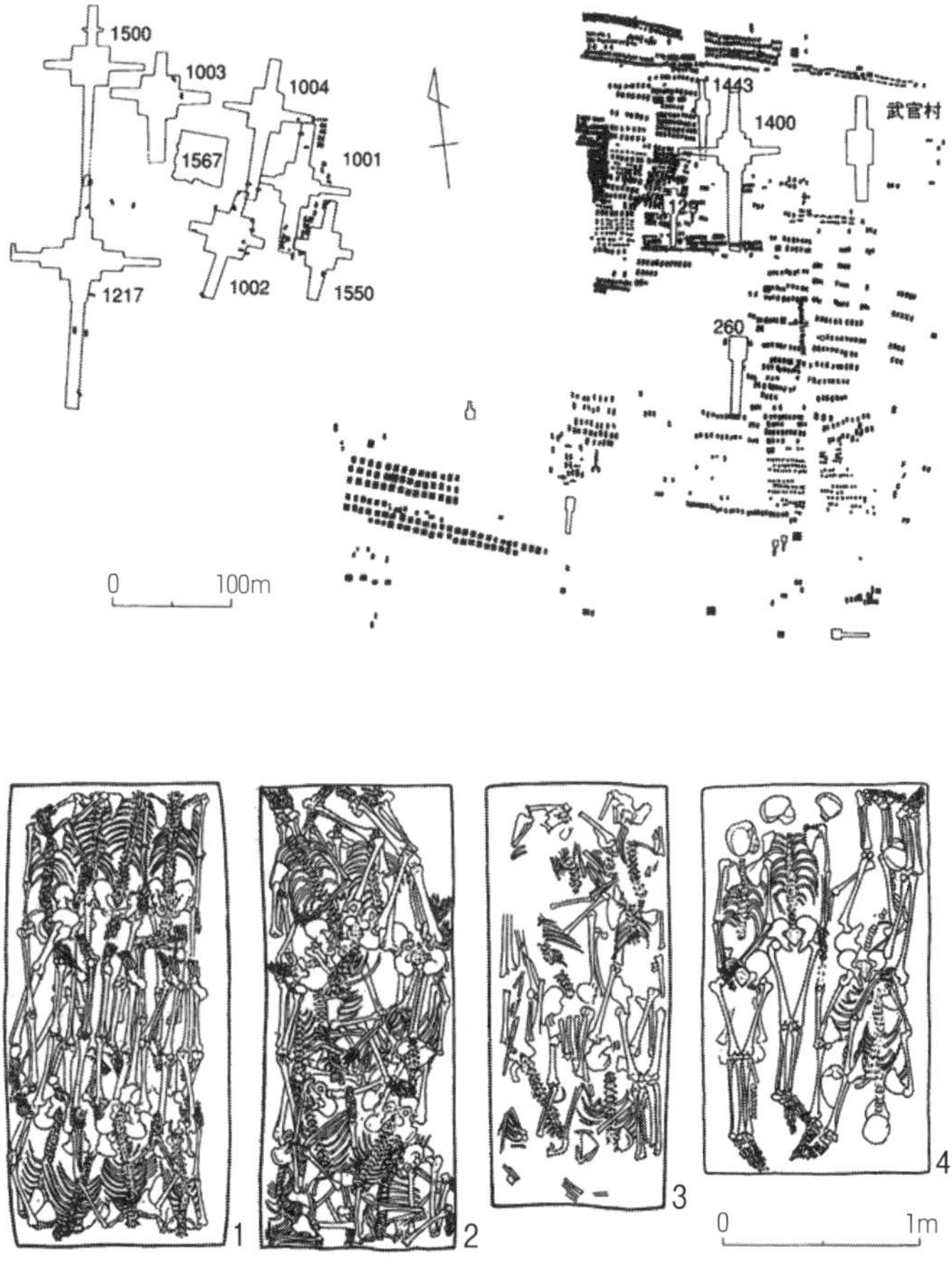


**図39**●殷墟西北岡の王陵区と犠牲坑。

まざまな器物や犠牲を並べていた。未完成の一五六七号大墓は周によって討伐された紂王（帝辛）の墓と推測されている。

初期の築造になる一〇〇一号大墓(151)は、長方形の墓坑は東西二一×南北一九メートル、深さ一〇メートル、木椁内は盗掘をうけていたが、腰坑に九人、木椁の周囲に一一人、北・西墓道に各一人の殉葬があり、なかには木棺や副葬品をもつ殉葬もあった。また、頭のない人骨が南墓道に五九体、東墓道と東耳室に各一体、それぞれ墓室に向けて並べられ、人頭骨は東墓道から六個、西墓道から一一個、南墓道から四二個、北墓道から一四個、計七三個が墓室に顔を向けて出土した。このほか墓坑上の東側には、棺椁と副葬品をもつ陪葬墓と人やウマの犠牲坑が三七基あり、人は計六八体を数えた。墓坑内の犠牲がもっとも多いのは一五五〇号大墓であり、墓道の人頭骨だけで二四三個におよぶ。

中字形の武官村大墓(152)は、大墓のなかでは比較的規模が小さく、長方形の墓坑は東西一二×南北一四メートル、腰坑に一人、木椁の東に一七人と西に二四人の殉葬があった。青銅器を副葬した六基の殉葬坑をみると、殉葬坑ごとに族記号が異なっていることから、殷王に従属する族集団がそれぞれの殉葬儀礼を分掌したものと考えられる。また、墓坑の埋土と盗掘坑から三四個の人頭骨が出土したほか、南墓道の三基のウマ坑から計一二体、北墓道の三基のウマ坑から計一六体のウマが出土した。

一〇〇四号大墓(153)では、盗掘をまぬがれた副葬品が墓坑の南端から四層に分かれて出土した。最下層には銅車飾、皮甲《よろい》・盾《たて》など、第二層には一〇〇点近い銅冑《かぶと》、三七〇本の銅矛、七〇本の銅戈、第三層には銅矛が三六〇本、最上層に石磬・「牛」銘大方鼎・「鹿」銘大方鼎があった。銅冑は形態に五型式と族記号に一六種類が判別される（図40上）。第二層の銅矛と銅戈は木柄を装着していたが、第三層の銅矛は木柄をつけずに一〇本一組に縄で縛っていた。銅矛と銅戈はそれぞれ同一型式の規格品であり、銅戈にはすべて同じ族記号の「矛」銘がある。「矛」銘の銅戈は一〇〇一号大墓六号腰坑・殷墟西区七二七号墓・山西省石楼県などに例があり、銅冑の「貯」銘は河南省天湖一一号墓の銅戈に例があることから、これらは殷王朝の軍事の一翼を担ういくつかの族集団が王の葬儀に際して供献したものであろう。とりわけ武器・武具類の数が多く、形が画一的であるため、甲骨文に記されるような大規模な軍隊が殷王のもとに編成されたことがうかがえる。

遠隔地からの貢納を示唆するものに、南海産のタカラガイが大墓から普遍的に出土しているほか、一〇〇一号大墓と一五五〇号大墓にクジラの脊椎骨、一〇〇三号大墓の南墓道にクジラの肋骨と肩胛骨、一五〇〇号大墓に陝西以西の高山に生息するウシ科のターキンがあった(154)。それは東の沿海地域や西の山岳地帯の異民族から直接貢納されたものか、それとも殷の支配下にある集団がその仲介をしていたのかはわからない。しかし、葬送儀礼のなかで人びとにそうした奇異な動物を示し、それを惜しげもなく消費することによって、その儀礼をおこなう殷王の権威はいっそう高まったにちがいない。

一九三〇年代に発掘された計一二二一基の陪葬墓・祭祀坑(155)は、一一一七基が東区、一〇四基が西区にあり、多くは東西に列をなして整然と並んでいた。陪葬墓は一三一基、性格のわかる祭祀坑は、人坑五一〇基、ウマ坑二〇基、ゾウ坑二基などである。人坑は、頭骨だけ三〜三九個を一括で埋めた坑が二〇九基、頭を切断した身体だけ六〜一二体を埋めた坑が一九二基、頭と身体を切り離した一〜一〇体を埋めた坑が五二基、二〜一二体の完全な遺体を埋めた坑が五七基である。ウマ坑は一三基が東区、七基が西区にあり、一〇基は二体一対で埋め、それ以外の坑は一体から三七体のウマを埋葬していた。ウマの多くは馬具をつけており、馬車に繋駕したウマを犠牲にしたことがわかる。ゾウ坑は二基とも西区にあり、一坑に一体を埋めていた。このほか西区に車坑と器物坑があり、車坑には銅飾をもつ六輌の戦車、器物坑には大小三点の銅鼎を埋納していた。

新中国の成立後、東区では東西に列をなす二二組、計二五〇基の祭祀坑が調査された[156]。坑のもっとも多い組は四七基、少ない組は一基だけで、それぞれの組は同時の祭祀と考えられている。坑には南北向きと東西向きとがあり、すべて殷墟前半期に編年される。ここは人の犠牲坑が主で、南北向きにはひとつの坑に八〜一二体の頭を切断した青壮年男性、東西向きにはひとつの坑に一〜九体の成年女性または児童の全身遺体を埋めていた（図39下）。盗掘を受けていた坑もあるが、人牲は計一三八五体を数え、鑑定できた人骨は男性が三三九体、女性が三五体、児童が一九体で、成年男性が圧倒的に多い。頭のない遺体には頸部に明瞭な切断痕があり、頸椎骨に下顎骨がついたままの遺体があったほか、手や足を欠失した遺体もあった。また、埋土内に人の手指が出土した坑があり、その近くで犠牲を殺したことが推測できる。ほかにウマ・ブタ・イヌ・タカなどの禽獣を埋めた坑が五基あった。東

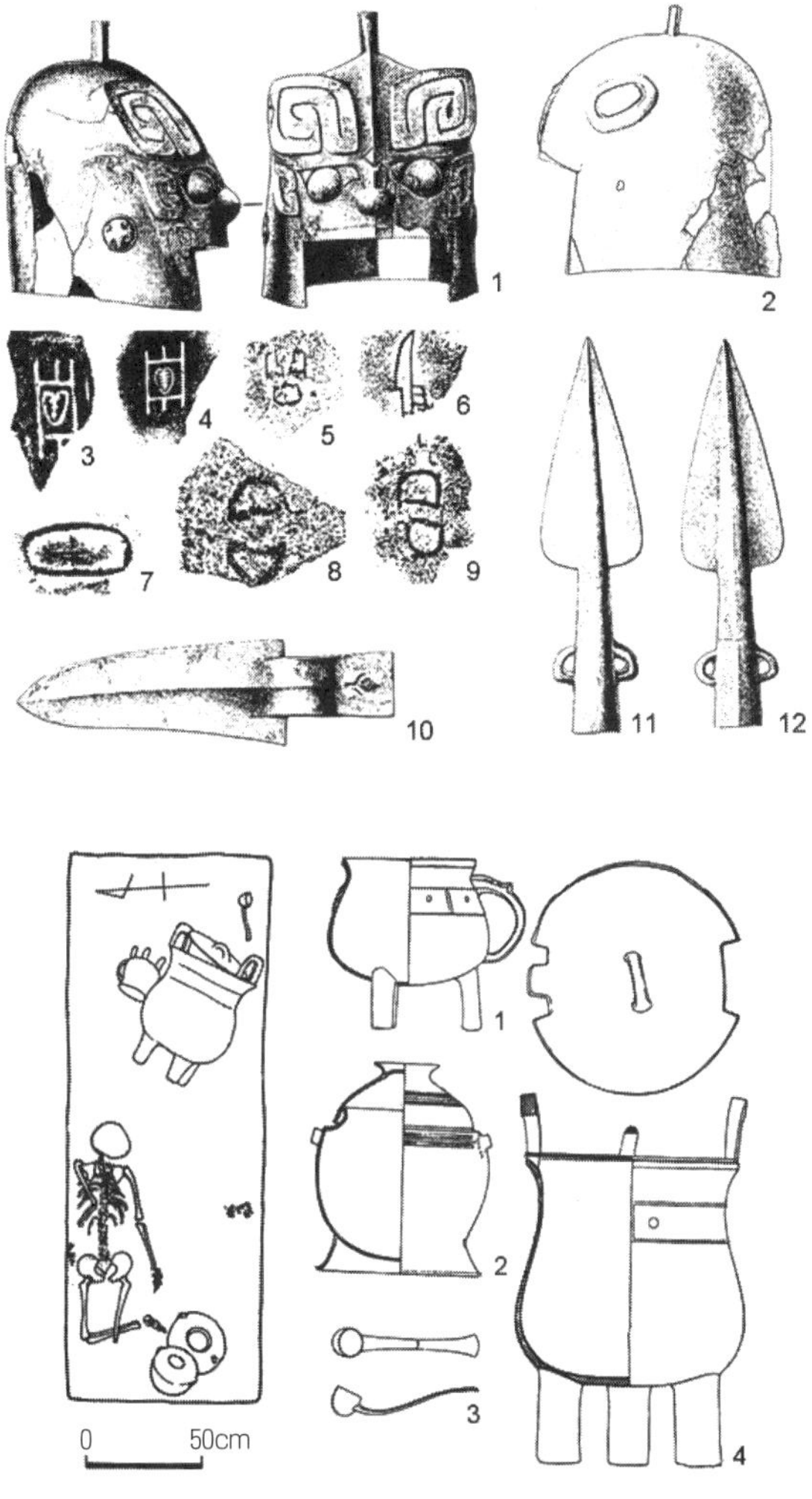


**図40**●西北岡 1004 号大墓の銅冑・武器（上）と 229 号墓の出土品（下）。

西向きの二二九号坑からは、児童一人と大小の銅鼎・銅勺・白色硬陶二点が出土した（図40下）。特異な形の銅鼎（1・4）は、目だけの簡素な文様をもち、地方で製作されたもの。白色硬陶（2）は長江流域の製品であり、この祭祀坑には南方とかかわりのある族集団が関与した可能性がある。

一九七〇年代に胡厚宣《こうせん》がおこなった人の供犠にかんする甲骨卜辞の統計では、武丁期（甲骨一期）がもっとも多く、ついで廩辛《りんしん》〜文丁期（甲骨三・四期）、祖庚・祖甲期（甲骨二期）、帝乙・帝辛期（甲骨五期）の順であった。犠牲に用いた人数を記していない卜辞をのぞいても、殷後期の二百数十年間に犠牲の総計は一万三〇五二人に達するという[157]。各時期の年代幅が一定でないものの、武丁期に人牲のピークがあり、世代幅を勘案すると、時期が下るにつれて人牲数が減少するという傾向はかわらないだろう。それはまた、王陵区で発掘された人牲が殷墟前半期を主とする状況と符合している。

王陵区の南には東西に整然と並ぶ一二〇基の坑があり、四〇基が発掘された[158]。ここはウマの犠牲坑が主で、長方形の坑に殺したウマを南向きに埋めている。ウマは三〇基の坑から計一一七体が出土し、すべて殷墟前半期である。各坑には一体から八体あり、八号坑と二〇号坑のみ奇数であった。三九・四〇・四一号坑はいずれも成年男性一人とウマ二体を合葬し、二二〜二七号坑の六基には馬具がともなっていた。人は馬車の御者もしくはその象徴であり、馬具をつけているのは、馬車を繋駕した現役のウマをそのまま犠牲にしたからであろう。ウマの犠牲が偶数になるのも、殷代の馬車はふつう二頭一対で繋駕したからである。鑑定された九三体のウマは、オスが七三体、メスが二体、性別不明が一八体で、働き盛りの七歳から一一歳が八一体を占めた。このほか一九号坑に二体のウシ、三五号坑にゾウ一体とブタ一体があった。一九号坑のウシは二体とも頸に銅鈴をつけていたから、大車を牽引する役牛をそのまま埋葬したのであろう。三五号坑のゾウも銅鈴をつけ、馴致されたものらしい。発掘された殷墟前半期の犠牲坑について、坑の大きさ、配列、犠牲の埋葬状況などから、調査者は一五回の祭祀活動があったと推定している。一回の祭祀につき平均二〜三基の犠牲坑が営まれたのである。

王陵の東区にある祭祀坑は人の犠牲が中心で、南の祭祀坑はウマの犠牲が中心であった。ともに殷墟前半期に盛期があり、その整然と並ぶ犠牲坑の状況から、王に従属する多数の族集団が参列してとりおこなわれた祖先祭祀の、壮大な規模と秩序だった祭儀の様子がうかがえる。王の埋葬に際して大墓の墓坑内におびただしい数の人やウマの犠牲を埋めただけでなく、埋葬後も恒常的な先王の祭祀のなかで王陵区の各所において莫大な犠牲がささげられたのである。殷王陵における葬送儀礼と祖先祭祀は、殷王に従属する多数の族集団による盛大な共同儀礼の舞台であり、そこに王を頂点とする支配と従属の関係が象徴的に示されていたのであろう。

## 西周時代の晋侯墓地

西周時代の諸侯国で、春秋時代に覇権を握る大国になったのが晋である。『史記』晋世家は周の成王の弟を黄河と汾河《ふんが》の東の唐に封じたのがそのはじまりという。山西省南部の天馬・曲村遺跡の調査によって、西周時代から春秋時代にいたる晋の国都が明らかになった。その面積は一〇〇〇万平方メートルにおよび、城郭こそ発見されていないものの、王都に匹敵する規模がある。

天馬・曲村遺跡のほぼ中央に位置する北趙《ほくちょう》で西周時代から春秋時代にかけての晋侯墓地がみつかった(159)。墓地は東西一七〇×南北一三〇メートルほどの範囲で、二方向(中字形)または一方向(甲字形)の墓道をもつ晋侯墓とその夫人墓と車馬坑が組になって三列に整然と並んでいる(図41上)。北列は四組、中央列は二組、南列は三組あり、計一九基の大墓からなる。かなり規則的な配置のため、なんらかの規範が存在した可能性が高い。最初に造営された一一四号・一一三号墓と九号・一三号墓は西に晋侯墓、東にその夫人墓があるが、それ以外の組はすべて晋侯墓は東に、その夫人墓は西に位置している。六四号・六二号・六三号墓は三基が組をなし、晋侯墓の六四号墓は一墓道の甲字形なのに夫人墓の六三号墓は二墓道の中字形である。用鼎《ようてい》制度が確立する西周後期の青銅礼器は、晋侯墓ではおおむね五鼎四簋(もしくは六簋)であるのにたいして、夫人墓は三鼎二簋(もしくは四簋)であり、編鐘は晋侯墓だけに副葬された。被葬者の頭位は、九一号・九二号墓が南向きであるのをのぞけば、すべて北向きである。また、すべて東側に車馬坑があり、墓の周囲には陪葬墓や祭祀坑がある。祭祀坑にはウマ、ウシ、イヌなどの犠牲があり、人牲や玉石器をともなうものもある。そのいくつかは墓道や車馬坑を破壊しており、殷墟西北岡の殷王陵区のように晋侯やその夫人を埋葬したのちに祭祀がおこなわれたのである。発掘された一九基のうち八基は徹底的に盗掘されていたが、それ以外の保存

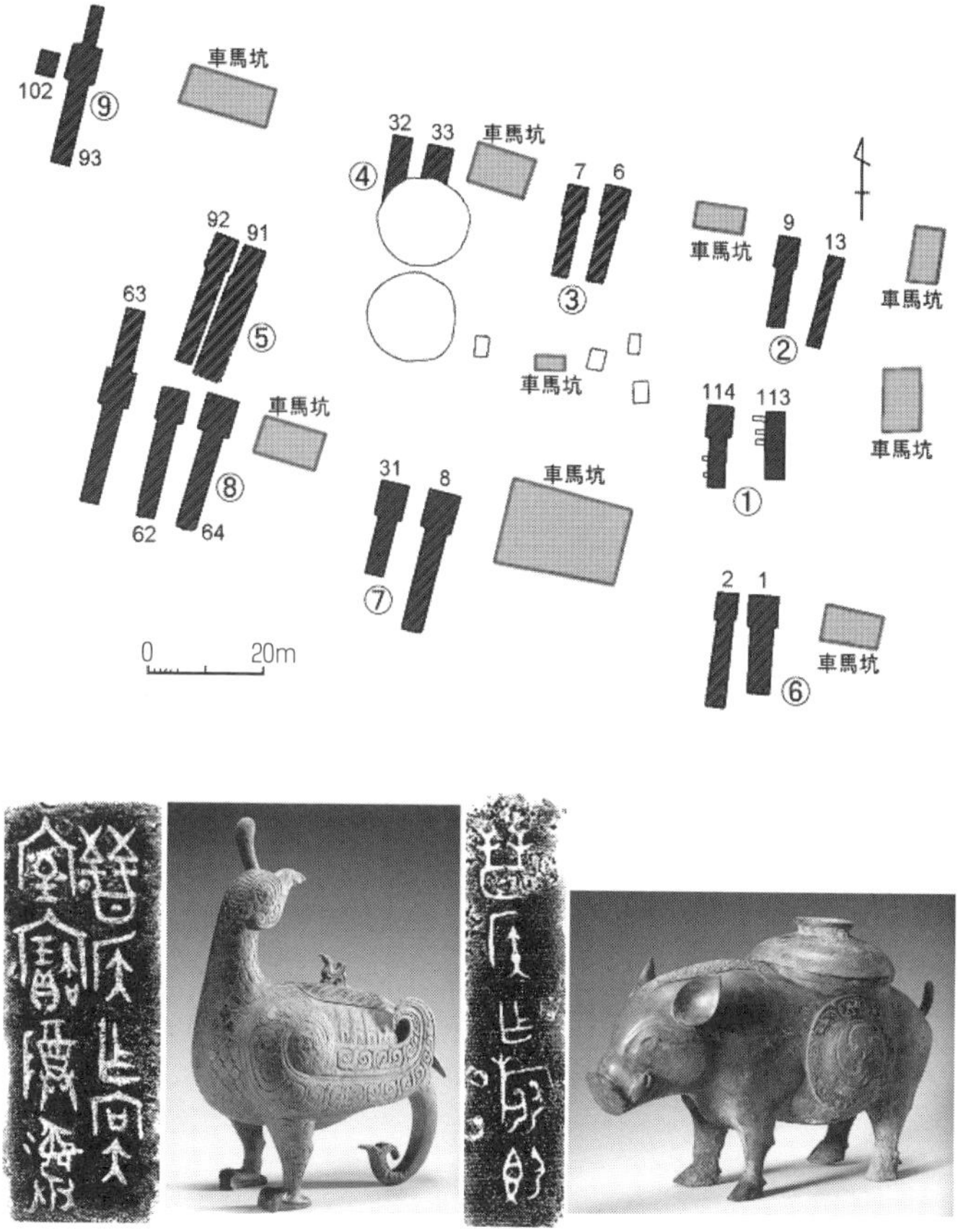


**図41●**山西省晋侯墓地と出土の「晋侯」銘青銅器。

状況は良好で、多数の青銅器や玉器が出土した。それらの型式をもとに調査者は墓の築造順序を、①一一四号・一一三号墓→②九号・一三号墓→③六号・七号墓→④三三号・三二号墓→⑤九一号・九二号墓→⑥一号・二号墓→⑦八号・三一号墓→⑧六四号・六二号・六三号墓→⑨九三号・一〇二号墓と考えている。つまり中列の東からはじまり、北列の東から西へ、さらに南列の東から西へと移り、北列の西端が最後となっている。その年代は最初の一一四号・一一三号墓が西周前期末、九号・一三号墓が西周中期初頭、最後の九三号・一〇二号墓が西周時代と春秋時代の交に位置づけられた。ちなみにAMSによる放射性炭素年代は、一一四号墓の人骨が前一〇〇〇～前九二五年、一一三号墓の人骨が前一〇二〇～前九三〇年、九三号墓にともなう祭祀坑の犠牲が前七八九～前七六八年と測定されている。春秋時代は前七七〇年にはじまるから、型式編年とAMSの実年代との間に矛盾はない。

晋侯墓地から出土した青銅器には六人の晋侯の名があった。そのうち八号墓出土の五器からなる列鼎と一六器からなる編鐘には「晋侯蘇」銘があり、『史記』晋世家に記録される第八代の献侯籍に比定されている。これが『史記』の系譜に比定できるほとんど唯一の晋侯である。八号墓の被葬者が献侯であるならば、いまみた墓の順序と『史記』の系譜にしたがって、晋侯墓地は第二代の晋侯燮《しょう》から東遷期の第一〇代文侯までの墓域と考えられる。『史記』によれば、唐に封建された叔虞《しゅくぐ》の子の燮が国号を晋と改め、晋侯の系譜は西周時代には一貫して父子相続されている。晋侯墓地で最初に造営された一一四号墓出土の鳥尊には「晋侯乍向太室宝尊彝」銘（図41左下）、隣接する一一三号墓出土の猪尊には「晋侯乍旅𣪘」銘（図41右下）があり、墓地形成の当初から被葬者は晋侯であったことがわかる。いっぽう献侯について『史記』にはめだった記事がないが、「晋侯蘇」鐘の銘文によると、王の三三年に王が東国と南国に遠征し、従軍した晋侯蘇に夙夷《しゅくい》の討伐を命じたところ、蘇は東方と南方の戦いでたび重なる戦果をあげ、成周（洛陽）で王から二度にわたって秬鬯・弓矢・馬などの賞賜をうけたことが記されていた。晋侯蘇の配下として「亞旅・小子・或人」「大室小臣・車僕」があり、「折首百又廿、執訊廿又三夫」「折首百又一十、執訊廿夫」「折首百又五十、執訊六十夫」の戦果があったというから、このとき晋侯は王朝の中核を担う軍事力を保持していたらしい。二〇〇六年にこの八号墓にともなう車馬坑が発掘され、一〇五頭以上のウマと五〇輌近い馬車が出土した。鏃・戈・矛などの銅武器も多く、銅鏃は車体の左前側から束になって出土し、銅戈は車体の右前側で発見された(160)。戦車には馬をあやつる御者、弓矢の射手と長柄の戈や矛を振りまわす兵士の三人が乗りこんだらしい。馬車のうち六、七輌は車体に青銅板を貼りつけた装甲車で、多大な戦果をあげた晋侯蘇にふさわしい武装である。この車馬坑がほかの八基と比べて格段に大きいことは、そうした晋侯蘇の強大な軍事力を反映したものであろう。

　晋侯墓地では晋侯墓とその夫人墓が並列して組をなし、夫人墓の副葬品は晋侯墓よりやや格落ちするものの、墓はほぼ同格の待遇で造営されている。殷王陵区では王墓だけが単独で営まれ、武丁夫人の婦好墓が小屯の宮殿区に隣接していたから、夫人の地位が殷代より上昇したことが推測される。

『史記』によれば、晋献侯の子の穆侯《ぼく》は斉の公女を娶って夫人にしたという。晋侯墓地では六四号墓が穆侯墓に比定されている。西周時代には諸侯間の政略結婚がひんぱんにあり、嫁女に青銅礼器を媵《よう》器《き》として贈る風習もあらわれた。そのなかで夫人墓の格づけが諸侯墓に近づいていったのであろう。

晋侯墓地の出土品は整理がなお進行中であり、修復によって新たに銘文が判読できるようになった青銅器も陸続と報告されている。また、二〇〇五年には晋侯墓地の東南三キロに位置する羊舌《ようぜつ》墓地で南北の二方向に墓道をもつ大墓五基が発見され、天馬・曲村の北趙につづく春秋初期の晋侯墓地と考えられている。並列する一号・二号墓の東には大型の車馬坑があり、南墓道の上には人・ウシ・ウマ・ヒツジ・イヌなどを埋めた二二七基の祭祀坑があった。この晋侯墓地の南には中小型墓からなる墓地がひろがり、ここでも諸侯墓だけが独立した墓地を形成している。(161) その年代や被葬者の問題はもとより、それが晋侯墓地であるならば、なぜ北趙から羊舌へと墓地が移動したのかも興味あるところである。調査はまだ継続しており、すべては今後の進展にまたねばならない。

## 「公墓」と「邦墓」

『周礼』春官の冢人《ちょうじん》は「公墓の地を掌《つかさど》る」、墓大夫は「およそ邦墓の地域を掌る」という。後漢の鄭玄の注を参考にすれば、周代の礼制では王や諸侯などの君主を埋葬した「公墓」と一般の国人を埋葬した「邦墓」とに墓地が分かれていたというのである。

単独の王陵区を設けた「公墓」は、殷墟西北岡でみたように、すでに殷後期に実在していた。そこでは四方向（十字形）や二方向（中字形）に墓道をもつ王墓が東西二群に分かれ、一〇〇〇基以上にのぼる陪葬墓や祭祀坑がともなっていた。婦好ら王妃や一般貴族の墓地は殷墟の別の場所に散在し、西北岡の王墓群はそれらから独立した王陵区を形成していたのである。甲骨文から復元できる殷後期の王統は、最後の帝辛（紂王）をのぞくと乙組の七王と丁組の四王とに二分され、ちょうど西北岡の西群に大墓が七基、東群に四基あることとみごとに符合すると張光直[162]はいう。それが正鵠を射たものであるのかどうかはわからない。しかし、王国維がつとに強調しているように、兄弟相続による殷の王統は嫡子相続の周王朝と比べて未熟な王権であるが[163]、それにもかかわらず、王墓は一般貴族墓とは隔絶した規模をもち、独立した王陵区を形成していたことは確かである。

西周時代になると、王墓は未発見だが、晋侯墓地のように「公墓」を営む有力な諸侯があらわれる。晋侯墓地は国都の天馬・曲村遺跡のほぼ中央に位置し、二方向または一方向（甲字形）の墓道をもつ晋侯墓とその夫人墓とが組になり、三列に並ぶ九組一九基の大墓が発掘された。墓域内には大墓とそれにともなう車馬坑・陪葬墓・祭祀坑だけがあり、晋侯の正統な継承者とその夫人だけが埋葬されたのである。いっぽう天馬・曲村遺跡の西端にある曲村北では、西周時代から春秋時代にいたる墓が六〇〇基あまり発掘されている[164]。そこでは車馬坑や青銅器をともなう中型墓だけでなく、副葬品をもたない小型墓が雑然と群集している。西周中期の六三八四号墓には晋侯の同族である「晋仲韋《い》父《ほ》乍」銘の銅盃があり、ここは晋侯以外の晋一族や一般の国人たちの墓域であったのだろう。

近年、陝西省周公廟（鳳凰山）の陵坡墓地で四方向や二方向に墓道をもつ西周時代の大墓群が発見され、周王陵ではないかと話題になった。発掘された二基の大墓は、盗掘をうけていたが、西周中期後半と考えられている。詳細は正式な報告をまつとしても、その位置と墓坑の大きさから周王を補佐した周公一族の墓地とみるのが妥当であろう。中小型墓からなる一般貴族墓地は、谷を隔てた西側の白草坡（東八爪）という丘陵上にあり、二〇〇基ほどが確認されている。ここでも大墓群だけが壁で囲まれた区画内に独立した王陵区を形成していたのである。

ただし、西周時代でも燕・衛・応などの外諸侯では、国君墓とその夫人墓以外の中小型墓とが同じ墓地内に分布している。それは国君が血縁的な族集団から自立した権力を確立していなかったことを示している。そうした諸侯国は春秋時代に相ついで衰滅していることも、「公墓」を営めなかった王権の未熟さに理由があるのかもしれない。

春秋前期の秦侯墓地は甘粛省大堡子山《だいほしざん》にあり、東西の二方向に墓道をもつ大墓二基とそれにともなう車馬坑二基が確認されている。三号墓は全長一一五メートル、初代の秦侯に封じられた襄公の墓と考えられている。二号墓は全長八八メートルである。立地だけでなく、規模の隔絶性もきわだっている。一般の貴族墓地は大堡子山から三キロ離れた円頂山で発見されている。陝西省の雍城《ようじょう》に遷都してからの秦侯墓地は城外の東南三キロあまりのところに位置している。外溝の内側に、東西二方向に墓道をもつ中字形・目字形の大墓が計三三基、甲字形・凸字形・刀字形の大墓が計一〇基あり、矩形の内溝に区画されたなかに数基が組になっている。雍城に遷都してからは、晋侯墓地と同じように諸侯とその夫人墓が組をなすようになったのだろう。そのうち発掘された中字形の秦公一号大墓は、墓道をあわせた全長が三〇〇メートルにおよんでいる。一般の貴族墓地は雍城と秦侯墓地との間から雍城の南にかけて分布している。

このように王や諸侯を埋葬した「公墓」と国人を埋葬した「邦墓」とに墓地を分かつことは、遅くとも殷後期にはじまり、周代を通じておこなわれていたのである。漢以後の皇帝陵では、功臣たちの墓を陵墓の近くにつくらせることもあるが、「公墓」の制度は基本的にそのまま受け継がれている。それは、王・諸侯の地位が定まり、兄弟相続か嫡子相続かは別として、君主の地位の継承にある種の規範が生まれ、王統が意識されるようになり、死してのちは「公墓」に埋葬するように決められていたことを暗示する。[165]

## 殷墟の「邦墓」

殷後期の王都の殷墟では、中小型墓で構成される貴族墓地が各所に散在している。墓地をつくった集団の分析は、九三九基の墓から四三点の有銘青銅器が出土した西区墓地の報告を契機とする。[166] 報告者は墓の分布から墓地を八区に分け、区ごとに副葬土器の組成と青銅器の族記号が異なることから、各区は族を単位とする墓地であり、同一銘が複数の区にまたがってみられるばあいは、族間の婚姻ないしは政治的連盟と理解した。

しかし、バーナードが指摘するように、特定の族記号が多いⅦ区のほか、多種の族記号が混在するⅢ区など、その実態は複雑である。[167]とくに同じ族記号をもつばあいと、複数の族記号を複合させたばあいとは、区別して考える必要がある。同じ族記号の青銅器が別の墓区から出土したばあい、青銅器そのものが本来の族集団から移動した可能性があるからである。殷墟末期の八基の墓から出土した族記号を例にみると、Ⅳ区の一一一八号墓には「告」字と敷物とを組みあわせた族記号（図42の1・2）があり、同じ記号はⅦ区の九〇七号墓にもみえる（同7）。ところが、九〇七号墓で主体を占めるのは盆を両手でささげた形の族記号で（同5・6・8・10）、5・6の単位が8では「日辛」の文字と組みあわさり、10では「亞」字形のなかに「辛」「乙」「西」「酉」字などとともに部品として組みこまれている。このため九〇七号墓は5・6を記号とする族集団に属し、7の銅觚は一一一八号墓の族集団からもたらされたものと考えられる。また、九〇七号墓の5・6と同じ記号はⅦ区の一五二号墓にある（同3）ほか、Ⅶ区の九三号墓では「亞」字形のなかに「日辛」「西」「酉」など九〇七号墓の8と10とが複合した族記号が用いられている。九三号墓はⅦ区で唯一墓道をもつ中型墓で、一五二号墓はその西二〇メートルに位置する。この両墓の被葬者はもともと同族であった可能性が高い。ところが、九〇七号墓は同じⅦ区でもここから三〇〇メートルほど離れ、Ⅳ区の一一一八号墓とは六〇〇メ

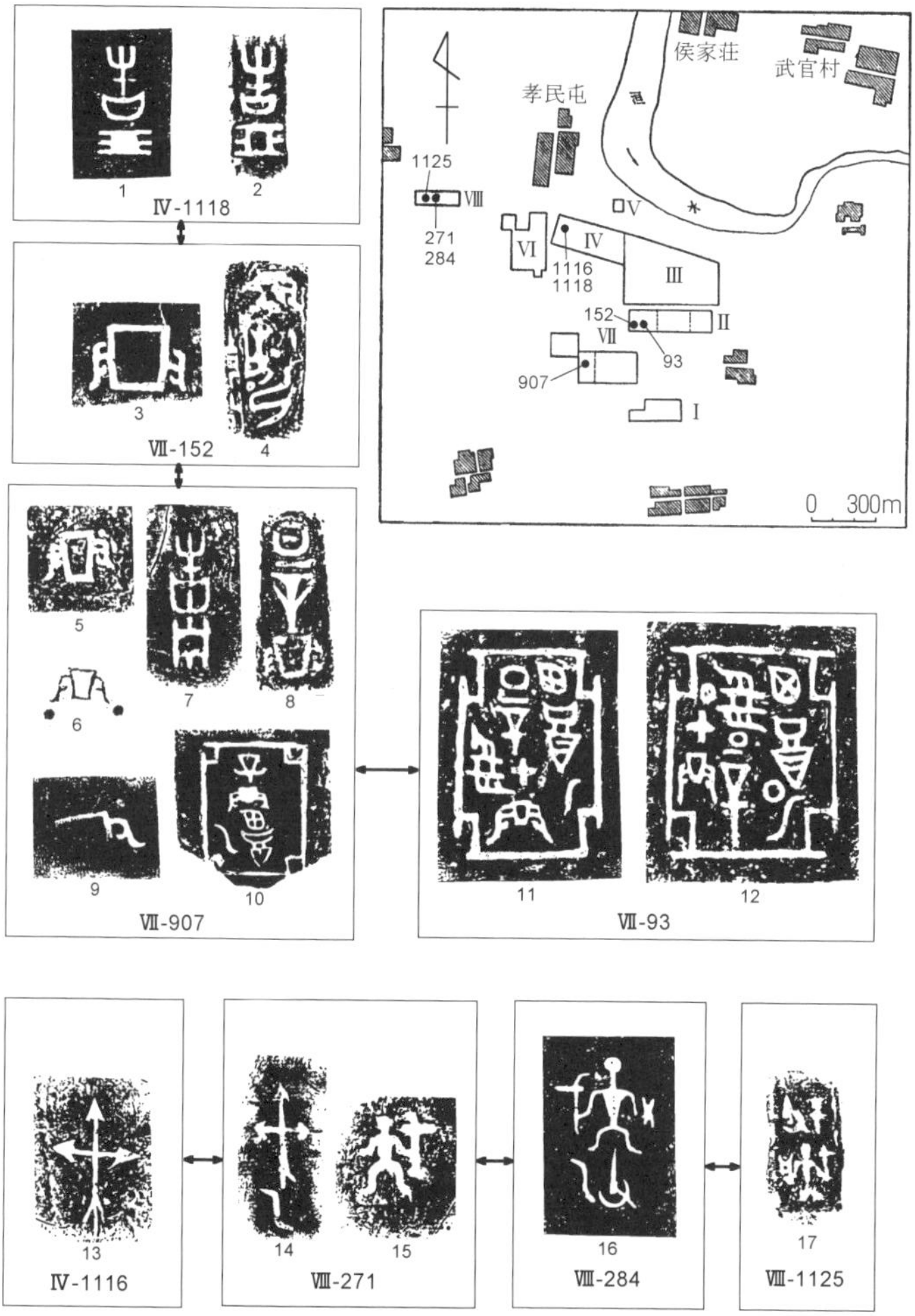


**図42**●殷墟西区墓地における族記号の連関。

ートルも離れている。九三号・一五二号墓が南北向きであるのにたいして、離れた九〇七号墓と一一一八号墓は東向きである。同じ単位の記号をもつことだけで被葬者を同族とみることはむずかしい。

いっぽう、この一一一八号墓に隣接して北向きの一一一六号墓があり、矢印を立てた標識のような族記号（同13）が出土している。同じ族記号はⅧ区の二七一号墓からも出土し（同14）、戈と盾を手にもつ戦士をかたどった族記号（同15）がともなっていた。この戦士像の族記号は同じⅧ区の二八四号墓（同16）や一一二五号墓（同17）からも出土している。このうち一一二五号墓は南向きだが、二七一号墓と二八四号墓は東向きである。このように殷墟西区では、同一の墓や同じ墓区内に複数の族記号の青銅器が混在し、同じ族記号の青銅器が遠く離れた墓区にもあり、墓の向きは必ずしも一定しない。このことから、王都の殷墟では族集団が住み分けて特定の墓域を占有していたのではなく、むしろ族集団がひんぱんに離合集散し、複合的な族記号にみるように、族間の結合もしばしば発生していたことがうかがえる。

ちなみに殷墟西区における墓の頭位は、北向きが三九九基でもっとも多く、ついで南向きが三二八基、西向きが一〇七基、東向きが一〇四基であり、東西向きが全体の二三パーセントを占める。大司《だいし》空村《くうそん》墓地でも小型墓一六六基のうち東西向きが二四パーセントを占める。殷前期の鄭州城や偃師城ではほとんどの墓が南北向きであり、殷後期でも王墓をはじめとする大中型墓はすべて南北向きだが、殷墟では四分の一ぐらいの割合で東西向きの小型墓が混在したのである。しかし、小型墓において南北向きの墓と東西向きの墓との間に顕著な格差はなく、頭位以外の習俗面でも大きなちがいは看取できない。先行する時期の河南北部から河北中部にかけては東向きの墓が相当数ふくまれていたから、殷墟ではそうした在地系の族集団が殷人とともに集住し、同じ墓地内に埋葬されたのであろう。[168]

このような小型墓の被葬者は、殷王朝においてどのような地位にあったのだろうか。殷墟西区のⅦ区で発見された一七一三号墓[169]は、墓坑の長さが三メートルほどの小型墓だが、南向きの一棺一槨、三人の殉葬があり、青銅礼器一七点、銅鉞二点、銅刀二点、銅戈三〇点、銅矛三〇点などの副葬品があった。武器の多さからみて、被葬者は戦士であったのだろう。青銅礼器のうち鬲鼎（図43の1）には銘文があり、亞魚（作器者の名）が壬申の日に王から貝を賜ったため、兄の癸をまつる器をつくったことが記されていた。また簋（図43の2）と爵（図43の4）には同じ銘文があり、寢魚（作器者の名）が辛卯の日に王から貝を賜ったので、父の丁をまつる器をつくったことが記されていた。この爵の蓋には「亞魚」の銘文があり、別の爵（図43の3）には「亞魚父丁」の同銘がある。「魚」は族名、「寢」は地名もしくは王宮を管理する官職名、「亞」も王室にかかわる官職名で、この「亞魚」と「寢魚」とは同一人物、つまりこの被葬者である「魚」族の族長を指すものと考えられる。「寢」や「亞」として王宮に出仕していた「亞魚」は、少なくとも壬申と辛卯の日の二度にわたり王から貝を賞賜されたのである。この貝は字形からみて南海産のタカラガイであろう。はるか南方からもたらされたタカラガイは、殷王室が独占し、功績に応じて臣下に分配された。それを王から賞賜されることは、た

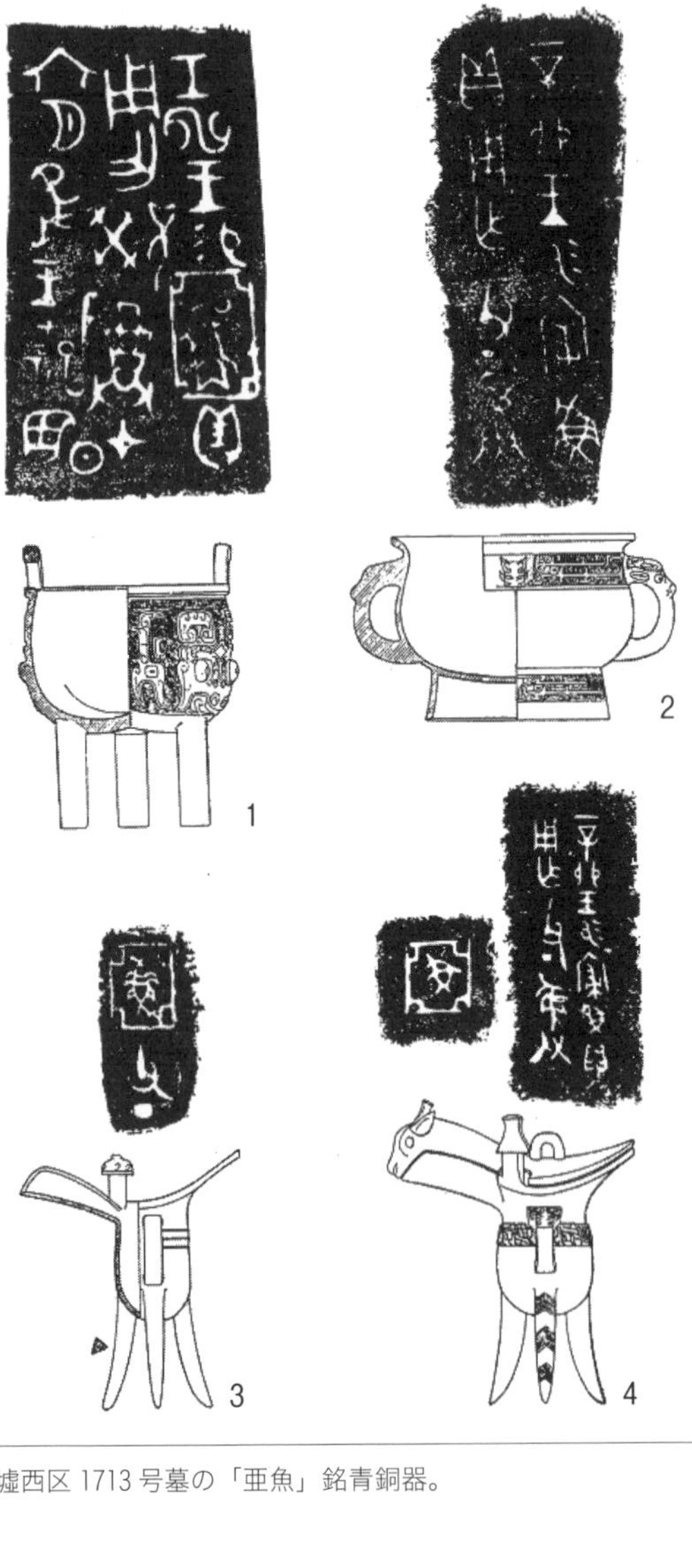

**図43**●殷墟西区 1713 号墓の「亜魚」銘青銅器。

いへんな名誉であり、銘文に記すように「亞魚」はそれを記念して亡兄の癸と亡父の丁をまつる礼器を別々につくったのである。墓の規模からみて「亞魚」の身分はさほど高くなかったと考えられるが、それでも王から直接貝を賜ることができたのである。

さきにみた西周前期の北京市琉璃河二五三号墓の「圉」甗（集成九三五）には、圉が王都の成周で王より貝を賜ったことが記されていた。それが琉璃河の燕国墓地にあり、同時に出土した「圉」方鼎（集成二五〇五）には燕侯から貝を賞賜されたことが記されていたので、圉が燕侯に臣属していたことはまちがいない。外諸侯の家臣であっても、諸侯から王都に出仕を命じられたとき、王から直接貝を賜与されることがあったのである。

殷から西周前期にかけて、貴族の身分はあるていど序列化されていたものの、王―諸侯の垂直的な距離に比べて、諸侯とそれに従属する貴族との垂直的な距離はさほど大きくなかった。西周時代の燕国において、燕侯墓と一般貴族墓とが同じ墓地内にあることは、そうした階層の実態を暗示するものであろう。

殷・西周時代の族墓地は概して継続性が乏しく、同一墓地内に複数の族集団が離合集散をくりかえしていた。族内の結合は必ずしも強固なものではなく、祖先の祭祀対象が身近に接した父母や兄など近親者にほぼ限られたことからわかるように、始祖あるいは数世代にさかのぼる家系の意識もまた希薄であった。王や諸侯とちがって身分・財産・権力の世襲と宗族の秩序はあまり強く意識されなかったため、「公墓」や族墓地のような特定の家系だけが占有する墓域をつくることはなかったのであろう。それゆえ、身分的な序列にかかわりなく、殷墟西区一七一三号墓の「亞魚」や琉璃河二五三号墓の「圉」のような下位の貴族であっても王との個人的なつながりが生まれたのであろう。それはまた王権の強大さの裏返しでもあった。

## 祖先祭祀の位相

殷後期の甲骨文には、王や王族が定期的におこなった祖先祭祀の記事が多い。伊藤道治[170]は殷墟卜辞に王（王朝）卜辞と非王（王室）卜辞とで祖先祭祀にちがいがあったことを指摘する。すなわち、王がとりおこなう卜辞では、父・母・兄などにたいする祭祀よりも、王位を継承してきた祖父以上の祖先にたいするものが多いのにたいして、王以外の王族がおこなう卜辞では、祖先にたいする祭祀よりも身近な父・兄あるいは妣・母にたいするものが多いという。非王卜辞では自然神の祭祀が少ないのも、王朝の政治と無関係であったからであろう。落合淳思[171]もまた、非王卜辞のばあい、輩行を記さない称謂をすべて二世代以上前の祖先と仮定しても、祭祀対象となっているのはせいぜい三世代をさかのぼる祖先までであったと論じている。つまり、甲骨卜辞をあつかうような高位の貴族であっても、王のばあいはみずからの王権の正統性を明らかにする政治上の必要から、会ったこともない遠い祖先をまつる必要があったのにたいして、王以外は実際に家庭生活をともにした身近な親族だけをまつり、遠い祖先をまつる必要はなかったのである。あるいは身近に接した肉親であったからこそ、その祭祀を怠らなかったのだろう。

小屯の宮殿区より三〇〇メートル南で近年発見された花園荘東地[172]の甲骨は武丁期の非王卜辞で、占いの主体は第一五代の沃甲（羌甲）の後裔の「子」とされる。参考までに祖乙から祖甲までの王系を『史記』にもとづいて示すと、つぎのとおりである。

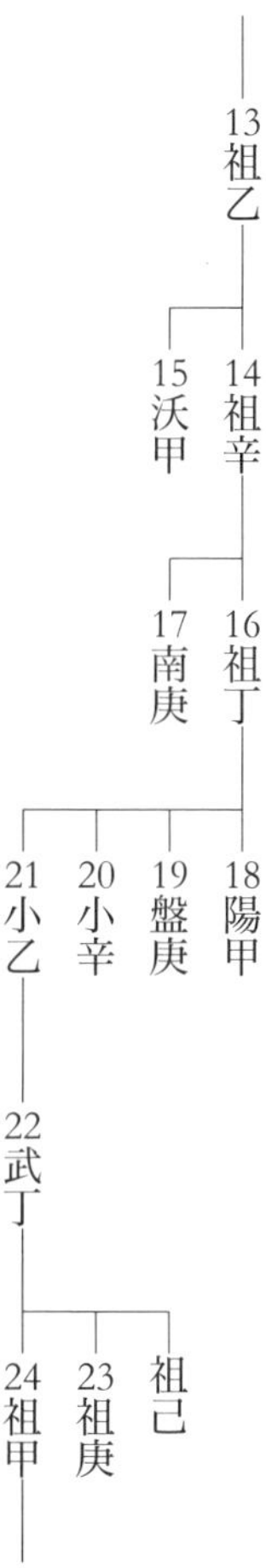


花園荘東地における祭祀対象は近祖がほとんどで、なかでも第一三代の祖乙がもっとも多く六四点、ついで「祖甲」が三八点あり、それ以外の先王は三点以下にすぎない。この「祖甲」は、祖乙の子の沃甲とみなされる。小屯などから出土した「子」組卜辞では第一八代から第二一代の陽甲・盤庚・小辛・小乙がひんぱんにまつられているが、花園荘東地では皆無である。このため、かつて指摘された「子」組卜辞の主体は第一六代の祖丁の孫で、武丁の「兄弟」であったと報告者は考えている。殷の

王族であっても、系譜の異なる小屯と花園荘東地の「子」どうしは、祖先祭祀においては縁遠かったのである。

このように祖先祭祀は王統や家系、すなわち宗族制の確立と表裏一体の関係にあった。殷・西周時代の金文をみても、祖先祭祀のためにつくられた青銅礼器のほとんどは、祭主の亡父を祭祀対象としている。(173) 殷墟の非王卜辞と同じように、青銅礼器を用いて記憶にある身近な祖先だけをまつっていたのである。それは儒教にいう孝のあらわれでもある。ところが、西周中期後半になると、周原における荘白村の「史墻」盤（集成一〇一七五）や楊家村の「逨《らい》」盤など、一部の金文に周王朝の創業より歴代の周王に仕えてきた祖先たちの事績が列挙されるようになる。殷墟卜辞とちがって、そのような祖先は祭祀対象として銘文に記されているわけではないが、諸侯クラスの有力者が始祖にさかのぼる家系を意識するようになったことを示している。

戦国時代に下って前三一六年の湖北省包山《ほうざん》二号墓から出土した「卜筮祭祷記録《ぼくぜいさいとう》」竹簡は、楚王の傍系にあたる墓主の邵舵《しょうだ》が三年間にわたって神がみに病気の治癒を祈祷した記録である。祭祀対象は祖先神と自然神とに大別できる。祭祀対象となった祖先には、老僮《ろうどう》・祝融《しゅくゆう》のような伝説上の遠祖、楚が周王に封じられた熊繹《ゆうえき》、自立して王を称した武王、邵氏の分かれた昭王までの諸王、そして邵舵にいたる邵氏の直系と邵舵の母・叔父たちである。邵舵は楚国の大夫クラスで、戦国時代には下位の貴族たちも数世代にさかのぼる祖先たちをまつるによって宗族と血統を強く意識するようになった。

さらに、「卜筮祭祷記録」では犠牲の牛・羊・家を使い分けることにより、同一家系内の関係性で祖先神の序列化をはかるようになったのである。そうした家系観念が広く庶民層にまで定着するのは前漢後期のことである。

以上のような祖先祭祀からみた家系観念と墓地のあり方とを考えあわせると、およそ殷後期には王統意識が確立し、西周時代には諸侯クラスに宗族意識が生まれ、戦国時代には卿大夫クラスまで、前漢末期には庶民の間にも宗族制がひろがったとみられる。

いっぽう、殷墟西北岡の王陵区にはおびただしい数の人やウマを犠牲に用いた祭祀坑があった。坑が整然と並んだその状況から、殷王陵における葬送儀礼と祖先祭祀は、殷王に従属する多数の族集団が参列しておこなわれた盛大な共同儀礼の舞台であったことがわかる。そうした共同儀礼は王権の正統性を象徴的に示すものであり、王を頂点とする祭祀共同体の求心力のよりどころであった。

周王朝における王権の正統性のよりどころは、文王と武王であった。文王が「受命《じゅめい》」し、殷をたおした武王が「四方を匍有《ほゆう》」したことが西周金文に頻出する。春秋時代の秦のばあいは、諸侯に封じられた「皇祖」に王権の正統性が求められた。春秋中期の「秦公」簋（集成四三一五）には、「秦公曰く、輝かしいわが皇祖は、天命を授けられて禹迹《うせき》に居を構えられた。それからの十二公は、帝のもとにあって、厳として天命をかたじけなくし、この秦を保ち、蛮夏を治めてこられた。わたくしは小子といえども、穆穆《つつし》んで明徳を引き継ぎ、烈烈桓桓として万民をこれ安んじ」と記している。

春秋後期の山西省侯馬盟誓遺跡は、晋の有力者の趙鞅《ちょうおう》らが敵対勢力を打倒する盟約を玉石板に書き、犠牲をささげて神に誓ったものである。文字の判読できた与盟《よめい》者だけで三〇〇人あまり、晋公の先君が祭祀対象であった。前四九〇年代、趙氏の内紛をきっかけに晋は庶民を巻きこんだ動乱をむかえ、やがて韓・魏・趙の三氏によって晋国が分割される。盟誓はまさにこの社会変動の産物であり、国都の侯馬周辺ですでに三五〇〇基あまりの祭祀坑が発見されている。同時期の盟書は一八〇キロも離れた河南省温県からも出土している。それは韓氏による盟誓の遺跡で、盟書の形や内容は侯馬盟書とよく似ている。とりわけ誓いの対象となる神が晋の先君で共通していることは重要である。盟主のちがう侯馬盟書と温県盟書とがともに晋の先君を神と崇めており、分裂の危機に直面していた晋においても、なお晋公を頂点とする祭祀共同体としての秩序を保っていたからである。

戦国前期になっても国人が国君を祭祀対象とする事例がある。河南省洛陽市の哀成叔《あいせいしゅく》墓から出土した銅鼎(174)（集成二七八二）には、つぎのような内容の銘文が刻まれていた。哀成叔は鄭の国に生まれたが、若いときに父母のもとを離れて（異国で）暮らしていた。哀成叔は「わが主君はすでに安らかな状態にあるが、自分は地下の世界にいるけれど、この鼎を用いて康公を永遠にまつり、けっして休んだり怠けたりしないであろう」と遺言した、という。祭祀対象の康公とは、鄭国が韓国に併合されたときの鄭君乙（前三九五～前三七五）で、『史記集解』に徐広のいう鄭康公乙である。林巳奈夫が指摘するように、墓に副葬される青銅礼器は生者の被葬者にたいする祭祀具ではなく、被葬者が墓のなかで祭主となって祭祀をおこなうものであった。それと同時に注意すべきことは、哀成叔が君主である鄭公をまつる青銅礼器をつくらせ、死後の祭祀においても君臣関係をかたくなに守ろうとしたことである。この哀成叔墓は一棺一椁からなり、この銅鼎一器のほか「哀成叔」の名をいれた銅豆と銅舟《しゅう》を一器ずつ副葬するだけの小型墓であったから、士に相当する下位の貴族であったと考えられる。鄭国が滅び、哀成叔が亡命先の洛陽で没したという特殊な事情があったにせよ、国君を中心に束ねられた祭祀共同体への帰属意識(アイデンティティ)と国君の権威は、依然として強固に意識されていたことがうかがえる。

殷周時代の支配者たちは、葬儀や祖先祭祀を通じて権威と権力を確認していた。それには君主を中核とする祭祀共同体の共同儀礼と「家」を単位とする個別の祖先祭祀との位相があった。かつて提起した祭儀国家論(175)は前者の共同儀礼に着目したものだが、位相の異なる儀礼をときほぐしていくことが今後の課題であろう。

# 第5章……………文明・王朝・国家の形成

農耕社会の成立から殷周王朝の誕生にいたるまで、下部構造の「生業」と「生活」、上部構造の「王権」と「礼制」、そしてその全体を包括する「社会」と「国家」をキーワードとして、前三千年紀の龍山時代、前二千年紀前半の二里頭文化、前二千年紀後半から前一千年紀はじめまでの殷・西周時代の三時代に章を分けて論じてきた。すなわち、農業の発展にともない、龍山時代の各地に複雑化した酋邦（首長制）社会が生まれ、二里頭文化に「礼は庶人に下らず（『礼記』曲礼上）」という中国文明を特徴づける上部構造の礼制・王権・王朝が生成し、殷周時代に下部構造を包摂する支配システムとしての国家が確立したことを明らかにした。最後に、この国家形成プロセスについて、簡単にまとめておこう。

## 1 都市と農村の分化

### 農業の発展

紀元前六千年紀までに、温暖湿潤な南中国ではイネ、比較的冷涼で乾燥した北中国ではアワやキビなどの雑穀の栽培がはじまった。

南中国では沼沢地に自生する野生イネの利用にはじまり、やがて自然の沼沢地を利用した粗放な稲作がおこなわれるようになった。前五千年紀になると、低地に水溜まり状の小さな凹み水田を掘り、水を溜める井戸とそこから水田に水を導く簡単な用水路がつくられた。この人工的な水田の出現によって安定した稲作がみこまれ、水田の近くに長期にわたって定住することが可能になった。安定した農耕社会がここに成立し、長江中流域では城郭集落へと展開していったのである。しかし、この段階では水を集めやすい谷状の低地だけを利用した小区画の線状水田であった。凹凸の土地をならして面的にひろがる水田を開拓し、水利システムを整えるには、かなり大規模な土木工事を必要とする。長江下流域の良渚文化や中流域の石家河文化など前三千年紀の高度な社会発展からみて、それまでには大規模な面的水田が出現していると予想されるが、それを裏づける遺構はまだ発掘されていない。

北中国でも前五千年紀から前四千年紀にかけては高温多雨の気候であり、天水に依存する粗放な雑穀農耕がおこなわれた。畑作のばあい、連作障害のため同じところで同じ作物をつくりつづけることがむずかしいため、数種類の作物を効率よく輪作していく必要がある。しかし、そのころの作物はアワが主で、キビが副次的に栽培されただけであったから、焼畑と切替えなどの必要があった。前三千年紀から前二千年紀になると、黄河中下流域では南からイネ、西からムギを導入し、独自にダイズの栽培化を進め、数種類の作物を輪作することによって、生産量の維持と天候の不順などによる危険を分散するようになった。また、前三千年紀までは田畑にたくさんの雑草が混生する粗放な農業であったが、前二千年紀には除草などの手入れがゆきとどくようになった。農具にはめだった改良がみられないものの、農業の集約化が進んだ結果、生産力は確実に向上していったであろう。

殷前期の王都である鄭州城や殷後期の殷墟では、一括して埋めた多数の石鎌が発見されている。王宮のあった殷墟小屯の貯蔵穴から出土した石鎌は、総計三六四〇点にのぼる。王の主導のもと、数千人を動員して作物を収穫し、用いた石鎌を埋納して神に豊作を感謝する王朝儀礼がおこなわれたのであろう。甲骨卜辞や古典籍は、王朝の管理する公田で藉田儀礼という春の田耕が集団でおこなわれたことを伝えている。春の田耕と秋の収穫祭とのちがいはあるが、王権の確立とともに農作業の組織化が進められた可能性が高い。すなわち、前三千年紀までは家族を単位とする小規模な農業経営であったが、前二千年紀になると王権によって大規模な集団労働が編成されたのである。さきにみた農業の集約化と生産力の増大は、こうした王権の圧力によってもたらされたのであろう。

動物の家畜化はイヌにはじまり、前六千年紀にはブタやニワトリが飼養されるようになった。それらの小家畜は農業の副業として小規模な畜産が可能であったからである。しかし、家畜を飼う手間や飼料の調達を考えると、野生動物を狩猟で獲得するほうが経済的であり、家畜化によってすぐに狩猟がなくなったわけではない。狩猟は、肉の獲得だけでなく、人びとに危害を加え田畑を荒らす害獣を駆除する効果も大きかった。王権が誕生すると、軍事演習や国見の儀礼としても重要な役割をもった。前三千年紀までの肉消費を遺跡ごとにみると、黄河流域でも長江流域でも家畜のブタと野生のシカとが多数を占めていたのは、そのためである。

ところが前二千年紀になると、肉消費パターンが地域ごとに大きく変容する。黄河上流域の黄土高原地帯では、気候の冷涼乾燥化と草原環境への変化にともなってブタの畜産からヒツジの牧畜へと比重を移し、やがて農業を放棄して完全な牧畜社会に転換していった。いっぽう、自然資源の豊かな長江中下流域では、ブタの畜産にかかる負担を軽減して稲作に集約し、食肉を狩猟や漁労で補うようになった。『史記』貨殖列伝に楚や越の人びとは「稲米を主食にして魚を副食にしている」という生活は、前二千年紀にはじまったのである。これにたいして黄河中下流域の農村では、新石器時代より一貫してブタを優位とする肉消費をつづけていたが、殷前期の鄭州城や殷後期の殷墟ではウシが過半を占める肉消費に転換している。殷周時代の王都や諸侯の国都では、おおむね家畜のウシ・ヒツジ・ブタが大半を占め、シカなどの野生動物がきわめて少ない。黄河中流域では肉消費における都市と農村の格差が顕在化し、都市ではウシ・ヒツジの牧畜やブタの畜産に大きく依存するようになったのにたいして、農村ではブタの小規模な畜産を主に、森林に生息するシカ・イノシシを副次的に狩猟することがつづいていたのである。ウシやヒツジは単胎で、肉の利用という面では多産なブタよりも経済性に劣るが、草食性で群れをなす性質があるため、広い牧草地が確保できれば、大規模な専業の牧畜が可能である。とりわけ殷にはじまる王朝儀礼のなかではウシがもっとも重視され、戦車を牽引するウマが殷後期に西域から導入されると、王みずからが多数のウマ・ウシ・ヒツジを放牧する大規模な牧場経営にのりだしたのである。

中国の全体をみれば、前二千年紀の環境変化にともなって農作物の種類や家畜飼養の形態に地域性があらわれたのであるが、黄河中流域では王権の形成にともなう都市と農村の分化という社会的な要因によって生業のあり方が大きく変容したのである。

## 都市形成の四段階

前二千年紀後半の黄河中流域に、ウシを主とする家畜の消費都市とブタの畜産やシカの狩猟に依存する農村とに肉の消費パターンが分かれた。それではそのような中国の都市はどのようにして成立したのであろうか。外形と内実の両面からみると、本書で対象とした新石器時代の環濠（壕）集落から西周時代の王都にいたる都市形成のプロセスは、大きく四段階に分けられる（図44）。

第一段階は新石器時代の環濠集落である。前五千年紀の陝西省姜寨遺跡は、自然地形にあわせた不規則な形の環濠をもち、ブタ小屋、土器や石器など生活必需品をつくる小規模な工房をもっている。集落の規模は直径二〇〇メートルほどで、親子関係をとおして結ばれた拡大家族が集まって居住し、母村と子村が分裂と結合をくりかえす階層差のほとんどない農耕社会である。墓地は環濠外に位置することが多いが、環濠内に特定の有力な家族だけの墓地が営まれることもある。

第二段階は前三千年紀の城郭集落で、長江中流域の城郭は自然地形にあわせた不規則な形、黄河流域は長方形になる。湖北省石家河遺跡は一キロ四方あまりの巨大な城郭をもち、城郭の内外四〇か所に遺跡が分布する複合集落である。その規模は第三段階以後の王都と比べて遜色ないが、城郭内外の住居の格差は小さく、居住者の大部分は農民である。城内では多数の共同体成員が参加する祭祀遺構は発見されているものの、強圧的な権力をものがたる証拠はみあたらない。山西省陶寺遺跡は石家河遺跡をしのぐ規模の城郭内に、有力者の居住区、小規模な工房址、大型墓をふくむ共同墓地がある。墓には階層差があらわれているが、ここでも共同体から隔絶した王権は成立していない。城郭をもつ河南省後岡遺跡では、集落の中心部であるにもかかわらず、床面積二〇平方メートル以下の小型住居ばかりが密集していた。それは頻繁におきる戦争に対処するため、共同体秩序が優先された戦時態勢の居住形態であった。こうした緊張状態がしばらく持続したのち、ほとんどの城郭集落は前三千年紀末までに解体した。ただし、二〇〇七年に発見された浙江省良渚遺跡の城郭は、南北一八〇〇～一九〇〇メートル、東西一五〇〇～一七〇〇メートルという規模をもつ。莫角山という三〇ヘクタールあまりの人工の土壇や多数の玉器を副葬した墳丘墓が分布していることを考えると、良渚文化につぎの段階に向けた都市化が進行していた可能性がある。今後の調査の進展に期待したい。

第三段階と第四段階は前二千年紀における黄河中流域の王都である。農業の発展と王権の成立により、ほかの地域にさきがけて都市化が達成されたのである。かつてこの段階をひとまとめにしていたが[176]、ここでは殷前期と殷後期との間に大きな画期を認めて二段階に分けた。

第三段階は宮城の成立を指標とする。それは庶民から隔絶した王権の誕生をあらわしている。二里頭文化の河南省二里頭遺跡は、土壁で囲まれた一〇ヘクタールの宮城があり、外に開かれた王朝儀礼の場としての外朝と王室の行政や儀礼をおこなう内朝とに分かれていた。宮城の周囲には直線的な街路が走り、手工業区や居住区がひろがっていた。土器生産のような庶民生活に密着した手工業は各居住区に分散しているが、遠隔地から原料を輸入し、高度な技術を要する青銅器や玉器の製作工房などは宮城の南側に集中していた。殷前期の河南省偃師城遺跡では三二ヘクタールの宮城に拡大し、同じように外朝と内朝とに機能分化していた。それとは別に二〇〇メートル四方の土壁で囲まれた倉庫群があった。王朝経済を支える食糧や各種の貢納物を保管していたのだろう。また、殷前期には王都の軍事的な機能が強化され、鄭州城や偃師城では巨大な城郭で王都の全体を防衛していた。鄭州城では

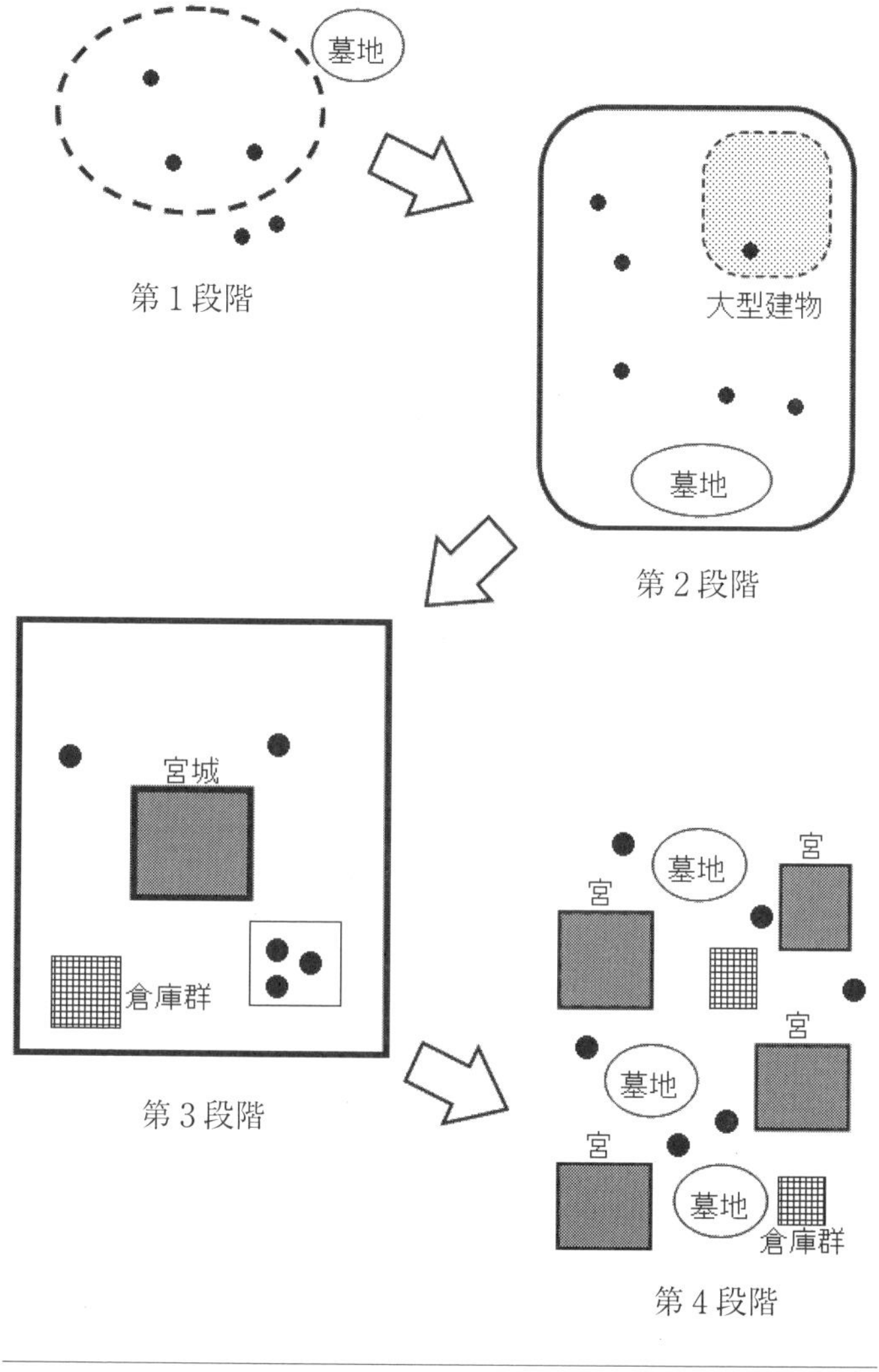


**図44**●都市形成の４段階。

内城と外郭とに分かれ、外郭の内側には手工業区や居住区がひろがっていた。王権と結びついた青銅器生産はもとより、土器生産においても専業化の度合いが増していった。前半の二里頭文化よりも後半の殷前期に王権がいっそう伸長し、都市としての外形がしだいに整っていったのである。食生活において都市と農村のちがいが明確になるのも、その後半になってからである。

第四段階は古代的コスモポリタニズムの王都である。殷後期の殷墟や西周時代の周原（周）・洛陽（成周）では、出自を異にする族集団が王のもとに結集し、離合集散をくりかえす地縁的な社会が形成された。西周時代には周・宗周・成周の三か所に中核となる王都が相ついで設置され、それぞれの王都には数か所に「宮」と呼ばれる宮殿ないしは宗廟が散在し、王はひんぱんに移動して政治や儀礼をおこなった。そのほか貢納物を集積する倉庫群、青銅器・玉石器・骨器・土器などの工房が周囲に分散し、郊外には王室の経営する田畑や牧場がひろがっていた。単一の地域集団が多数を占める第三段階の王都と比べると、内部は一見雑然とした様相を呈している。新たに服属した殷系の族集団も周の王都に屋敷地が与えられて移住してきた。周の発祥した周原では姫姓の周族よりも異姓の貴族が多く、東方の要である洛陽には服属した殷人の軍隊も編成された。このように外に出自する人びとをも王都にとりこみ、ひんぱんに外征をくりかえしたため、外敵を防ぐ城郭を築く必要がなくなった。殷前期の王都は堅固な城郭をもっていたのに、殷墟や西周の王都に城郭がないことをいぶかる意見があるが、城郭を必要としないのはむしろ血縁的な結合や対立をこえた社会だったからである。

以上のように、第二段階に巨大な城郭集落が出現したものの、集落規模のちがいをのぞけば、大集落と小集落との質的な格差は小さかった。第三段階に外朝と内朝との王朝機能を集中させた宮城が出現し、王権の隔絶性が強まったことにより、都市と農村との外形的な分化が明確になった。そして、第四段階までに、王の政治的身体を再生産していく宮殿・手工業工房・倉庫などのハード面と祭儀をめぐる貢納・消費・再分配のソフト面が整備され、政治・経済・軍事の機能を集中させた都市が成立したのである。要するに、王権の伸長が第三段階の王都を生みだし、第四段階に国家体制が整うことによって古代的な都市の社会と経済が誕生したのである。

## 中央と地方の構造変化

かつて侯外廬は、殷末周初の征服・植民活動を通じて国都に住む周族が農村の集団奴隷にたいする武力統治をおこなったのが「都市国家」であると論じた。それは都市と農村との階級関係であると同時に、中央と地方との支配と従属の関係でもあった。考古学からみて、王都の都市化は農村に大きな変化をもたらさなかったものの、中央と地方との関係はどのように変容したのであろうか。

前三千年紀の長江中流域では、一キロ四方あまりの巨大な城郭をもつ石家河遺跡を中心に、規模の小さな城郭集落が九か所に分布し、その周囲には小集落が散在していた。石家河遺跡は城郭の内外四〇か所に居住区のひろがる複合集落だが、居住者のほとんどは農民であって、小さな城郭集落もすべて農村であった。城郭をもたない小集落との実質的な格差はほとんどなく、いずれの集落も自律性を維持しながら、さまざまな面で連携していたのであろう。

これにたいして、長江下流域の良渚文化は明確な階層社会であった。多数の玉器を副葬する酋長層の墳丘墓が各地に出現し、墳丘がなく副葬品も乏しい一般成員の共同墓地は集落に近い平地上に営まれたのである。玉器の製作と分配にかかわったのは、前半期は浙江省良渚遺跡群の酋長、後半期は江蘇省寺墩遺跡の酋長であり、受け手の酋長墓は上海市福泉山、江蘇省草鞋山・趙陵山・寺墩遺跡など一〇遺跡以上が知られている。半径一〇〇キロメートルあまりの良渚文化区に玉器の分配にもとづく酋長間の政治的関係が成立し、中心の酋長から従属する地域酋長にたいして玉器が分配されたのである。在地の農業共同体のなかから成長した地域酋長は、中央の酋長に従属することによって、その地位と権益が承認されたのであろう。地域酋長が序列化され、中心と周辺の関係が成立したものの、それは祭玉の分配によって秩序づけられた酋長間のゆるやかな同盟関係であって、各地の農業共同体の自律性はそのまま維持されたと考えられる。

前二千年紀後半の殷周王朝は、武力で政権を勝ちとった「戦士国家」である。農業生産力の発展による余剰のため、常備軍が整えられるようになった。とりわけ戦車や荷車を牽引するウマやウシを王朝が管理するようになると、長期にわたり遠隔地に軍隊を派遣することが可能になった。歩兵だけの軍隊ではこうした兵糧の輸送がむずかしく、近隣する集団どうしの短期戦になるのがふつうである。

二里頭文化までの政体がおよそ半径一〇〇キロメートルほどで、礼器の分配による酋長間のゆるやかな同盟関係であったのも、それが一因であった。牧畜民との戦いを記した西周時代の金文をみると、西周前期の小「盂」鼎（集成二八三九）には、敵の俘虜一万三〇八一人、車三〇輌、牛三五五頭、羊三八頭を、西周後期の「師同」鼎（集成二七七九）には、車馬五乗、大車二〇輌、羊一〇〇頭を捕獲したことが記されていた。大車とはウシの引く荷車のこと。ブタとちがって、ウマ・ウシ・ヒツジは長距離の移動が可能であり、戦利品としての価値が高かった。捕虜の数が一万三千人におよぶことからみて、西周王朝が派遣したのは数万人の遠征軍であったのだろう。農業と畜産の変革により、殷周王朝では対外的に大がかりな軍事行動をおこすことが可能になったのである。

殷周王朝は、こうして軍事的に制圧した前王朝の領域を支配するため、新たな征服地内に王都を設置し、要所に諸侯を封建した。殷は二里頭遺跡の東六キロに王都の偃師城を築いたほか、辺境に築いた城郭が四遺跡で発見されている。辺境の城郭は一〇ヘクタール前後と小さく、王都との規模の格差はいちじるしい。しかし、発掘された宮殿・倉庫群・墓などの構造は王都のそれと類似し、王都の縮小版として、中央の王権に直結した軍事的・政治的拠点として機能していた。そのほか辺境の小さな村落にあっても、二里岡上層期には日常の土器などにも中央の様式が深く浸透するようになった。西方に興った周王朝も殷を滅ぼしたのち洛陽に王都の成周を設置し、各地に同族や功臣を諸侯として封建した。諸侯は王から土地と住民の支配をゆだねられた反面、国内と周辺の有事に備え、定期的にさまざまな特産物を貢納し、王のもとで軍事や儀礼に奉仕する役目を負っていた。また、封建にともなって多数の人びとが封地に移住させられ、地方でも新たな人的結合が生みだされた。北辺に設置された燕の北京市琉璃河遺跡では、西周前期に周系・殷系・在地系の三系統に分かれていた土器がしだいに周系に収斂しており、周人を中心とする地縁社会が形成された状況が明らかになっている。

良渚文化では酋長どうしの中心周辺関係であったのにたいして、殷・西周王朝は征服地への王都の建設と諸侯の封建という手段で地方支配をより強力に推し進めていった。征服と諸侯の封建を通じて王と諸侯が階級的支配者となったのである。政治的に造営された王都・国都は一般村落から隔絶し、王・諸侯とそれ以下との身分的距離が大きくひろがった。王と諸侯はそれぞれ独自の家産組織と軍事組織とをもちつつ、王権はそうした族集団から隔絶した公権力として機能した。王と諸侯とは人格的な君臣関係をとり結び、王にたいして諸侯はさまざまな貢納をおこない、王権を維持する軍事や祭事に奉仕した。それにたいして王は、封建や職事の任命、儀礼用品の分配などの賞賜をおこなった。王と諸侯との君臣関係は、そのような双方向の贈与交換によって表象され、その結節点となった祭儀の場が王都であった。王都には各地から貢納物が集められ、それをもとに王室の工房でさまざまな儀礼用品がつくられた。やがて王朝が弱体化するにつれて諸侯の自立をまねくことになるが、諸侯の封建は中央の文化を地方にひろめ、地方にも新たな人的結合をうながし、在地の共同体にも少なからざる影響をもたらしたのである。

## 2　祭儀国家の成立

### 王権のシンボル

つややかで美しい玉器は、琢磨に多大な労力を必要とする。前四千年紀までの玉器は、その美しさゆえ、ほとんどが装身具として用いられた。しかし、良渚文化になると、神まつりに用いる玉琮や玉璧などがあらわれる。身体に装着するには不適当な大きさと重さがあり、玉琮には神面文が刻まれて、神霊の宿る依り代として用いられた。玉の美しさに加えて、琢磨に費やされた労力の大きさや祭器としての価値が重んじられ、大きさや文様が格づけされた。それらが中央から各地の地域酋長に分配され、酋長の死とともに墳丘墓に副葬されたことから、酋長権を象徴するものとみなされている。ただし、それは神と人とのコミュニケーションの手段である祭玉であり、その祭祀対象が祖先神ではなく天地神などの自然神であったことから、その酋長権が殷周時代の王権ほど安定していなかったことがうかがえる。

河南省二里頭遺跡における宮城の出現は、庶民から隔絶した王権の誕生をものがたる。同時期に出現した一号宮殿は、約一〇〇メートル四方の巨大な版築基壇をもち、正殿の南に一〇〇〇人以上を収容できる大きな中庭、三つの通路をもつ南大門を備え、宮城門と南大路を通じて外の世界とつながっていた。それは王と臣下との君臣関係を目にみえる形であらわす宮廷儀礼の場であり、王権を表象する壮大なモニュメントであった。

その宮廷儀礼とともに出現したのが瑞玉である。黄河中下流域の龍山文化に出現した玉璋や玉刀の流れをうけて、二里頭文化に玉璋・玉刀・玉斧・玉戈など各種の刃をもつ瑞玉が成立した。古典籍に「笏」や「圭」とみえる瑞玉は、王が諸侯の任命に授けたり、衣冠束帯の貴族が朝廷で所持すべき玉器とされ、王侯貴族としての身分や権威を象徴するものであった。玉に神霊が宿るという観念は祭玉と通底するものの、祭玉が神と人とのコミュニケーションの手段であったのにたいして、瑞玉は人と人とのコミュニケーションの手段であった。装身具としての玉器の段階から、神まつりの祭玉を用いた段階へ、そして祭玉と瑞玉とを使い分ける段階へと、社会の変化につれて玉器の役割が分化していったのである。

二里頭文化にはまた銅礼器が出現した。二里頭二期までの銅器は利器と装身具だけであったが、宮廷儀礼の整備にともなって爵などの銅酒器が出現したのである。殷代になると、銅礼器は祖先祭祀に不可欠のものとなり、やがて「鼎の軽重を問う」故事にみられるように、銅鼎は王権の正統性を保証するレガリア（宝器）として伝えられるようになった。王は個人の資質によって選ばれるのではなく、特定の家系から一定の規範にもとづいて王位が継承されるようになり、その正統性を確認するために伝家の宝器を用いて祖先をまつる必要があったのである。

西周中期までの銅礼器の銘文をみると、王から賞賜をうけたことが礼器をつくる契機になっていることが多い。その王からの下賜品でもっとも多いのが貝で、ついで銅原料・香り酒・牛などである。貝は王都から一〇〇〇キロ以上も離れた南海産のタカラガイ（子安貝）で、王がそれを独占的に輸入した。殷周時代にタカラガイが貨幣的な価値をもつとされたのは、玉に似たつややかな美しさのほかに、遠隔地から輸入した付加価値が大きかったからであろう。同じように銅原料も遠隔地からもたらされた。銅器にふくまれる鉛同位体比の分析によると、二里頭遺跡の銅器はおもに山東から遼寧にかけての地域、殷代の鄭州城と殷墟は四川省三星堆遺跡や江西省新干墓の銅器と同じ四川・雲南あたりの鉱山が想定されている。銅原料を円滑に入手し、臣下に気前よく分配することも、王権の安定につながったのであろう。

## 祭祀と身分制

中国の初期王朝のもっとも顕著な特質は祭祀儀礼にある。これを祭儀国家と呼ぶのは、それが空前ともいえるほどの盛大な祭祀儀礼をおこなったことに加えて、その社会と経済が祭儀を通じて体系化されていたことによる。

王のとりおこなう祭祀儀礼はじつに多様であった。『周礼』大宗伯によると、「吉礼」としての祭祀は、祭祀対象として天神と地祇と祖先神があり、煙火のまつりによって天の神がみを祀り、犠牲のいけにえによって地祇を祭り、肉・穀物・酒を供える季節ごとのまつりによって祖先の王を享したという。この祀・祭・享すべてに犠牲が用いられている。殷墟出土の甲骨卜辞をみても、殷王は多数の犠牲を用いた天神と地祇と祖先神の祭祀をひんぱんにおこなっていた。それが王朝祭祀の原点となり、祭儀国家から専制国家に進化したとき、儒家によって礼書にまとめられ、漢以後の歴代王朝に継承されたのである。「はじめに」に強調したように、そうした礼制は古代に滅びることなく、前世紀まで三〇〇〇年以上にわたって継承されてきた中国固有の文化システムであった。

礼書にみえる身分制は、支配と被支配の階級関係というよりも、王―諸侯―卿大夫―士という貴族内の階層区分であり、あるいは公・侯・伯・子・男という諸侯の五等爵制であった。この身分秩序に対応して祭祀対象が規定されており、『礼記』曲礼下によると、王は天地神以下、諸侯はそれぞれの地方の神がみ以下、大夫は土地神以下、士は祖先神だけをまつるという。貴族の身分に対応して、神がみも序列化されたのである。また、祭祀儀礼で用いる犠牲の種類については、王と諸侯は牛・羊・豕の三牲、卿大夫は羊・豕の二牲、士は豕だけとされる。犠牲には牛―羊―豕の序列があったのである。考古資料ではそれほど厳密な対応関係は検証できないが、墓から出土する動物骨をみると、殷後期にはじめて墓の大きさに対応してウシ―ヒツジ―ブタという優劣があらわれている。それ以前の黄河中流域では、上位の貴族であっても農民と同じブタ優位の肉消費であり、神とのコミュニケーションの手段である卜骨材料をみても、ヒツジやブタの利用からウシ優位の利用に転換するのは殷代である。このことから、身分に対応した祭祀儀礼の序列化は殷代にはじまったことがわかる。

前節にみたように、雑食性のブタは農業の副業として小規模な畜産が可能であったのにたいして、群居性をもつウシは大がかりな牧場経営のほうが効率的であり、殷王朝は国家体制を整えるなかで組織的な牧畜をはじめたのである。しかも、そのような付加価値をもつウシを惜しげもなく消費することは、下位の貴族や庶民たちとの格差をいっそうきわだたせることになった。礼書によると、犠牲用の牛は王室が特別に飼養し、その選別は王の重要な職務であったという。殷墟の甲骨卜辞をみても、王みずから牛の飼育を省察し、祭祀では一度に数頭から数十頭、多いときには三〇〇頭の家畜を犠牲にしたことを記している。殷墟小屯の宗廟や西北岡の殷王墓にともなう祭祀遺跡では、整然と並ぶ数百基の坑からおびただしい数の犠牲が出土し、この記述を裏づけている。考古資料にみるブタ優位からウシ優位への転換、礼書や殷墟卜辞にみる犠牲用動物の国家的畜産と王朝祭祀におけるその大規模な供犠のはじまりは、相互に密接な関連をもつものであり、殷周王朝を特徴づける国家的祭儀の成立を意味している。

## 祖先祭祀と王墓の成立

殷墟の甲骨卜辞には王や王族が周期的に祖先祭祀をおこなったことが記されている。それは王卜辞と非王卜辞とに大別される。王が関与する卜辞では、父・母・兄など身近な親族にたいする祭祀よりも、王位を継承してきた祖父以上の祖先にたいするものが多い。王は王権の正統性を明示する必要から、始祖にさかのぼって祖先をまつる必要があったからである。これにたいして王以外の王族が占う卜辞では、身近な親族をまつるものがほとんどである。殷周青銅器の銘文をみても、銅礼器のほとんどは祭主の亡父を祭祀対象としている。祖先祭祀は王統や宗族制の確立と表裏一体の関係にあり、諸侯クラスの貴族が始祖にさかのぼる家系を意識するのは西周時代のことで、大夫クラスになると春秋・戦国時代まで下るのであろう。

礼書によれば、周代には王や諸侯などの君主を埋葬した「公墓」と一般の国人を埋葬した「邦墓」とに墓地が分かれていたという。殷後期の殷墟西北岡では、東西に一一基の大墓が分布する王陵区を形成し、婦好ら王妃や一般貴族の墓地は殷墟の別の場所に散在していた。西周時代の晋では、晋侯墓とその夫人墓とからなる九組一九基の大墓が国都の中心に整然と分布していたのにたいして、晋侯以外の晋一族や一般の国人たちの墓域は国都の西端に群集し、「公墓」と「邦墓」とに墓地が分かれていた。周公一族の墓域とみられる陝西省陵坡墓地でも大墓群だけが土壁で囲まれた区画内に独立していた。それは王や諸侯の地位が定まり、兄弟相続か嫡子相続かは別として、死してのちも「公墓」に埋葬して王統の継続性を明示するような規範が確立していたことを示している。

このような殷周時代の「公墓」は、王侯それぞれの大墓が単独で存在し、従属する多数の族集団が参列して盛大な葬送儀礼がとりおこなわれただけでなく、埋葬後の祖先祭祀も継続して盛大におこなわれたのである。礼書では宗廟で祖先祭祀をおこなうことになっているが、殷墟西北岡の王陵区にはおびただしい数の祭祀坑があり、晋侯墓地でも車馬坑や祭祀坑が発見されていることから、殷・西周時代では墓祭がさかんにおこなわれていたことはまちがいない。「公墓」はそうした共同儀礼の舞台であり、それが王権の正統性を象徴的に示し、王を頂点とする祭祀共同体の求心力のよりどころであったのだろう。

ほかの古代文明とちがって、中国文明は四〇〇〇年近く持続し、いまもその伝統が継承されている。本書は、そうした中国文明の起源に焦点をあて、おもに考古学の方法をもとに、下部構造の生業・生活と上部構造の王権・礼制、その全体を包括する社会の変化と国家の成立について検討してきた。その結果、前二千年紀の黄河中流域に農業の集約化と多種の作物を輪作する農法が定着し、殷代に集団労働が王権によって編成され、生産力が増大したこと、王権を表象する宮廷儀礼は先行する二里頭文化に成立したこと、殷代に農業と畜産の変革により常備軍が編成され、大規模な遠征軍の派遣が可能になったこと、殷代に征服と諸侯の封建を通じて新しい人的結合が生まれ、王と諸侯が階級的支配者となって人民を統治する国家システムが整ったこと、殷代に王統が確立し、王権の正統性を保証するレガリアがつくられ、祖先祭祀を中心とする儀礼が整ったこと、その祭祀儀礼に供給する犠牲の畜産システムが構築されたこと、などを明らかにした。要するに、中国の大地において、農業や畜産などの生業と、王権や宮廷儀礼や祖先祭祀などの礼制とが、相互に密接に関連しながら、前二千年紀のなかで社会全体の大きな変革が進行したのである。

〔注〕

はじめに

（1）傅斯年「夷夏東西説」（『慶祝蔡元培先生六十五歳論文集』下冊、一九三五年）。

（2）徐中舒「再論小屯与仰韶」（『安陽発掘報告』第三期、一九三一年）。

（3）郭沫若『中国古代社会研究』（第二版、上海聯合書店、一九三〇年、藤枝丈夫訳『支那古代社会史論』、内外社、一九三一年）。

（4）K. A. Wittfogel, The Society of Prehistoric China, *Zeitschrift für Sozialforschung*, Jahrgang VIII, 1939, Doppelheft 1–2（ウィットフォーゲル「先史時代の支那の社会」『東亞問題』第一巻第一・第二号、一九四〇年）。

（5）宮崎市定「中国城郭の起源異説」（『歴史と地理』第三二巻第三号、一九三三年）、同「中国上代は封建制か都市国家か」（『史林』第三三巻第二号、一九五〇年）。

（6）『貝塚茂樹著作集　第一巻　中国の古代国家』（中央公論社、一九七六年）。

（7）侯外廬『中国古代社会史論』（人民出版社、一九五五年、初版一九四三年、太田幸男・岡田功・飯尾秀幸訳『中国古代社会史論』、名著刊行会、一九九七年)。
(8) 松丸道雄「殷周国家の構造」(『岩波講座世界歴史四　古代四　東アジア世界の形成I』、岩波書店、一九七〇年)。
(9) Lothar von Falkenhausen, On the Historiographical Orientation of Chinese Archaeology, *Antiquity*, 67, 1993(穴沢咊光訳「中国考古学の文献史学指向」『古文化談叢』第三五集、一九九五年)、岡村秀典「区系類型論とマルクス主義考古学」(『展望考古学』考古学研究会四〇周年記念論集、一九九五年)。
(10) Kwang-chih Chang, *The Archaeology of Ancient China*, 4th ed., Yale University Press, 1986.
(11) 厳文明「中国史前文化的統一性与多様性」(『文物』一九八七年第三期)、趙輝「以中原為中心的歴史趨勢的形成」(『文物』二〇〇〇年第一期)。
(12) 趙輝(高橋工訳)「学史からみた中国考古学の現状」(『考古学研究』第四七巻第一号、二〇〇〇年)。
(13) Kwang-chih Chang, *Shang Civilization*, Yale University Press, 1980.
(14) 兪偉超(稲畑耕一郎訳)「中国における考古学研究の思潮の変化」(『史観』第一三〇冊、一九九四年)。
(15) 宋豫秦・鄭光・韓玉玲・呉玉新「河南偃師市二里頭遺址的環境信息」(『考古』二〇〇二年第一二期)。
(16) 岡村秀典『夏王朝　王権誕生の考古学』(講談社、二〇〇三年)。

第1章

(17) 貝塚茂樹『中国古代史学の発展』(弘文堂、一九四六年、『貝塚茂樹著作集』第四巻、中央公論社、一九七七年に再録)。
(18) 林巳奈夫『殷周時代青銅器の研究　殷周青銅器綜覧一』(吉川弘文館、一九八四年)、同『中国古玉の研究』(吉川弘文館、一九九一年)。

(19) 中国社会科学院考古研究所編『殷周金文集成』全一八冊(中華書局、一九八四〜一九九四年)の番号。以下同じ。
(20) 林巳奈夫「中国古代における蓮の花の象徴」(『東方学報』京都第五九冊、一九八七年)。
(21) 渡辺信一郎『中国古代の王権と天下秩序』(校倉書房、二〇〇三年)。
(22) 甲元真之「長江と黄河―中国初期農耕文化の比較研究」(『国立歴史民俗博物館研究報告』第四〇集、一九九二年)。
(23) 厳文明「中国古代文化三系統説」(『日本中国考古学会会報』第四号、一九九四年)、岡村秀典「農耕社会と文明の形成」(『岩波講座　世界歴史』第三巻、一九九八年)。
(24) 西江清高「先史時代から初期王朝時代」(『世界歴史大系　中国史1―先史〜後漢』、山川出版社、二〇〇三年)。
(25) 宮本一夫『中国の歴史01　神話から歴史へ』(講談社、二〇〇五年)。
(26) 傅斯年　注(1)。

## 第2章

(27) 藤原宏志編『シンポジウム稲作起源を探る』(日本文化財科学会、一九九六年)、同『稲作の起源を探る』(岩波新書、一九九八年)。
(28) 宇田津徹朗「中国新石器時代における水田稲作とその広がりについて」(『東アジアと日本―交流と変容』創刊号、二〇〇四年)。
(29) 丁金龍・朱偉峰・金怡「澄湖遺址用直区崧沢文化聚落」(『古代文明研究通訊』総二〇期、二〇〇四年)。
(30) 湖南省文物考古研究所「澧県城頭山古城址一九九七〜一九九八年度発掘簡報」(『文物』一九九九年第六期)。
(31) 藤本強「華北早期新石器文化の遺跡立地―湖沼・沼沢地をめぐって」(『日本史の黎明』八幡一郎先生頌寿記念考

古学論集、一九八五年）。

(32) 鄭州市博物館「鄭州大河村遺址発掘報告」（『考古学報』一九七九年第三期）、鄭州市文物考古研究所『鄭州大河村』（科学出版社、二〇〇一年）、岡村秀典「仰韶文化の集落構造」（『史淵』一二八輯、一九九一年）。

(33) 中国社会科学院考古研究所編『武功発掘報告』（文物出版社、一九八八年）、梁星彭・李淼「陝西武功趙家来院落居址初歩復原」（『考古』一九九一年第三期）、岡村秀典「中原龍山文化の居住形態」（『日本中国考古学会会報』第四号、一九九四年）。

(34) 岡村秀典「中国新石器時代の戦争」（『古文化談叢』第三〇集、一九九三年）。

(35) 張玉石「西山仰韶城址及相関問題研究」（許倬雲・張忠培編『中国考古学的跨世紀反思』上冊、商務印書館、一九九九年）。

(36) 中国社会科学院考古研究所山西工作隊・臨汾地区文化局「一九七八～一九八〇年山西襄汾陶寺墓地発掘簡報」（『考古』一九八三年第一期）、何駑・厳志斌「黄河流域史前最大城址進一歩探明」（『中国文物報』二〇〇二年二月八日）、中国社会科学院考古研究所山西隊・山西省考古研究所・臨汾市文物局「陶寺城址発現陶寺文化中期墓葬」（『考古』二〇〇三年第九期）、同「二〇〇四～二〇〇五年山西襄汾陶寺遺址発掘新進展」（『中国社会科学院古代文明研究中心通訊』第一〇期、二〇〇五年）、王暁毅・厳志斌「陶寺中期墓地被盗墓葬搶救性発掘紀要」（『中原文物』二〇〇六年第五期）。

(37) 高煒・高天麟・張岱海「関于陶寺墓地的幾個問題」（『考古』一九八三年第六期）。

(38) 高江涛「陶寺遺址聚落形態的初歩考察」（『中原文物』二〇〇七年第三期）。

(39) 張学海「試論山東地区的龍山文化城」（『文物』一九九六年第一二期）。

(40) 内蒙古文物考古研究所編『岱海考古（一）』（科学出版社、二〇〇〇年）。

(41) 中国社会科学院考古研究所安陽隊「一九七九年安陽後岡遺址発掘報告」(『考古学報』一九八五年第一期)。
(42) 岡村　注(33)。
(43) 岡村秀典「長江中流域における城郭集落の形成」(『日本中国考古学会会報』第七号、一九九七年)、王紅星「従門板湾城壕聚落看長江中游地区城壕聚落的起源与功用」(『考古』二〇〇三年第九期)。
(44) 孟華平・張成明「湖北天門龍嘴新石器時代遺址」(国家文物局編『二〇〇六　中国重要考古発現』、文物出版社、二〇〇七年)。
(45) 石家河考古隊『鄧家湾』(文物出版社、二〇〇三年)。
(46) 中村慎一「玉の王権―良渚文化期の社会構造」(『古代王権の誕生I　東アジア編』、角川書店、二〇〇三年)。
(47) 浙江省文物考古研究所『瑶山　良渚遺址群考古報告之一』(文物出版社、二〇〇三年)。
(48) 浙江省文物考古研究所「浙江余杭反山良渚墓地発掘簡報」(『文物』一九八八年第一期)。
(49) 宋建「良渚文化玉琮一種特殊的使用方式」(『中国文物報』二〇〇五年六月二二日)。
(50) 林巳奈夫『中国古玉の研究』(吉川弘文館、一九九一年)。
(51) 今井晃樹「良渚文化の地域間関係」(『日本中国考古学会会報』第七号、一九九七年)。
(52) Kwang-chih Chang　注(10)。
(53) 岡村秀典「中国先史時代玉器の生産と流通―前三千年紀の遼東半島を中心に」(『東アジアにおける生産と流通の歴史社会学的研究』、中国書店、一九九三年)。
(54) 岡村秀典編『文家屯　一九四二年遼東先史遺跡発掘調査報告書』(遼東先史遺跡発掘報告書刊行会、二〇〇二年)。
(55) 馬蕭林・李新偉・楊海青「霊宝西坡仰韶文化墓地出土玉器初歩研究」(『中原文物』二〇〇六年第二期)、中国社会科学院考古研究所河南一隊ほか「河南霊宝西坡遺址二〇〇六年発現的仰韶文化中期大型墓葬」(『考古』二〇〇七年第二期）。
(56) 山西省考古研究所・芮城県博物館「山西芮城清涼寺墓地玉器」（『考古与文物』二〇〇二年第五期）、李百勤・張恵祥『坡頭玉器』（《文物世界》雑誌社、二〇〇三年）、中国国家文物局「山西芮城清涼寺廟底溝二期墓地」（『二〇〇四 中国重要考古発現』、文物出版社、二〇〇五年）、山西省考古研究所・運城市文物局・芮城県文物局「山西芮城清涼寺新石器時代墓地」（『文物』二〇〇六年第三期）。
(57) 山西省臨汾行署文化局・中国社会科学院考古研究所山西工作隊「山西臨汾下靳村陶寺文化墓地発掘報告」（『考古学報』一九九九年第四期）、下靳考古隊「山西臨汾下靳墓地発掘簡報」（『文物』一九九八年第一二期）、宋建忠「山西臨汾下靳墓地玉石器分析」（『古代文明』第二巻、文物出版社、二〇〇三年）。
(58) 陝西省考古研究所・楡林市文物保護研究所編『神木新華』（科学出版社、二〇〇五年）。
(59) 岡村秀典「儀礼用玉器のはじまり」（『世界美術大全集 東洋編一 先史・殷・周』小学館、二〇〇〇年）、同「陝晋地区龍山文化的玉器」（『故宮学術季刊』第一九巻第二期、二〇〇一年）。
(60) 岡村秀典「龍山文化後期における玉器のひろがり」（『史林』第八二巻第二号、一九九九年）。
(61) 甘粛省博物館「武威皇娘娘台遺址第四次発掘」（『考古学報』一九七八年第四期）。
(62) 岡村秀典『中国古代王権と祭祀』（学生社、二〇〇五年）。
(63) 甘粛省文物考古研究所・吉林大学北方考古研究室編『民楽東灰山考古』（科学出版社、一九九八年）。
(64) 趙志軍「両城鎮与教城鋪龍山時代農業生産特点的対比分析」（『東方考古』第一集、二〇〇四年）。
(65) 袁靖「論中国新石器時代居民獲取肉食資源的方式」（『考古学報』一九九九年第一期）。
(66) 中国科学院考古研究所甘粛工作隊「甘粛永靖大何荘遺址発掘報告」（『考古学報』一九七四年第二期）。
(67) 岡村 注（62）。

(68) 夏王朝と二里頭文化の考古学については岡村秀典『夏王朝　王権誕生の考古学』(講談社、二〇〇三年)、同『夏王朝　中国文明の原像』(講談社学術文庫、二〇〇七年)、杜金鵬・許宏編『偃師二里頭遺址研究』(科学出版社、二〇〇五年)を参照。
(69) 夏商周断代工程専家組『夏商周断代工程一九九六～二〇〇〇年階段成果報告』(簡本、世界図書出版公司、二〇〇〇年)、張雪蓮・仇士華・蔡蓮珍・薄官成・王金霞・鍾建「新砦—二里頭—二里岡文化考古年代序列的建立与完善」(『考古』二〇〇七年第八期)。
(70) 林巳奈夫『中国古玉器総説』(吉川弘文館、一九九九年)。
(71) 林　注(50)。
(72) 許宏・陳国梁・趙海涛「二里頭遺址聚落形態的初歩考察」(『考古』二〇〇四年第一一期)、杜金鵬・許宏編『偃師二里頭遺址研究』(科学出版社、二〇〇五年)。
(73) 岡村秀典「中国古代における墓の動物供犠」(『東方学報』京都第七四冊、二〇〇二年)、李志鵬「二里頭文化墓葬研究」(『中国社会科学院古代文明研究中心通訊』第一〇期、二〇〇五年)。
(74) 張立東「論輝衛文化」(『考古学集刊』一〇、一九九六年)。
(75) 杜金鵬「封頂盉研究」(『考古学報』一九九二年第一期)。
(76) 鄭州市文物考古研究所・北京大学考古文博学院「河南鞏義市花地嘴遺址〝新砦期〟遺存」(『考古』二〇〇五年第六期)。
(77) 平尾良光編『古代東アジア青銅の流通』(鶴山堂、二〇〇一年)。

## 第4章

（78）宋豫秦・鄭光・韓玉玲・呉玉新　注(15)。
（79）洛陽市文物工作隊『洛陽皁角樹』（科学出版社、二〇〇二年）。
（80）北京大学考古学系・駐馬店市文物保護管理所『駐馬店楊荘』（科学出版社、一九九八年）。
（81）中国社会科学院考古研究所編『中国考古学』夏商巻（中国社会科学出版社、二〇〇三年）。
（82）趙志軍・何駑「陶寺城址二〇〇二年度浮選結果及分析」（『考古』二〇〇六年第五期）。
（83）凱利　克労福徳・趙志軍・欒豊実・于海広・方輝・蔡鳳書・文徳安・李炅娥・加里　費曼・琳達　尼古拉斯「山東日照市両城鎮遺址龍山文化植物遺存的初歩分析」（『考古』二〇〇四年第九期）。
（84）趙志軍　注（64）。
（85）趙志軍・方燕明「登封王城崗遺址浮選結果及分析」（『華夏考古』二〇〇七年第二期）。
（86）周原考古隊「周原遺址（王家嘴地点）嘗試性浮選的結果及初歩分析」（『文物』二〇〇四年第一〇期）。
（87）岡村　注（62）。
（88）谷口義介『中国古代社会史研究』（朋友書店、一九八八年）。
（89）渡部武『四民月令—漢代の歳時と農事』（平凡社東洋文庫、一九八七年）。
（90）林巳奈夫「漢代の飲食」（『東方学報』京都第四八冊、一九七五年）。
（91）河北省文物研究所編『藁城台西商代遺址』（文物出版社、一九八五年）。
（92）岡村秀典「中国古代の農耕儀礼と王権」（『東洋史研究』第六五巻第三号、二〇〇六年）。
（93）北京大学考古学系商周組・山西省考古研究所『天馬—曲村』（科学出版社、二〇〇〇年）、岡村　注（62）。
（94）ウィットフォーゲル（湯浅赳男訳）『オリエンタル・デスポティズム』（新評論、一九九一年）。

(95) 大嶋隆「耤田考」(『甲骨学』第八号、一九六〇年)、白川静『詩経研究　通論篇』(朋友書店、一九八一年)、佐竹靖彦『中国の都市と農村』(汲古書院、一九九二年)。
(96) 河南省文物研究所鄭州工作站「近年来鄭州商代遺址発掘収獲」『中原文物』一九八四年第一期。
(97) 石璋如「第七次殷虚発掘：E区工作報告」『安陽発掘報告』第四期(一九三三年)、李済「殷墟有刃石器図説」『国立中央研究院歴史語言研究所集刊』第二三本(一九五一年)。
(98) 宮崎市定「古代中国賦税制度」(『アジア史研究』第一、同朋舎、一九五七年)。
(99) 小南一郎「石鼓文製作の時代背景」(『東洋史研究』第五六巻第一号、一九九七年)。
(100) 岡村　注(62)。
(101) 安志敏「一九五二年秋季鄭州二里岡発掘記」(『考古学報』第八期、一九五四年)。
(102) 中国社会科学院考古研究所安陽隊「一九八二―一九八四年安陽苗圃北地殷代遺址的発掘」(『考古学報』一九九一年第一期)。
(103) 中国社会科学院考古研究所安陽工作隊「一九八六―一九八七年安陽花園荘南地発掘報告」(『考古学報』一九九二年第一期)。
(104) 袁靖・唐際根「河南安陽市洹北花園荘遺址出土動物骨骼研究報告」(『考古』二〇〇〇年第一一期)。
(105) 河南省文物考古研究所編『鄭州商城』(文物出版社、二〇〇一年)。
(106) 河南省文化局文物工作隊『鄭州二里岡』(科学出版社、一九五九年)。
(107) 劉一曼「安陽殷墟甲骨出土地及其相関問題」(『考古』一九九七年第五期)。
(108) 松井嘉徳『周代国制の研究』(汲古書院、二〇〇二年)。
(109) 蔡運章・張応橋「季姫方尊銘文及其重要価値」(『文物』二〇〇三年第九期)。

(110) 近藤誠司『ウマの動物学』(東京大学出版会、二〇〇一年)。
(111) 張長寿「達盨蓋銘—一九八三~八六年灃西発掘資料之三」(『燕京学報』新二期、一九九六年)。
(112) 張雪蓮・仇士華「夏商周断代工程中応用的系列様品方法測年及相関問題」(『考古』二〇〇六年第一期)。
(113) 河南省文物考古研究所編　注(105)。
(114) 杜金鵬『偃師商城初探』(中国社会科学出版社、二〇〇三年)。
(115) 中国社会科学院考古研究所「河南偃師商城商代早期王室祭祀遺址」(『考古』二〇〇二年第七期)。
(116) 中国社会科学院考古研究所安陽工作隊「河南安陽市洹北商城的勘察与試掘」「河南安陽市洹北商城宮殿区一号基址発掘簡報」(『考古』二〇〇三年第五期)。
(117) 石璋如『小屯第一本乙編　殷虚建築遺存』(中央研究院歴史語言研究所、一九五九年)、中国社会科学院考古研究所編『殷墟的発現与研究』(科学出版社、一九九四年)。
(118) 伊藤道治『古代殷王朝のなぞ』(角川新書、一九六七年)。
(119) 岡村　注(62)。
(120) 中国社会科学院考古研究所安陽工作隊　注(103)。
(121) 中国社会科学院考古研究所安陽工作隊「河南安陽殷墟大型建築基址的発掘」『考古』二〇〇一年第五期。
(122) 中国社会科学院考古研究所編『安陽小屯』夏商周断代工程叢書(世界図書出版公司、二〇〇四年)。
(123) 中国社会科学院考古研究所編『殷墟花園荘東地甲骨』全六冊(雲南人民出版社、二〇〇三年)。
(124) 孟憲武『安陽殷墟考古研究』(中州古籍出版社、二〇〇三年)。
(125) 殷墟孝民屯考古隊「河南安陽市孝民屯商代房址二〇〇三~二〇〇四年発掘簡報」(『考古』二〇〇七年第一期)。
(126) 馬承源「晋侯蘇編鐘」(『上海博物館集刊』第七期、一九九六年)。

(127) 松井　注(108)。
(128) 馬承源「亢鼎銘文—西周早期用貝幣交易玉器的記録」(『上海博物館集刊』第八期、二〇〇〇年)。
(129) 渡辺信一郎『天空の玉座』(柏書房、一九九六年)。
(130) 小南一郎「説工」『華夏文明与伝世蔵書』(中国社会科学出版社、一九九六年)。
(131) 伊藤道治『中国古代国家の支配構造』(中央公論社、一九八七年)。
(132) 陝西周原考古隊「陝西岐山鳳雛村西周建築基址発掘簡報」「陝西岐山鳳雛村発現周初甲骨文」(『文物』一九七九年第一〇期)。
(133) 陝西周原考古隊「扶風召陳西周建築群基址発掘簡報」・傅熹年「陝西扶風召陳西周建築遺址初探」(『文物』一九八一年第三期)。
(134) 周原考古隊「陝西扶風県雲塘、斉鎮西周建築基址一九九九〜二〇〇〇年度発掘簡報」(『考古』二〇〇二年第九期)。
(135) 周原考古隊「陝西周原遺址発現西周墓葬与鋳銅遺址」(『考古』二〇〇四年第一期)。
(136) 北京大学考古文博学院・北京大学古代文明研究中心編『吉金鋳国史—周原出土西周青銅器精粋』(文物出版社、二〇〇二年)、曹瑋『周原遺址与西周銅器研究』(科学出版社、二〇〇四年)。
(137) 徐天進「周原遺址最近的発掘収獲及相関問題」(『中国考古学』第四号、二〇〇四年)。
(138) 五省出土文物展覧籌備委員会『五省出土重要文物展覧図録』(文物出版社、一九五八年)。
(139) 北京市文物研究所『琉璃河西周燕国墓地』(文物出版社、一九九五年)。
(140) 北京大学考古学系・北京市文物研究所「一九九五年琉璃河周代居址発掘簡報」(『文物』一九九六年第六期)、劉緒・趙福生「琉璃河遺址西周燕文化的新認識」(『文物』一九九七年第四期)。

（141）中国社会科学院考古研究所・北京市文物研究所「北京琉璃河一一九三号大墓発掘簡報」（『考古』一九九〇年第五期）。この作器者について「太保」とみる説と「克」とみる説とがある。殷瑋璋「新出土的太保銅器及相関問題」（『考古』一九九〇年第一期）、小南一郎「周の建国と封建」（『古代王権の誕生Ⅰ　東アジア編』、角川書店、二〇〇二年）、中国社会科学院考古研究所編『中国考古学』両周巻（中国社会科学出版社、二〇〇四年）などを参照。ここでは後者の説にしたがったが、どちらの説でも周の重臣が燕に封建されたという本書の主旨はかわらない。
（142）朱鳳瀚「士山盤銘文初釈」（『中国歴史文物』二〇〇二年第一期）。
（143）湖北省文物考古研究所『盤龍城』（文物出版社、二〇〇一年）。
（144）劉森森「盤龍城外縁帯状夯土遺迹的初歩認識」『武漢城市之根』（武漢出版社、二〇〇二年）。
（145）中国歴史博物館考古部・山西省考古研究所・垣曲県博物館『垣曲商城（一）』（科学出版社、一九九六年）、王月前・佟偉華「垣曲商城遺址的発掘与研究―紀念垣曲商城発現二〇周年」（『考古』二〇〇五年第一一期）。
（146）中国社会科学院考古研究所・中国歴史博物館・山西省考古研究所『夏県東下馮』（文物出版社、一九八八年）。
（147）山西省考古研究所・夏県博物館「山西夏県東陰遺址調査試掘報告」（『考古与文物』二〇〇一年第六期）。
（148）岡村　注（62）。
（149）袁広闊・秦小麗「河南焦作府城遺址発掘報告」（『考古学報』二〇〇〇年第四期）、岡村秀典編『中国古代都市の形成』（科研費成果報告書、二〇〇〇年）。
（150）貝塚　注（6）。
（151）梁思永・高去尋『侯家荘第二本　一〇〇一号大墓』（中央研究院歴史語言研究所、一九六二年）。
（152）郭宝鈞「一九五〇年春殷墟発掘報告」（『中国考古学報』第五冊、一九五一年）。
（153）梁思永・高去尋『侯家荘第五本　一〇〇四号大墓』（中央研究院歴史語言研究所、一九七〇年）。

(154) 石璋如「河南安陽小屯殷墓中的動物遺骸」(『国立台湾大学文史哲学報』第五期、一九五三年)。
(155) Kao Chü-hsün(高去尋)「The Royal Cemetery of the Yin Dynasty」(『国立台湾大学考古人類学刊』第一三・一四期合刊、一九五八年)。
(156) 中国科学院考古研究所安陽発掘隊・安陽亦工亦農文物考古短訓班「安陽殷墟奴隷祭祀坑的発掘」(『考古』一九七七年第一期)。
(157) 胡厚宣「中国奴隷社会的人殉和人祭(下篇)」(『文物』一九七四年第八期)。
(158) 中国社会科学院考古研究所安陽工作隊「安陽武官村北地商代祭祀坑的発掘」(『考古』一九八七年第一二期)。
(159) 山西省考古研究所・北京大学考古学系「一九九二年春天馬-曲村遺址墓葬発掘報告」(『文物』一九九三年第三期)、同「天馬-曲村遺址北趙晋侯墓地第二次発掘」(『文物』一九九四年第一期)、同「天馬-曲村遺址北趙晋侯墓地第三次発掘」「天馬-曲村遺址北趙晋侯墓地第四次発掘」(『文物』一九九四年第八期)、同「天馬-曲村遺址北趙晋侯墓地第五次発掘」(『文物』一九九五年第七期)、北京大学考古文博院・山西省考古研究所「天馬-曲村遺址北趙晋侯墓地第六次発掘」(『文物』二〇〇一年第八期)、上海博物館編『晋国奇珍 山西晋侯墓群出土文物精品』(上海人民美術出版社、二〇〇二年)。
(160) 吉琨璋「北趙晋侯墓地一号車馬坑」(国家文物局編『二〇〇六 中国重要考古発現』、文物出版社、二〇〇七年)。
(161) 吉琨璋「山西曲沃羊舌発掘的又一処晋侯墓地」(国家文物局編 同右)。
(162) Kwang-chih Chang 注(13)。
(163) 王国維「殷周制度論」(『観堂集林』第一〇巻、一九二三年)。
(164) 北京大学考古学系商周組ほか 注(93)、李伯謙「従晋侯墓地看西周公墓墓地制度的幾個問題」(『考古』一九九七年第一一期)。

(165) 岡村秀典「礼制からみた国家の成立」『東アジア古代国家論』(すいれん舎、二〇〇六年)。

(166) 中国社会科学院考古研究所安陽工作隊「一九六九－一九七七年殷墟西区墓葬発掘報告」(『考古学報』一九七九年第一期)。

(167) N. Barnard, A New Aproach to the Study of Clan-Sign Inscription of Shang, *Studies of Shang Archaeology*, Yale University Press, 1986.

(168) 岡村 注(62)。

(169) 中国社会科学院考古研究所安陽工作隊「安陽殷墟西区一七一三号墓的発掘」(『考古』一九八六年第八期)。

(170) 伊藤 注(118)。

(171) 落合淳思「古代中国における氏族の成立過程」(『立命館史学』二五、二〇〇四年)。

(172) 中国社会科学院考古研究所編 注(123)。

(173) 近藤聖史「西周金文に見える祖考の称謂について」(『学林』第三六・三七号、二〇〇三年)。

(174) 張政烺「哀成叔鼎釈文」(『古文字研究』第五輯、一九八一年)、林巳奈夫「殷周時代における死者の祭祀」(『東洋史研究』第五五巻第三号、一九九六年)。

(175) 岡村 注(23)。

## 第5章

(176) 岡村秀典「都市形成の日中比較研究」(『文化の多様性と比較考古学』、考古学研究会、二〇〇四年)。

# 図版資料の出典一覧

口絵1～8・図1・図35・図37　岡村撮影。

図2上：聶崇義『新定三礼図』、下：呂大臨『考古図』。

図3・図4　岡村　注（23）、岡村撮影。

図5　岡村　注（32）。

図6・図7　岡村　注（33）を改変。

図8・図9　岡村　注（43）を改変。

図10　浙江省文物考古研究所・上海市文物管理委員会・南京博物院編『良渚文化玉器』（文物出版社・両木出版社、一九九〇年）図版三。

図11・図12　岡村　注（53）を改変、岡村撮影。

図13　遺跡：中国国家文物局　注（56）、玉器：岡村撮影。

図14　陝西省考古研究所・楡林市文物保護研究所編　注（58）。

図15・図36　岡村編　注（149）を改変。

図16　岡村　注（68）を改変。

図17　1～4：岡村　注（68）、5：洛陽文物工作隊編『洛陽出土文物集粋』（朝華出版社、一九九〇年）図版八二、6：『見る・読む・わかる　日本の歴史1　原始・古代』（朝日新聞社、一九九二年）六七頁。

図18　上：高浜秀・岡村秀典編『世界美術大全集　東洋編一　先史・殷・周』（小学館、二〇〇〇年）、下：岡村撮影。

図19　許宏・陳国梁・趙海涛　注（72）、杜金鵬・許宏編　注（72）。
図20・図21・図38　岡村　注（68）。
図22・図44　岡村作成。
図23・図24・図27・図30・図39・図40・図43　岡村　注（62）を改変。
図25　河北省文物研究所編　注（91）を改変。
図26　河南省文物考古研究所編　注（105）を改変。
図28　石璋如「殷墟最近之重要発現　附論小屯地層」（『中国考古学報』第二冊、一九四六年）図一を改変。
図29　上：孟憲武　注（124）を改変、下：殷墟孝民屯考古隊　注（125）。
図31　五省出土文物展覧籌備委員会　注（138）を改変。
図32　中国社会科学院考古研究所編　注（141）を改変。
図33　劉森森　注（144）を改変。
図34　中国社会科学院考古研究所編　注（81）を改変。
図41　北京大学考古文博院・山西省考古研究所　注（159）を改変。
図42　Barnard　注（167）を改変。

# おわりに

わたしが古代の農業に関心をもつようになったのは、宮崎大学農学部の藤原宏志教授（当時）が一九九四年に主宰された江蘇省草鞋山遺跡の発掘に参加したときからである。中国ではじめて発見された六〇〇〇年前の水田址は、地山に小さな穴を連接しただけのもので、こんにちの水田はもとより、日本の弥生水田址ともずいぶんちがっていた。現地ではその性格をめぐって佐々木高明さんや工楽善通さんら稲作の研究者を交えて議論がたたかわされ、高見をうかがうことができた。そのうえ、わたしは宿舎で藤原さんと同室だったので、夜ふけまで農学の個人授業をうけることができた。イネの研究ではなく、人間を主体とする稲作史を研究すべきだというお話しは、とくに印象的であった。日本の学界ではイネの起源や日本列島への伝播に話題が集中し、中国の古代に人びとがどのような稲作をおこなっていたのかに関心がおよんでいなかったからである。

翌年にわたしは城郭をもつ湖北省陰湘城遺跡を発掘した。長江中流域に新石器時代の城郭が明らかになったのは一九九〇年。それまで知られていた殷代の城郭より一〇〇〇年ほどさかのぼる発見に、中国考古学界はわきたった。草鞋山遺跡の成果をもとに、わたしは城郭出現の背景に水田稲作の発展があると考え、城郭集落の調査だけでなく、その周囲に想定される水田址の探査を藤原さんに依頼したのである。

また、恩師の林巳奈夫先生といっしょに石家河文化の玉器を調査したことも貴重な体験であった。先生は自分の目で観察することの重要性を説き、ご高齢にもかかわらず、小さな玉器でも率先して実測された。石家河文化の玉器が陝西北部まで運ばれていることに気づき、前三千年紀の玉器調査に東奔西走するようになったのは、このときの先生との会話がきっかけである。

日本の大学における考古学専攻は、対象とする時代や国・地域を問わず、ひとつの研究室しかなく、教員の数も少ない。これにたいして、中国の大学では時代ごとに研究室が分かれている。北京大学では、旧石器、新石器、商周、戦国秦漢、三国～宋元時代に区分され、それぞれに専属の教員を何人もかかえている。新石器時代はもっぱら考古学の方法にもとづいて研究するが、殷周時代になると甲骨・金文や古典籍の知識が求められる。研究室が分かれているうえ、研究スタイルのちがいから、新石器時代から殷周時代までをとおして研究する人はほとんどいない。それは日本でも同じで、考古学の情報が少なかった一九八〇年ごろまでならまだしも、新しい発見が次つぎと押しよせ、研究の細分化が進んでいる現状では、時代をとおした研究はますますむずかしくなっている。こんにちまで四〇〇〇年つづいた中国文明を論じることなど、もはや至難のわざである。

新石器時代の城郭集落が発見されるようになった一九九〇年代、それが都市か否かをめぐって考古学ではさかんに議論された。しかし、そこでは文献史学で議論されてきた都市国家論や邑制国家論はほとんど顧みられなかった。文献史学のそれが殷周時代を対象としているのにたいして、考古学ではそれに先行する段階を議論しているとはいえ、新石器時代の城郭集落を、時空間の隔たった社会で組み立てられた都市論にあてはめることにどれほどの意味があるのだろうか。中国文明を語る以上、つづく殷周時代の城郭都市への展開をみとおすことぐらいは最低限必要ではないか。

そこで、わたしは一九九八年より殷前期の城郭をもつ河南省府城遺跡、ついで二〇〇〇年には山西省東陰遺跡の調査に着手した。東陰遺跡は殷前期の村落遺跡で、城郭をもつ東下馮遺跡に隣接する。邑制国家論など文献史学の成果を参考にしながら、考古学の新しい方法を模索する必要があると考え、たんに遺跡の規模だけで集落の序列を論じるのではなく、日本流の方法で土器やそのほかの遺物を細かく観察することにより、生活の視点から集落の階層化を分析しようとしたのである。

いっぽう、わたしの勤務する京都大学人文科学研究所では分野を横断する共同研究を進めているが、そのころ小南一郎教授（当時）の主宰する「中国の礼制と礼学」研究班では『周礼』春官を会読していた。それは祭祀儀礼にかかわる王官とその職掌について書かれた儒教経典。難解な漢文であるうえ、中国の実地調査で忙しく、無為のまま数年がすぎた。ところがある日、供犠についての記述がに目がとまった。注意して読み進めると、祭儀には必ずといってよいほど肉食儀礼がともなうことがわかってきた。北中国では、遺跡を掘れば、たくさんの動物骨が出土する。殷墟や春秋時代の晋都ではウマやウシを生き埋めにした犠牲坑が多数みつかっている。酸性土壌の日本とちがって、骨の保存状態も良好である。礼書だけでなく、考古資料にも祭儀にかかわる豊富な資料があるのだから、それぞれを集成し比較すれば、いままでにない研究成果がえられるはずだと確信した。

新石器時代の遺跡からは、ブタの骨がたくさん出土する。とりわけ山東の新石器時代には墓に多数のブタ下顎骨を副葬する風習があり、威信財や私有財産の起源とみる説などが提起されていた。しかし、殷代の王都から出土する動物骨はウシがもっとも多く、殷墟や晋都で発見された犠牲坑でもブタはきわめてまれで、ほとんどがウマ・ウシ・ヒツジである。礼書はまた牛―羊―豕の順に価値づけている。新石器時代と殷周時代との間で家畜利用が大きく変化したのだが、両時代の研究が分断されていたために、動物考古学者ですらその事実に気づいていなかったのである。問題の所在は都市研究とまったく同じである。

それでは、なぜブタ優位からウシ優位へと転換したのか。さいわい、人文科学研究所には社会人類学の谷泰教授（当時）がヒツジなどの家畜管理を研究しておられたから、人間と家畜とのかかわり、家畜をみる目について教示いただいた。古代メソポタミアを研究する前川和也教授（当時）からは、粘土板文書にみえる家畜管理や農業について学ぶことができた。前川さんの主宰する共同研究「国家形成の比較研究」班（二〇〇一～二〇〇五年）での討議も刺激になった。また、わたしが九州大学で教鞭をとっていたときの学生である山泰幸さん（いま関西学院大学社会学部准教授）にはモースら人類学の供犠論を紹介していただいた。家畜の飼養と利用は、中国の古代にかぎったことではなく、時空間をこえた普遍性をもっている。ブタ優位からウシ優位への転換を、たんに過去の歴史として説明するのではなく、動物学や人類学などを総合した人文学の研究を開拓しようと考えたのである。これらの学恩によって、四〇〇〇年も持続してきた中国文明が少し理解できるようになった。

今世紀にはいって、中国から植物考古学や動物考古学の成果が陸続と発表されるようになった。新石器時代に分析の比重がおかれているとはいえ、甲骨・金文や古典籍によって構築された歴史像を検証するだけのデータがそろってきた。

本書は、いまの職場に着任した一九九四年からの実地調査と共同研究とをふまえ、そうした新しい研究成果をとりこんで構想したものである。もとになった小著は注に示したが、龍山時代を論じた第2章はおもに「農耕社会と文明の形成」（『岩波講座世界歴史』第三巻、一九九八年）が基礎になっている。二里頭文化の第3章は『夏王朝　王権誕生の考古学』（講談社、二〇〇三年）に補論を加えた『夏王朝　中国文明の原像』（講談社学術文庫、二〇〇七年）を、殷周時代の第4章は『中国古代都市の形成』（科学研究費成果報告書、二〇〇〇年）、『中国古代王権と祭祀』（学生社、二〇〇五年）、「中国古代の農耕儀礼と王権」（『東洋史研究』第六五巻第三号、二〇〇六年）などをもとにしている。序章にあたる第1章とまとめの第5章は新たに書き下ろした。

この一五年間の歩みをふりかえれば、わたしの専攻する考古学はもとより、隣接するさまざまな分野の方がたから多大な学恩うけてきた。また、実地調査には中国の関係機関や研究者をはじめ、労苦をともにした仲間たちからは惜しみないご協力を賜った。後顧の憂いなく外遊させてくれた職場の同僚や家族の支えもありがたかった。末尾ながら、心よりお礼を申しあげたい。

二〇〇七年仲冬、跋于人文科学研究所北白川分館

岡村秀典

# 中国古代文明への理解をさらに深めるための文献案内

中国文明にかんする歴史書は、日本語で書かれたものだけでも枚挙にいとまがない。そのうち本書で対象にした新石器時代から殷周時代について、中国考古学を学習するための参考書をあげておこう。ただし、古い図書は新しい発見と研究によって訂正すべきところが多く、注意してほしい。

まず、通史的に中国考古学の成果をみた一般書をあげる。いずれも一九九〇年以降の研究動向を反映し、地域文化の特徴について詳しく解説している。

1　小澤正人・谷豊信・西江清高『中国の考古学』(同成社、一九九九年)

2　飯島武次『中国考古学概論』(同成社、二〇〇三年)

3　宮本一夫『中国の歴史01　神話から歴史へ』(講談社、二〇〇五年)

飯島の2は、研究史から説きはじめ、旧石器時代から秦漢時代までを通時的に論じている。書名に概論とあるものの、文化名や遺跡名が網羅され、新石器時代から殷周時代では土器文化についてかなり詳しく解説する。考古学の専攻生向き。飯島には時代別の研究書もある。

4　飯島武次『中国新石器文化研究』（山川出版社、一九九一年）

5　飯島武次『夏殷文化の考古学研究』（山川出版社、一九八五年）

6　飯島武次『中国周文化考古学研究』（同成社、一九九八年）

考古資料のうち土器・玉器・青銅器などの優美な工芸品を集めたものに、

7　高浜秀・岡村秀典編『世界美術大全集　東洋編第1巻　先史・殷・周』（小学館、二〇〇〇年）があり、一級の出土品を鮮明な写真でみることができる。第1巻の執筆者は全員が考古学者で、中国考古学の概論としても有益である。

中国考古学をシノロジーとして大成した林巳奈夫は、一般向けの啓蒙書もいくつか著している。それらは出土文字資料と古典籍にたいする該博な知識をもとに考古資料を解説したものだが、端ばしに考古資料をみる透徹した観察眼がうかがわれ、古代の生活や思考にたいする独自の見解がもりこまれている。林は日本や中国はもとより、広く欧米に足をのばして中国考古資料を調査した。世界に誇るべき日本考古学の伝統を継承し、実測や写真にこだわりをもつ職人的な学者であった。

8　林巳奈夫『中国古代の生活史』（吉川弘文館、一九九二年）

9　林巳奈夫『中国文明の誕生』（吉川弘文館、一九九五年）

10　林巳奈夫『中国古代の神がみ』（吉川弘文館、二〇〇二年）

11　林巳奈夫『神と獣の紋様学　中国古代の神がみ』（吉川弘文館、二〇〇四年）

米国のハーバード大学教授であった張光直は、中国考古学の研究成果を英語で世界に発信してきた。張も出土文字資料や古典籍にたいする造詣が深く、また欧米の考古学事情に精通していたため、一九八〇年代以後の中国考古学をリードしてきた。林巳奈夫は遺物の観察にすぐれていたのにたいして、張光直は中国考古学の理論化に貢献した。なかでも中国考古学の概論である

12 Chang, Kwang-chih, *The Archaeology of Ancient China*, Yale University Press は、一九六三年の初版から一九八六年の第四版まで大幅な改訂がくりかえされ、世界中に好評を博してきた。一九七七年に刊行されたその第三版を翻訳した

13 張光直（量博満訳）『考古学よりみた中国古代』（雄山閣、一九八〇年）は、三〇年をへたいまでも一読にあたいする。おもに殷周時代を対象にしたつぎの訳書も日本の中国考古学とはちがった張の学問を伝えるものであろう。

14 張光直（小南一郎・間瀬収芳訳）『中国青銅時代』（平凡社、一九八九年）

15 張光直（伊藤清司・森雅子・市瀬智紀訳）『古代中国社会―美術・神話・祭祀』（東方書店、一九九四年）

16 張光直（小南一郎・間瀬収芳訳）『中国古代文明の形成』中国青銅時代第二集（平凡社、二〇〇〇年）

こうした張光直の研究を継承したものに、

17　ロータール・フォン・ファルケンハウゼン（吉本道雅訳）『周代中国の社会考古学』（京都大学学術出版会、二〇〇六年）

がある。西周後期から春秋・戦国時代の社会について考古学から理論化したもので、文化編年や文化内容を羅列した中国や日本の研究とはずいぶん内容がちがっている。訳者が先秦時代の文献学者であることからわかるように、文献史学にとっても有益な研究書である。

殷周時代の考古学を学ぶには、林巳奈夫や張光直の研究にみるように、甲骨・金文の研究にも目配りが必要である。文献史学からの通史をあげておこう。

18　貝塚茂樹・伊藤道治『古代中国―原始・殷周・春秋戦国』（講談社学術文庫、二〇〇〇年）

は、一九七四年に刊行された『中国の歴史』第一巻の改訂版であり、新石器時代から殷周時代の部分が大幅に書き改められている。また、考古学と文献史学の論文を集めた講座として、

19　松丸道雄ほか編『殷周秦漢時代史の基本問題』（汲古書院、二〇〇一年）

20　松丸道雄ほか編『世界歴史大系　中国史1―先史〜後漢』（山川出版社、二〇〇三年）

21　初期王権研究委員会編『古代王権の誕生Ｉ　東アジア編』（角川書店、二〇〇三年）

がある。21の中国の部分は本書と時代が重なっている。

つぎに分野ごとのやや専門的な研究書をあげよう。まず、生業について。新石器時代の遺跡から出土する動植物遺体を集成し、農業・畜産・漁労・狩猟採集を検討したものに、

22 甲元真之『中国新石器時代の生業と文化』（中国書店、二〇〇一年）がある。農業のうち稲作史については日本の農学研究が世界をリードしているが、

23 藤原宏志『稲作の起源を探る』（岩波新書、一九九八年）は、土壌にふくまれるプラント・オパールから水田址の調査方法を開拓し、中国ではじめて水田址を発掘した江蘇省草鞋山遺跡の成果などをもりこんでいる。考古学では

24 中村慎一『稲の考古学』（同成社、二〇〇二年）がある。いずれも新石器時代を対象としたもので、それ以後の時代の生業については研究が乏しい。しかし、中国の農業を研究するには、古代に限定することなく、中国文明の四〇〇〇年を通じた総合的・多角的な検討が不可欠である。その分野を開拓した碩学の書に

25 天野元之助『中国農業史研究』増補版（御茶の水書房、一九七九年）があり、その方法を継承したものに

26 フランチェスカ・ブレイ（古川久雄訳）『中国農業史』（京都大学学術出版会、二〇〇七年）がある。考古学・文献史学・民俗学の研究をふまえ、いずれも読みごたえのある大冊である。読み疲れたときには、酒や中華料理の話でくつろぐのもよい。

27 花井四郎『黄土に生まれた酒』（東方書店、一九九二年）

28 王仁湘（鈴木博訳）『中国飲食文化』（青土社、二〇〇一年）

王仁湘は中国社会科学院考古研究所でおもに新石器時代の調査と研究に従事しているが、28は考古資料を中心に古典籍から民族誌まで渉猟しながら中国の飲食文化を総論している。

29　岡村秀典『中国古代王権と祭祀』（学生社、二〇〇五年）は、動物考古学の成果をもとに、礼書などの古典籍や出土文字資料を参照し、中国の肉食文化から王権の成立を論じたものである。

本書で詳しくとりあげる余裕のなかった中国の東北地方については、二〇世紀前半には日本人による調査がおこなわれた。戦後は中国の研究者が独自に調査を進めているが、一九九〇年代には秋山進午を代表とする調査隊が新石器・青銅器時代の遺跡について日中共同調査を実施している。

30　秋山進午編『東北アジアの考古学研究』（同朋舎出版、一九九五年）はその報告書であり、そのメンバーによる研究書につぎのものがある。

31　大貫静夫『東北アジアの考古学』（同成社、一九九八年）

32　宮本一夫『中国古代北疆史の考古学的研究』（中国書店、二〇〇〇年）

前近代の都市はほとんどが城郭に囲まれていた。こうした城郭は地表に残存していることが多く、地表面の踏査で概略をつかむことができる。このため、日中の国交が回復すると、文献史学者を中心に城郭遺跡をめぐる訪中団が組織され、報告書として公表された。

33　杉本憲司『中国の古代都市文明』佛教大学鷹陵文化叢書6（思文閣出版、二〇〇二年）

は、都市遺跡の変遷に焦点をあてた研究書である。最近ではグーグル・アースなどの衛星写真を併用した調査がおこなわれるようになり、今後の成果が期待される分野である。

最後に中国語の参考文献をあげておこう。中国の経済成長にともなって発見される考古資料はおびただしく、なかには通説を書き換えるような発見も少なくない。このため、中国考古学に関心があるなら、中国で刊行される『考古』『文物』『考古学報』などの雑誌は必見だし、新聞の『中国文物報』もときどき閲覧しておきたい。インターネットで中国文物報社 http://www.ccrnews.com.cn/ や中国社会科学院考古研究所 http://www.archaeology.net.cn/ にアクセスし、最新の考古学情報をチェックすることも必要であろう。そのほか二〇〇〇年より刊行のはじまった国家文物局編『中国重要考古発現』文物出版社は、毎年の重要な遺跡の発見をカラー写真で一覧できる。

近年における殷周時代の考古学をまとめたものに、

34 中国社会科学院考古研究所編『中国考古学』夏商巻（中国社会科学出版社、二〇〇三年）

35 中国社会科学院考古研究所編『中国考古学』両周巻（中国社会科学出版社、二〇〇四年）

があり、文化の編年や地域性について詳しく知ることができる。また、一九二〇年代より調査のつづいている安陽殷墟とそこから出土した甲骨文については、つぎの研究書がよくまとまっている。

36 中国社会科学院考古研究所編『殷墟的発現与研究』（科学出版社、一九九四年）

# 索　引

## 文化・遺跡名索引

# 事項・人名索引

## 岡村　秀典（おかむら　ひでのり）

京都大学人文科学研究所教授。専門は考古学、中国学。

1957年、奈良市に生まれる。1980年に京都大学文学部史学科考古学専攻を卒業、1985年に京都大学大学院博士後期課程を中退し、京都大学文学部助手、九州大学文学部助教授、京都大学人文科学研究所助教授をへて、2005年より現職。京都大学博士（文学）。2000年に第13回濱田青陵賞を受賞。

樋口隆康・林巳奈夫教授に師事して漢鏡の研究をはじめ、留学した北京大学歴史系考古専業では宿白・鄒衡・兪偉超教授の薫陶を受けた。在学中より日本の古墳や寺院址の調査を手がけ、京都大学人文科学研究所に着任してからは中国の新石器時代から殷周時代の調査をおこなっている。また、福岡県番塚古墳、中国の遼寧省文家屯遺跡、山西省雲岡石窟・方山永固陵など未発表であった過去の発掘資料について、若手研究者らとともに実地調査をふまえながら再整理し、報告書をまとめた。2005年より人文科学研究所の共同研究班「中国古鏡の研究」を主宰し、中国鏡の銘文を会読している。それと同時に、雲岡石窟にいたる仏教文化の東伝を考古学から検討するため、人文科学研究所に所蔵するイラン・アフガニスタン・パキスタンの発掘資料を整理し、2008年秋には京都大学総合博物館で企画展「シルクロード発掘70年―雲岡石窟からガンダーラまで」を開催する予定である。

【主な著書】
単著に『夏王朝　中国文明の原像』講談社学術文庫、『中国古代王権と祭祀』学生社、『三角縁神獣鏡の時代』吉川弘文館、編著に『雲岡石窟　遺物篇』朋友書店、『文家屯　1942年遼東先史遺跡発掘調査報告書』真陽社、共編著に『国家形成の比較研究』学生社、『世界美術大全集　東洋編第1巻　先史・殷・周』小学館、共著に『東北アジアの考古学研究』同朋舎出版、『世界の大遺跡9　古代中国の遺産』講談社、共訳書に梁上椿著『巌窟蔵鏡』同朋舎などがある。

学術選書

シリーズ：諸文明の起源 6
中国文明 農業と礼制の考古学 学術選書 036

平成 20（2008）年 6 月 15 日 初版第 1 刷発行

著 者…………岡村 秀典
発 行 人…………加藤 重樹
発 行 所…………京都大学学術出版会
京都市左京区吉田河原町 15-9
京大会館内（〒 606-8305）
電話（075） 761-6182
FAX（075） 761-6190
振替 01000-8-64677
HomePage http://www.kyoto-up.or.jp

印刷・製本…………㈱太洋社

カバー写真…………河南省殷墟郭家荘殷代車馬坑（中国社会科学院考古研究提供）

装 幀…………鷺草デザイン事務所

ISBN 978-4-87698-836-5

定価はカバーに表示してあります

## 学術選書 [既刊一覧]

＊サブシリーズ 「心の宇宙」→心 「諸文明の起源」→諸
「宇宙と物質の神秘に迫る」→宇